The Art of Rest

How to Find Respite
in the Modern Age

克勞蒂亞・哈蒙德
Claudia Hammond

吳慕書——譯

睡好睡滿還是累？
比睡眠更能帶來活力與幸福的10道休息建言

休息的藝術

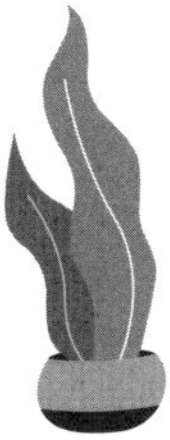

推薦序①——上床、上班，以及休息

吳家碩／好夢心理治療所執行長&臨床心理師

【上床】、【上班】、【下班】，我相信這三個「動詞」，應該是多數現代人每天都會出現的三個行動，也代表著三個時段，而這三個「動詞」分別都是這三個時段的啟動點。怎麼說呢？我們會告訴自己要「上床」，啟動睡覺的八個小時；我們會告訴自己要「上班」，啟動工作的八個小時；我們會告訴自己要「下班」，啟動下班後的八個小時。這三個時段其實時間上應該是要平均分配，但是忙碌的現代人（我相信各位讀者也是如此），可能都無法這樣分配吧。

在我前面提完三個動詞跟三個八小時後，大家有沒有發現什麼地方怪怪的？

上床了，「睡覺」八小時；

上班了，「工作」八小時；

下班了，「？？」八小時。

這個「？？」，我們應該會用來做什麼呢？每個人不一樣，這就是忙碌現代人的問題所在了。這個時間應該至少不是上班時段，但是很多人拿來加班工作；這個時間也還不是睡覺時段，但有些疲累的人們拿來補眠。所以這個時間不是睡覺，代表是要我們「好好醒著」；這個時間不是工作，代表要我們「好好生活」。好好醒著並且好好生活——這，就正好是「休息」了，也是《休息的藝術》這本書的出發點及關鍵核心。

此外，「休息」也不應該是用「下班」這個動詞來啟動。大家會不會覺得，「下班」好像還是跟上班有關聯，感覺是好不容易結束上班，才出現了「下班」這個動態。如果我們一直使用「下班」這個動詞，便會不容易與要開始好好休息的八小時有良好的互動關係。

我在醫療單位從事「睡眠非藥物治療」十多年，期間也積極推廣睡眠醫學及失眠治療之大眾教育（現為台灣睡眠醫學學會大眾教育委員主席），所以我自己常常在臨床工作上除了教大家怎樣好好睡覺，也很認同下班後及睡覺前要好好休息。不過，關於如何好好休息的方法非常多，到底要給哪些建議，有時還需要做不少功課呢！

《休息的藝術》透過「休息測試」針對休息進行的全球性的大規模調查，整理出十大休息建議，除了符合現今人們的性格，也非常切中現代社會的節奏，每項建議還有科學基礎及實務執行步驟。我看完此書後受益匪淺，想在此推薦序文末，結合此書想要推動「休息」的核心理念，提出一個小口號：【上床】、【上班】，以及【休息】。讓我們一起來推動更新版的「三個八小時」，也讓我們對於休息有正面的看待、正向的期待，以及更好的準備。

上床了，好好睡覺吧！

上班了，好好工作吧！

休息了，好好生活吧！

推薦序②——我存在，所以我休息

褚士瑩／作家、國際NGO工作者

老實說，我實在厭倦極了勤奮。

從小看名人的自傳，發現成功人士總是睡得出奇地少。他們總是不斷地強調自己每天只睡四小時，這對於從小就貪睡又懶惰的我來說，實在是個壞消息。

從小懶散的我被師長洗腦，開始把懶散當成敵人，而「休息」根本就是懶散的同義詞。「想要成功，就不能休息！」似乎成了人生的潛規則。

貼在書桌案頭的座右銘，自然就是「零碎之光陰，足以成大事」，作文裡面還要引述「懸樑刺股」這種成語，現在回想起來，未免也太可怖。漢朝的孫敬刻苦好學，每天一早就起來就讀書，直至深夜。因為疲勞瞌睡，常會不知不覺打起盹來。他就把繩子的一頭懸在屋樑上，一頭繫著頭髮。這樣，一打盹，頭皮就會被扯痛。後來，他終於成為儒學大師。戰國時的蘇秦因為遊說秦國失敗，家里人不理他，就發憤自學。每當瞌睡時，就拿錐子刺自己的股（大腿），直至鮮血淋漓。後來他成為有名的學問家。現在想起來，想唸書就唸書，為什麼要弄到血流成河！

甚至連美國總統川普（Donald Trump）也對外說自己只需要三到四小時的睡眠，暗示「除非你犧牲睡眠，否則別奢求成功」。但是老實說，哪個有常識的人會相信川普口中說出來的話呢？他就算明明白天打高爾夫球、晚上在電視機前面打盹，也不會承認吧？如果成功人士就要像川普那樣的話，老實說我一點也不想要成功！

更糟糕的是，我發現因為勤奮不休息的「成功人士」，通常也都死得很早。「睡眠到底要幾小時才足夠？」顯然是備受爭論的議題。無論再多的科學研究指出，每天晚上睡足七到九個小時最為理想，但仍有「一些人」認為反正死了可以大睡特睡，所以活著的時候寧可犧牲睡眠，也要擠出更多時間工作。對我來說，是完全違反理性邏輯的。

這可能是為什麼，我特別欣賞一行禪師，他是我們這個時代著名的佛教禪宗僧侶、作家、詩人、學者暨和平主義者，也是入世佛教的主要提倡者。曾經有佛教僧侶在他參訪以後，問一行禪師對於寺院管理有什麼建議，原本大家等著大師說出智慧箴言或是讚美的話，結果他卻一開口讓所有人跌破眼鏡：「你們為什麼都天還沒亮就起來念經，睡飽起來再唸不是比較好嗎？」

一行禪師倡導的中心思想，就是「靜觀」（mindfulness），表面上什麼都沒做，但是靜觀作為一種休息，既不是等待，也不是安靜不動，而是積極地觀察事物的根本。也只有回到事物的根本去觀察時，才能掌握生命細微而持續的變化，在這過程中，身心得到了真正的休息。

而「靜觀」，正是科普作家、英國ＢＢＣ廣播公司主持人克勞蒂亞．哈蒙德，在她的《休息的藝術》（The Art of Rest）這本書裡面描述的第一種休息。

這本書列舉的十種休息，來自於一項有史以來針對休息所進行的規模最大之全球性調查，對象包括了來自一百三十五個城市的一萬八千人所做的「休息測試」（The Rest Test）結果，定義出真正的「休息」，並非「睡覺」或「什麼都不做」，而是讓我們能夠帶領自己進入一個舒適的放鬆狀態，讓身體可以得到真正的安靜閒適。

我喜歡休息，不只是因為懶，而是我相信休息是一種存在的重要方式，實際上，更是哲學家海德格說的「親在」（Dasein），為存在本身而存在，而不是為成為什麼東西而存在。笛卡兒可能說錯了，人的基本特性不在於「我思」，而是在於他不僅「存在」，而且能夠思索並理解「存在」的意義。因此海德格顛倒笛卡兒的命題：「我在，故我思。」

勤奮的時候，我並不存在。當我們在忙的時候，甚至意識不到自己的存在、意識不到時間的存在，一天就過去了，一生就過去了。

然而休息，不但讓我們意識到自己真實的存在，甚至展現出我們存在世界上的意義。

CONTENTS
目 錄

CONTENTS

目錄

序——真心勸你多休息

休息存摺滿江紅

試想眼前有一張五彩條紋編織而成的吊床，隨著輕拂而過的熱帶微風前後搖晃。空氣宜人溫煦，飯店的室外陽台下方是一片碧綠海洋，在陽光下閃閃發亮。

在我們多數人心中，這就是所謂休息的典型景象；當我們置身其中，沒有其他人會開口要東要西。但是現實沒那麼簡單，光是吊床就可能很難搞。你得先克服爬上去的過程中會過度傾向身體一側，結果讓另一側翻過來的難關；接著是全身會扭來扭去，只為找到一個舒適的躺姿；最後才想到忘了幫頸部先找個靠墊，結果是你還得起身下床，然後得從頭再來一遍整套麻煩的過程。所幸，最後你終於達成舒適的平衡狀態，一股寧靜之感漾滿全身。這下子你終於可以放輕鬆啦。

但是，你真的輕鬆得起來嗎？

就算你可以在吊床上愜意放鬆，卻很難常保寧靜之感。總的來說，這種情感反映出我們與休息之間的關係。我們對它的感受相當矛盾，一方面是極度渴望休息，另一方面卻為自己可能只是懶惰懈怠、從未真正用心過好每一天而焦慮不已。

人類與其他動物之間最大的區別之一，就是我們擁有好奇心。即使現今我們多數人的生活早已不虞匱乏，卻還是會想一窺高丘的另一面有何奇景，或是遠渡重洋，甚至登陸月球。我們渴望探索、發現並尋找更多意義。可以說，人類這一物種之所以能夠成功生存至今，好奇心正是一大關鍵；反之，它的缺點就是會讓我們老是坐不住。我們永遠都覺得好像非得做點什麼事才行，而且還自行狹義定義所謂的「做點什麼事」——若以多數人的標準而言，這指的就是時時刻刻都要保持忙碌，而非偶一為之。

然而，古希臘哲學家蘇格拉底（Socrates）諄告我們：留意貧瘠的忙碌人生。要是我們終日瞎忙，生活就會缺少必要的節奏；也會無從判斷做與不做之間的鮮明對照。這種在兩端之間擺盪是自然、健康的情形。就好比回到前述的吊床比喻，我們應該會時而考慮活動筋骨，時而發懶大字橫躺。重點是，看待後者應與前者同樣重要。

我們應該要更常休息，而且是追求更優質的休息。這當然是為了強調休息本身的意義，但也著眼於使我們人生開闊。喘口氣不僅是有益身心狀態，更有助提高生產力。你上網搜尋一下很快就會發現，自我照護正大行其道。無論你如何詮釋自我照護，這是一道好概念，而且我將據此主張，最優質的自我照護就是休息。

然而，攤開眼前的休息存摺，我們每個人都只見到滿江紅。或許這一點正是構成本書的主要調查中最重要的發現。這項調查名為「休息測試」（Rest Test），由一百三十五國共一萬八千名受試者參與協助完成。我將在稍後章節闡述「休息測試」，於此謹簡單交代要點。正如我所強調，在所有關鍵發現中最重要的一點是，我們多數人都覺得無論休息多久都不夠。三分之二受試者回應，這一點說得對極了，他們真心想要多休息。報告結果顯示，女性受試者平均每天休息時間比男性少十分鐘，而且肩負照護責任的受試者休息時間也比較短；不過，包括輪班上工與傳統全職工作的年輕世代男女自我感覺休息時間最少。

這點和一般認知不謀而合，亦即年輕人肩負重擔，每天疲於應付沉重的生活壓力。二〇一九年一月，美國網路媒體餵鮮事（BuzzFeed）刊出一篇標題為〈千禧世代如何成為厭世代〉（How Millennials Became the Burnout Generation）文章，在網路上暴紅。[1]撰文記者安・海倫・彼得森（Anne Helen Petersen）在文章起頭就先解釋，自己的待辦清單條列出一大堆工作，以至於「雜事癱瘓症」上身，她什麼事也做不成。有些老前輩對這種焦慮嗤之以鼻，並為千禧世代貼上帶有貶意的「玻璃心」標籤。不過我個人倒是覺得，彼得森和她的世代為我們開啟一道全新話題。她將電子郵件早已堆積如山的信箱命名為「羞羞臉郵箱」，對此，我完全可以體諒，因為我自己的郵箱裡就有五萬零四百四十九封信件。不過，我認為重點遠不僅止於此。

毫無疑問，當今二十來歲的年輕人面臨重重挑戰，不僅要通過激烈競爭才能擠進大學校門、爭取工作職缺，再加上這幕血淋淋的未來前景：居高不下的房價可能意味著你將永遠被迫過著逐巢而居的租屋生活，端視你的居住地在何處。最重要的是，千禧世代可以比父母輩更富裕的好景正在幻滅中，因為當今銀髮族還能享有豐厚退休金，千禧世代卻別想指望還能分到一杯羹。其實，X世代與嬰兒潮世代也各自經歷過上述每一道壓力。千禧世代可能是比較坦率敢說出口，但我們多數人也經常被看似永無止境的待辦任務搞得筋疲力盡。當代的工作實務、生活方式和科技相互結合，密謀讓二十一世紀初的生活無時不刻都得費心費力。全拜智慧型手機所賜，我們永遠都覺得自己正在隨時待命，因為知道就算真的放空休息，隨時都有可能被一通阿貓阿狗撥進來的電話打斷。

我們想要多休息、我們可以多休息，也許事實上我們休息的時間比自己以為的還要多——只不過，我們肯定不覺得真的在休息。

我不算是格外深諳休息之道，或說以前我很不擅長休息，直到我聚焦這道主題。當我告訴周遭朋友，在寫完數本鎖定情感、時間感與金錢心理學的主題書之後，我開始撰寫圍繞休息這道主旨的著作，眾人的第一反應通常是：「可是妳無時不刻都在工作。從沒看過妳休息啊！」

要是有人問我事情進展得如何，我往往會回答：「很不錯啊。很忙就是。真的是太忙了。」對我來說，生活確實如此，不過這句回答又有多少成分也是在表達一種狀態呢？倘若你說自己很忙，意味著你被需要、有市場行情。正如研究時間應用的牛津大學教授強納森．葛舒尼（Jonathan Gershuny）所說，忙碌已經成為一枚「榮譽徽章」。與十九世紀對比之下，賦予我們社會地位的象徵正是工作，而非閒暇。忙碌程度闡明自身的重要性，但與此同時，我們也總是身心俱疲。

但是，即使當我理應認真工作時，我也不是真的二十四小時都在工作。雖然我一直都在研究、撰寫本書，但我拋開研究、撰寫本書的時間也不惶多讓。社群媒體臉書（Facebook）或推特（Twitter）動不動就會分散我的注意力，而且我也常常起身下樓泡杯茶。我把書桌擺在樓上的書房中，以便俯瞰下方街道，因而總能開心地認出路上幾位行人是同樣身為自由工作者的鄰居，然後就聊起來；我自然抗拒不了加入他們行列的念頭，因為我超討厭錯過各種小道消息。

我從這些三不五時就會分散注意力的舉動獲得多少休息另當別論，但顯然它們可以提供切換活動的強大功能。我就是閒不住。我渴望終有一天達成諸事圓滿完成的境界，所有條列在待辦清單的事項全都勾選「完成」，最後得以好好放鬆休息。一切搞定，煩惱遠去。問題是，我屢戰屢敗，總是走不到那一步，導致內心常感不安與焦慮，即使實際上我並沒有認真執行眼前的許多任務。

無論是自我感覺或現實如此，這本休息存摺滿江紅，因而多方搞破壞。當今在英國，約有五十萬人正深受工作相關的壓力之苦。[2]在美國，遭受職災的受傷人數中一三%可歸咎於過勞；超過二五%人表示曾在幹活時睡著了，一六%人則竟然在駕車時夢周公。[3]當你再加計照料責任、家事勞力活以及現代生活的一般管理雜務下去，難怪過去這一年的某個關鍵時刻，我們當中或許有四分之三的人備感壓力罩頂，因而不知所措或是無法招架。[4]

疲倦可能嚴重影響我們的認知能力。當你神清氣爽，某一項任務看起來輕而易舉；但要是你正好力困筋乏，感覺就難如登天了。疲倦會導致記憶力減退、情緒鈍化、注意力不集中，動不動就聽錯話以及判斷力減損，這絕非你樂見飛機駕駛或醫生應有的狀態。

尤有甚者，休息存摺滿江紅不單是專屬大人的問題。近二十年來，校方為了擠出更多時間給正規課程，於是縮短學生的休息時間。[5]舉例來說，英國中學裡，僅一%仍保有下午時段的休息時間，但事實上有充分證據顯示，休息有助提高專注力。[6]因此，減少休息時間的效果可能反其道而行，既無法最大化考試成績，也會剝奪孩童社交或做運動的機會。

如今，我們都十分清楚睡眠不足有何影響，它造成的問題簡直是數也數不清：增加第二型糖尿病、心臟病、中風、高血壓、疼痛、促發炎反應、情緒障礙、記憶障礙、代謝症候群、肥胖和大腸直腸癌的風險。以上多數毛病都可能縮短你的壽命。[7] 截至目前為止，休息獲得的關注尚不足與睡眠相提並論，但已有證據顯示，花時間放輕鬆有助我們做出更妥善的決定、降低憂鬱沮喪的風險、強化我們的記憶力，而且還意味著我們比較不容易傷風感冒。

因此我據此主張，徹底休息和優質睡眠同樣重要。本書就是真心勸你多休息。我們必須開始評價、驗證和評估休息這檔事。休息不是奢侈品，而是必需品。它不可或缺。

但說到底，「休息」是什麼意思？

休息的本質

自由　愉悅感　溫暖　復元　黑漆漆　躺臥　作夢　美味

酷斃了　明晰　安靜　必要　放空　絕美　安全　寧靜

療癒　珍貴　個人專屬　嚮往　大腦停機　振奮人心

以上字彙是一萬八千名參與「休息測試」的受試者回答「你覺得休息是什麼意思？」這道問題時給出的答案。

但是，以下字彙他們也套用在休息這道概念。

軟弱　脆弱　煩躁不安　挑戰重重　病痛　擾人　內疚

不必要　打混　惹毛　耽溺　自私　模糊不清　操煩　浪費時間

顯然，休息的定義因人而異。醫學研究論文經常交互替用睡眠和休息這兩道術語，但是休息的範圍比睡眠複雜，因為休息之道不一而足。我在此明確指出，本書所討論的休息，指涉任何我們清醒時所從事的休息活動。當然，據此條列清單的話將會長不見底，所以本書僅聚焦幾大蔚為風行的休息形式。至於睡眠，你可能會在休息期間墜入夢鄉，甚至可能在閱讀本書時昏然入睡；這倒也不一定是壞事，只不過睡眠和休息，顯然是兩碼子事。

首先，休息可能會消耗體力，有時候是指踢足球或跑步這類劇烈運動。對某些人來說，藉由激烈運動狂操體魄會讓心智暫時關機，而且能在這段體能運動期間達到放鬆目的。此外，對許多其他人來說，做完體能運動後能體會到一股安寧之感，就像每當我們辛勤工作或達成目標後，必然品嘗到甜美的滿足感。正如《傳道書》所說：「勞碌的人睡得香甜。」因此我想有樣學樣：精力充沛的女人亦如是。

儘管休息可以是活動四肢，也可以是長時間靜坐。正如我們所知，躺臥在舒服的椅子上、泡熱水澡都算是熱門的休息之道。此外，不單是生理放輕鬆至關重要，許多人都覺得，除非心智可以徹底放空，否則身體也無法全然放鬆。不過我僅在此提醒，公說公有理，婆說婆有理。對某些人來說，休息代表完全不費一絲精力，但其他人可能會想要讀一下高難度的長篇小說《芬尼根守靈夜》（Finnegans Wake），或是玩玩費解的填字遊戲當放鬆。

對我們多數人來說，不會和休息畫上等號的字眼就是工作，約莫三分之二的人認為，休息和工作的意義截然相反。不過，這種觀點可能得取決於你如何定義工作。如果說，請你花一天時間在家照顧兒女或纏綿病榻的親人，相較之下你可能比較願意進辦公室上班或是進工廠幹活；還有些人似乎覺得，每逢週末和假期遠離工作的紛紛擾擾，但就是沒有放鬆休息。我們可能會納悶，這些人是不是應該找出更適切的工作／生活平衡點，但精準的平衡點落在何處，永遠是見仁見智的主觀問題。當然，失業、罹病導致強制休息，會使天平失衡倒向無所作為，屆時我們的感受已非放鬆休息，而是惴惴不安。即使我們想要起身走出去，卻受困無法活動的悲慘境地。再想想憂鬱病症好了，身受其害的患者根本下不了床，只能深陷永無止境、疲憊不堪的倦怠感中。或者我們考慮牢中囚犯，鎮日只是躺在床上數饅頭。在這種情況下根本不是真正的休息。

我們探究休息的本質時，有必要溯源原始單字。古英語單字ræste源自中古高地德語的單字rasta，以及古北歐語rost。它除了意指當今我們所理解的「休息」之外，也有「三哩路」或是「走了遠距之後歇歇腳」的意思。所以，前述詞源說明適切強化以下觀念：活動之後就是休息。倘若你什麼事都沒幹，整天就是在休息，其實你不會感覺放鬆，不過到了某一個時點就會需要休息。屆時你才是處於舒適的放鬆狀態中。

我在本書特別闡述的研究正好證明這一點。有些人認為自己確實充分休息，他們得到的幸福感分數比其他坦承自己需要更多休息的人高出一倍。不過研究也透露，對我們有益的最佳休息量似乎有一個上限值，一旦超過，幸福感水準就會開始下降。此外，正如我已經探究過的結論，休息所提供的養分一旦成為強制作用就會瞬間消逝。休息的重點完全在於取得適當的平衡點。

倘若我們都能擁有一紙個人專屬處方箋，完全依據當事人所需的最適休息量身打造，情況或可有所改善，但是儘管醫生經常開立休息處方，類型與數量往往含糊不清。好比他們會說：「多休息。」但這句話，是只要我們躺在床上就好嗎？還是我們應該順從自己認定的休息之道做起，好比投入自己感興趣的嗜好，不然出門拜訪朋友？

現實是，就這一點而言，我們完全得靠自己。這是一種自我診斷、自我開藥的情況，但不代表我們無法學習他人經驗。每個人都有自己的休息之道，但是我們選擇的各種休息方式卻擁有許多共同的要素。

「休息測試」調查

先前我已稍微提及「休息測試」，本書有幾道打底的基本論述是源自這項研究的重要調查結果。它誕生在兩年前，當時我加入一支廣納多門學科的團隊，許多研究休息的成員都是來自杜倫大學（Durham University）。周遭朋友一聽到我們走好運獲得一筆補助金，可以成為倫敦衛爾康博物館（Wellcome Collection；編按：屬於英國最大醫療慈善集團衛爾康信託基金會[Wellcome Trust]，策展主題結合醫療與藝術）五樓的第一批住民，莫不開玩笑說，那真是一門閒差事，因為你閒來無事就可以在裡面到處逛。

儘管確實獲贈一張深受遊客歡迎的吊床，我們當然沒有那麼好命。這支團隊涵蓋歷史學家、詩人、藝術家、心理學家、神經科學家、地理學家，甚至還有作曲家，人人才華洋溢、積極進取、充滿活力。我們全心投入這套計畫，並在兩年間舉辦展覽、出書、大量公益活動、出版學術論文、詩歌與原創音樂作品，其中有一項是在英國廣播公司第三台（BBC Radio 3）首播。我們的住所座落在倫敦市中心車水馬龍的優詩頓路（Euston Road）上，我們自稱「亂成一團」（Hubbub）團隊。

這個團名是精挑細選而來，代表我們多數人生活中的紛亂與過客，種種喧囂騷動淹沒和平、寧靜以及休息養生的機會。它也暗喻一道事實，亦即在現代世界中，有意義的休息並非意指放棄我們忙碌的生活，而是自我調適，在工作、休息與玩樂之間求取一個適切的平衡點。

就在我們入住一年左右，我參加兩場英國廣播公司的節目，即第四台的《全心全意》（All in the Mind）和國際頻道（World Service）旗下的《醫學巡禮》（Health Check），亂成一團藉機啟動我們命名為「休息測試」的線上調查計畫。在調查的第一部分，受試者得先回答以下問題：他們休息多久、理想情況下需要休息多久，以及哪些活動最能使他們放鬆休息。在第二部分，他們填寫測量性格、幸福感和心思放空程度的問卷。

一旦我們啟動調查，就是在發起一場賭博。我們毫無概念究竟會有多少人對休息這道話題大感興趣，願意花費長達四十分鐘填寫問卷。但事實證明，對全世界許多人來說，休息是一道迫在眉睫的問題。如前所述，一百三十五國共一萬八千名受試者參與協助完成。這等規模的回應著實讓我們喜出望外。

就本書而言，從那時起我的工作就是，從受試者回答前十大最能放鬆休息的活動中，仔細調查每一樣活動的功效。我發現一些意外收穫。舉例來說，花時間與朋友、家人共度時光，竟然沒有擠進前十名，只排在第十二名。若考慮到許多人說「與他人連結是人類生活的重心」，這項結果看似很怪異。幾十年來，正向心理學研究顯示，最快樂的人不是在工作、健康、金錢或智力獲得所謂的成功，而是充分享受與他人之間的愉悅關係。十九世紀英國藝術家威廉．莫里斯（William Morris）曾說：「夥伴情誼是天堂，少了它就墮入地獄；夥伴情誼是生命泉源，少了它就意味死亡。」但是請謹記在心，我們並不打算找出人們自覺最喜歡、最快樂或是最看重的活動，而是要發掘最能放鬆休息的活動。在這道前提下有一點值得注意，前五大最能讓人放鬆休息的活動多半都是傾個人之力即可辦到。照統計結果看起來，我們休息時常常是想要逃離其他人。

另一種沒有擠進「休息測試」前十名的活動，是我個人最愛的園藝。儘管蒔花弄草不能讓身體放鬆休息，卻能讓我的心智暫時關機進入放空狀態，我也得以最充分休息。我整理花園就是花時間享受戶外空氣並感受指間的土壤，有時還會被陽光曬得暖洋洋。我很喜歡的一件事就是，雖然我投注大量心思與精力在花園裡，事實上大自然接手多數我無法在場完成的工作，但我還是可以享受令人心曠神怡的美麗成果，儘管不是每一次都讓人滿意，因為氣候變化讓園藝的成果難以預料。

園藝經驗有所幫助，隨著時間拉長你便逐漸學會，做什麼事可以讓你的土壤起作用，做哪些事則不管用。專家當然可以提供建議，但是一場熱浪、超級寒流或是狂風暴雨，甚至是蛞蝓、蝸牛、松鼠或狐狸都可能讓你的努力前功盡棄。你永遠無法打造所謂完美花園，但總是隱隱約約感覺到，要是每件事都做到位，那就很可能接近完美。這就是園藝如此引人入勝之處。就像所有最好玩的遊戲，它精妙結合技巧（即正確的植物與地點）與運氣（即正確的天氣與時間）。

然而，如前所述，園藝沒有擠進前十名，藝術、手作與養寵物也都落在十名之外。甚至還有一項遺珠可能會讓你的下巴掉下來：套用受試者的原話，一旦他們可以自由拋下所有活動時，花時間上網或是流連社群網站並非一項足以擠進前十名的休息之道。我們可能花費越來越多時間瀏覽網路世界、上傳自拍照或查看社群網站，儘管我們一天到晚都這麼做，通常也很享受這麼做，但我們似乎也有感覺，做這些事根本無法讓我們覺得是在休息。你將會在往後章節裡看到哪些活動才能達標。

盼我能激發你重新思考休息之道，並在生活中為它增闢一處空間。在本書的尾聲，我希望每一名讀者都能帶走一張休息處方箋，或是一道善用時間的新思維。

因此，在這份全球前十大活動的詳細報告中，我將仔細檢視證據。花時間沉浸在大自然的森林中聽起來可能很宜人，但我們真能證明這樣就會得到充分休息嗎？我在證明有效之餘也會指引某一套穩健的科學做法，以利衡量正面收益。順此邏輯，本書將會推翻一些當代的假設，好比靜觀有助多數憂鬱症患者、看電視浪費時間，或是我們應該永遠全力違抗做白日夢的念頭。

同一套活動不必然人人適用，但我期盼本書可以幫助你明白哪些活動可能對你有用。也不是每一種活動都能吸引所有人，但每一種都能教會我們一些充分休息的有用知識。我發現，一旦你越明白，能讓我們充分休息的活動有多麼重要，你就越容易刻意伺機休息，而且毫無罪惡感。我將仿效音樂排行榜的倒數方式介紹前十大「休息測試」之道出場，也就是從第十名開始，最後才揭曉第一名。

我十分樂意一開始就先劇透，最受歡迎的活動竟然是閱讀。你也知道，大家都說群眾智慧有其道理，一萬八千人的共識準沒錯。請享用本書。看起來，沒有什麼事可以比閱讀更讓人放鬆休息了，若此，還有什麼書可以比介紹休息之道的書更讓人放鬆休息呢？

第1章

第十名　靜觀

問：傳授靜觀的講師最愛吃什麼？

答：葡萄乾。

你可能已經發現，這不是一句玩笑話。要是你參加靜觀課程，很可能在某一天課堂上會冒出一盒葡萄乾，然後你分到一顆。我曾經為廣播節目採訪好幾位靜觀專家，對方都會遞給我葡萄乾。我得承認，當下我心裡想的是：「又來了。又給我一顆能看不能吃的葡萄乾。」不過，這顆葡萄果乾的實驗每一次都見效。儘管我不太埋單靜觀可以解決所有問題，但不否認葡萄乾實驗挺好玩的。

通常整道過程如此進行。首先，兩指輕輕捏起葡萄乾，然後鉅細靡遺地檢視它，看看外皮上的皺褶、每一道摺痕下方的陰影，以及隆起處擠出的摺線在光線照射下透亮發光。將葡萄乾翻來覆去看個清楚，直到你自認為觀察到所有不同色調為止。然後將它輕放在掌中，這時你會感覺到它的重量嗎？再拿起來貼近耳邊，就好似聽貝殼一樣。要是你捏擠它，會聽到什麼聲音嗎？當然不會啊，你絕對聽不到海浪拍擊岸邊的聲音。那你的指尖現在有什麼感覺？很可能會覺得它有一點熱熱的，濕濕軟軟的。你還能摸出表皮的凹凹凸凸嗎？再換另一隻手重複同一套程序，會感覺差不多還是差很大？要是差很大，到底有多大？

現在，你現在已經意識到，細緻入微地檢查葡萄乾的動作，正一次又一次引領你感受嶄新體驗。將它舉到鼻前，你有聞到什麼味道嗎？光就這一點，靜觀的授課講師就可以侃侃而談五分鐘；如果你還有心情品嘗葡萄乾的滋味，這時你才可能如願以償。不過，就算它進了口中，你還得忍住痛快嚼兩下的衝動。首先，你一定要先將葡萄乾放在舌尖上，理想狀況是安置三十秒，才夠你體會它帶來的感受。接下來，重頭戲這時才登場，你當然務必慢動作細細咀嚼葡萄乾，品味口中產生的所有變化：果肉甜味、唾液汨汨流淌，還有咀嚼、吞嚥的體感。1

到了這一步，你可以喊停了。恭喜！你發揮靜觀服用了一顆粒葡萄乾，以後你可以將這套手法應用在任何事物上，像是憑藉靜觀周遊各地、帶著靜觀溜毛小孩、心存靜觀洗碗筷（但請切勿不要洗過頭，連洗碗水都喝下肚）；同時請敏察自身所有的感官知覺，最重要的是呼吸吐納。假使其他想法開始湧入腦中，分散掉你的注意力，請不帶判斷地觀察這些念頭並接受它們，不要試圖壓抑它們。

你可能是那個每天都練習靜觀的人，也可能是動念想放棄的人；或者你根本就是那個識稱它為新時代鬼扯淡的人，看到有人這樣刻意慢動作吃葡萄乾就反感。正如前述，我不怎麼埋單「靜觀是萬能解藥」的主張。我覺得，雖然它是一門幾百萬美元的生意，但在這場「休息測試」中只排在第十名，這一點頗有啟發意義，顯然不是人人適用靜觀。稍後我們也將發現，它當然也不如外傳是萬靈丹那般管用。不過，即使你不想照表操課練習，靜觀仍然足以讓我們許多人學到如何休息。

當然，有一道強力論述主張，靜觀並非什麼新哏——不就是現代人重新包裝二千五百年前佛教徒的打坐禪修之道嘛，只不過是剔除道德、靈修並聚焦同情心這些部分，然後再重新定位為有助提升我們個人而非有益其他人。還有一點也沒錯，「靜觀」這一詞彙的指涉範圍幾乎是包山包海，試舉一派名為密宗佛教的禪修分支為例，甚至涵蓋許多套冥想技巧，靜觀修煉者與倡導者大可採用其中任何一種。如果你在其中融入許多其他傳統冥想做法，再加上為了改善心理健康而開發的各種療法軟體、靜觀應用程式、書籍與當地健身房或職場開辦的課程，這樣一來，所有人都能達成「靜觀不是那麼簡單一回事」的共識也就不足為奇了。

如果有人說自己確實在練習靜觀，很可能是早就花了幾千個小時浸淫在古老的冥想活動，他們不一定會採納帶著同情心思考自身或他人處境的元素；很可能定期在家裡使用應用程式，或者也有可能只是試圖多停駐一會兒，觀照身體周遭的感知。即使這張清單羅列林林總總的靜觀手法，也不曾觸及藝術、科學、哲學、宗教或靜觀療法等所有的可能形式。

我無意深入辯論靜觀的不同形式和定義，反而對探討它何時有效、無效的扎實、可靠研究更感興趣。因此，為了本章內容起見，我將簡單定義靜觀。有人送我英國老牌瓢蟲出版社（Ladybird Book）成人系列繪本中的《靜觀》（Mindfulness）當作耶誕禮物，書中說它是一種「無事一身輕的時候想像自己正在做某件事的能力」，我超喜歡這個說法。我這麼想或許顯得很孩子氣。當今最廣為使用的定義比較嚴肅，語出業界許多人眼中的英雄喬．卡巴金（Jon Kabat-Zinn）。一九七九年起，他開始在西方推動以靜觀為基礎的減壓計畫，一馬當先重燃人們對靜觀的興趣。他指出，靜觀是「有意識地以一種不加評判的態度，刻意留心此時此刻」。

只是，這麼做究竟是如何幫助我們休息？

通往極致平靜的道路

眾所周知，當我們任由思緒自主而行，它們往往會縹緲遊走。有時候我們樂於讓思緒有如失根浮萍，但有時候不著邊際的念頭其實更棘手：我們會發現流於自我批評，若非頻頻回顧往事就是煩憂未來。此際便是靜觀最能派上用場的時機：協助我們定錨於當下。一個人越常練習靜觀，即使置身壓力罩頂或情緒跌落低谷的最艱困時期也越能回歸常態。

十九世紀美國哲學家兼心理學家威廉・詹姆斯（William James）說：「我們每個人都可以藉著改變自己的態度進而改變自己的一生。」有些人拿靜觀訓練與加強肌肉相提並論，因此當然也得費時費力。其實這一點沒錯，初期練習心智意念遠非易事。我就學時曾參加佛教中心（Buddhist Centre）舉辦的冥想週，這兩天幾乎都滿腦子只想著自己真是糟糕的冥想者、膝蓋快痛死了，但是周遭每個人看起來都很如魚得水。冥想週結束之際，我絲毫不曾感覺自己帶著祝福離去，反而更焦慮擔憂。我四下詢問才發現，自身的經驗並不罕見。

但是眾多鐵粉敦促要堅持到底，都說這樣做的話，最後真的能帶給你充分休息。不過許多最終可以舒緩身心的活動，也有相同功效。當我認真看待園藝這項興趣，就必須專注、規劃、決策，當然也少不了要付出大量體力。這些條件聽起來比較像是幹活而非休息，不過現在我發現，這道程序中的任一環節都能立即帶給我閒適寧靜的感覺，即使是繁重費勁的部分亦然，即使每年都會在循序完成同樣程序的期間重複上演。每次我走進那間只能單人駐足的小溫室，不消片刻心情就會覺得好多了。幾乎只要我一開始在墊高的苗床掘土，或是在屋舍旁的小花園播種時，整個人就會感到輕鬆愉快。

喬．卡巴金理直氣壯地認定，練習靜觀得付出相當的努力，他設計出一套具有影響力的課程，每週上兩小時，每套做八週，外加課程尾聲還要參加一場全天制的靜修。不過最耗費精力的部分是家庭作業。「合約明定，一週六天裡，你必須每天排出四十五分鐘的空檔，練習完全放空。沒錯，我們不在乎你要怎麼排出四十五分鐘空檔，你就是得說到做到。再者，你不必然得喜歡這麼做，做就對了。」[2]你若想切實遵行，確實需要奉獻精神，我自己嘗試好多遍，怪的是經常發生在主持有關靜觀的公開活動人群中，但有時候也會發生在自家裡。雖然我一開始便帶著定期練習的企圖心，卻從未能持之以恆。我猜想，我訪問過的靜觀訓練師都不喜歡我這類半吊子玩家，但是因為他們都是大好人，不會妄下斷言，因此也從未說三道四。

若想到達身心靈平靜的狀態就得下足苦工，不過喬．卡巴金斬釘截鐵地堅稱絕對有其價值。「只要用心體會外部這種永續自然力的寂靜感，以及隨之而來的內在寧靜感，就不時安排個人生活得以培養、沉浸在這種可能性而言，這就是一道相當充分的理由。」

為何靜觀有舒心作用？

極致寂靜聽起來就像是極度放鬆，但其間仍存在一道似是而非的矛盾。要是一開始就得這麼辛苦，真能稱得上是休息嗎？不是應該一開始就讓人放鬆嗎？在這場「休息測試」中，其他前九大活動或許得分超過靜觀，但一萬八千名受試者中仍有超過四千名同意，靜觀可以讓他們放鬆。為何它的支持率這麼高？

首先，靜觀強制要求嚴格自律，宛如它強求你停下來。如果你正確練習靜觀，當你投身其中就該專心致志，心無旁鶩——不能看電視、聽廣播；手機得關靜音、電腦得關機，更別提放什麼背景音樂了。所有現代日常生活的雜音、執著與分心都得拒之門外。這樣一來，練習本身就會帶來放鬆感，即使你得很努力才能真正做到端正思緒。

練習者可以不用一再回想自己曾在某個時刻說錯話，或是腦補隔天要開一場讓他很糾的會議。他們變得比較不那麼察覺自我存在，也暫時不再多想別人如何看待他們。靜觀讓他們正視現實，而非任憑自己的左、右腦打架。事實上，煩憂仍在，只不過他們強制擋在心門外。諸多來來去去的思緒會被觀察、接受，而非被評判，因此不會再被歸類為好念頭或壞心思，單純就只是想法。靜觀也可以讓練習者暫時抽離自己的情緒。

靜觀的好處可以列出一張洋洋灑灑的清單，因此有些人認定，靜觀就是最好的休息方式，這種說法毫不意外。

儘管我無論採取哪一種自律方式，都還是做不到每年至少練習一次靜觀，但我無法否認，真的會在過程中感受到一股關注當下的力量。我曾順應要求，在眾多觀眾面前訪問英國喜劇演員茹比·韋克斯（Ruby Wax），當時我們置身倫敦巴比肯中心（Barbican Centre）的舞台上。我和多數人不一樣，很喜歡也很習慣站在台上，而且我多半在廣播節目中培養出成千上萬回採訪經驗。但這次不一樣，因為我訪問的對象不只是名人，她的腦子超機靈，動得飛快。

活動登場前，我們先走上一座足以容納一支教堂唱詩班和一整支管弦樂隊的舞台，正中央已經先為我們安置兩把椅子，台下則是一千五百席座位。我開始緊張冒汗，嘀咕著幹嘛沒事淌這趟渾水？現在還來得及想辦法閃人嗎？觀眾開始魚貫而入，我們暫時回到演員休息室。登台之際，我們並肩站在我這輩子見過長度最驚人的直立鏡旁，這是為了讓整支樂團成員可以望著鏡子調整自己的衣著後才正式登場，一次搞定；旁邊還有一張螢幕，你可以從中看到、聽見觀眾入座的情形。沒錯，好幾百人接著好幾百人如潮水般湧入。

我們會在台上討論憂鬱症，以及茹比．韋克斯如何學習靜觀以便傳播這套做法。所以活動進行一半時，會有一位靜觀講師上台加入我們，帶領觀眾練習幾招。舞台經理通知，再過一分鐘我們就得上台了，所以講師為了讓我倆冷靜下來，就站在與舞台大門後方引導我們簡單走一遍靜觀歷程。當下我只覺得，知道超級名人也會緊張，真是讓我大大鬆了一口氣。我們聚焦注意力在感覺自己的大腿，它們穩穩定在地面上支撐著我們；我們集中意念感覺大腿及身體各部軀幹；觀察自己的呼吸吐納，然後屏氣凝神；暫停個幾秒鐘，然後呼吸、等待，感覺存在。然後，登台時間到了。

這回練習的成效驚人。在一大票觀眾面前和名人交談，我的感覺從緊張兮兮擴散成恐慌焦躁，但後來我只覺得一陣平靜感灑滿全身。我走上台、就座，當下體驗到一股我只能稱為「放鬆休息」的感覺。

靜觀不僅可以身陷困境時帶來一絲放鬆感覺，它還有一個更寬廣的意義：教會我們何時應該喊停休息。你傾聽自己的身體與心靈就能聽到它們發出的暗號。可能是你的肩膀僵硬地高高聳起；或許是覺得身邊每個人都惹你發火，逐漸清明的意識可能會告訴你，這股無名火與他們無關，而是你的身體疲倦或體力透支了。你越早留意到這些細節，就越能決定找個時間休息一下了。這一步尚且毋需靜觀，但發揮靜觀的心態能帶你走到這一步。

發揮靜觀的證據

茹比．韋克斯的故事只是個插曲，我們需要端出數據才能衡量靜觀影響思想的程度有多大。過去幾年來，靜觀漸漸在職場、校園甚至監獄中崛起。正如每一股日漸流行的趨勢都會受到嚴格檢驗，靜觀也被放在顯微鏡底下檢視。雖然有可信數據資料顯示，某些特定的靜觀干預手段對特定族群發揮效果，它真的是太常被誇大成仙丹靈藥，調查結果並不支持。各界已經進行成百上千份研究，但多數規模極小，而且受試者多半是自主選擇研習靜觀，而非隨機挑選參加研究的路人甲，因此我們無法確保，這些研究本身並未吸引一批特定的研究對象，進而扭曲研究結論。

也就是說，過去二十年來，我們確實看到一些非常出色的試驗，成果也令人印象深刻。但問題是，這些結果通常是用來支撐任何一種靜觀練習的實用效果（無論是獨自練習或參加課程），理當只反應所測試的正規、架構完整課程的效益，絕大多數卻都被納入靜觀的總體範疇了，以至於我們無法確保每一套課程與練習都同樣有效。

即使有個名為「靜觀國會小組」（All-Party Parliamentary Group on Mindfulness）的團隊——沒錯，它真的存在——曾出具非常積極正面的報告，呼籲應在醫療保健、教育、辦公室、工廠和監獄中強化靜觀的易得性，卻也坦承，職場中所見到的證據「零星不完整」、校園中呈現的證據存在落差，而且當前靜觀的普遍程度遠遠領先研究。這些議員也對整體而言缺乏證據表示失望。當然，我們需要的是更多貨真價實的傑出研究，特別是有關哪些人適合靜觀，哪些人則否。

好消息是，這種趨勢正在萌芽。美國威斯康辛大學（University of Wisconsin）魏斯曼大腦造像與行為科學實驗室（Waisman Laboratory for Brain Imaging and Behavior）的理查・戴維森教授（Richard Davidson），帶領一支超過百人團隊試圖彌補研究鴻溝，不過他也坦承，眼前尚有許多問題他們仍然無解。[3]更大型的試驗正如火如荼進行中，包括一場為時五年、涵蓋七千名英國校園裡的青少年，其中半數都將研習靜觀。

截至目前為止，有些最具影響力的研究是在英國牛津大學（Oxford University）的牛津靜觀中心（Oxford Mindfulness Centre）完成，它曾開發一套名為「靜觀治療」（Mindfulness-Based Cognitive Therapy）的特定療法。它就和美式干預手法差不多，也涵蓋一套為期八個星期的週期性課程。隨機對照試驗顯示，倘若某人曾三次以上遭受憂鬱症所苦，那麼靜觀治療便有助於減半憂鬱症復發的風險。[4]靜觀治療的成效在復發風險最高的患者身上最顯著；反之，只經歷過一、兩次憂鬱症的族群則未能證明這套療法確實有效。你可能大呼意外，因為我們通常聽到的說法是，靜觀對所有憂鬱症都有用。牛津靜觀中心主任威廉·凱肯（Willem Kuyken）尋思，是否因為長期憂鬱症患者更傾向於自我反省，負面念頭每天淨是在腦子裡打轉，而這恰是靜觀特別擅長處理的難題，讓這套療法對長期憂鬱症患者比較有效。

也有證據顯示，靜觀有助於減緩慢性疼痛、減輕焦慮並降低藥物成癮者的癮頭。雖然其他研究總結，靜觀不必然比其他的心理學干預手段更妥當，不過這些研究確實定下高標準，所測試的是靜觀能否緩解嚴重症狀。透過靜觀實現放鬆相對容易，有些研究還發現，它可以改善記憶力、專注力、情緒、創造力與反應次數，同時也有降低血壓、增強免疫系統的功效。根據其中一項研究，應用靜觀甚至可以使你成為更良善的好人——無論受試者是下載應用程式實踐兩週或是參加八週課程，都更可能協助拄著拐杖的身障人士。[5]

每當談到認真休息，抽離自身的感覺，並逃開心中不斷喃喃自語的對話時，最有趣的研究往往來自神經科學領域，探查到位於腦幹深處，外型有如核桃的杏仁核活動會下降，它是我們感到恐懼時會產生奮力一搏或逃之夭夭反應的核心。[6]但是在此我們得記住，這些研究的受試者往往是經驗豐富的佛教禪修者，他們終其一生都在研習這門功課。理查·戴維森的團隊研究瑜伽修行者，他們一生中平均花了二萬七千個小時冥想。研究人員也發現十分獨特的現象，當他們的大腦處於靜止狀態，而且他們的身體安躺在腦部掃描儀，不冥想也不特別做什麼事時，他們的活動反應倒是和正在冥想的人一樣。對這些瑜伽修行者而言，靜觀已經成為一種不費吹灰之力就能來去自如的境界。

倘若你撥不出二萬七千個小時做冥想，不妨打起精神看看這項研究發現：練習靜觀兩週以後，大腦活動就會呈現明顯差異。二〇一三年，戴維森和他的團隊完成一項研究，設計兩套每日三十分鐘有聲書指南，隨機指定受試者遵行其中一套。第一套引導受試者完成一場聚焦同情心的冥想形式，要求他們回想一名親密的朋友，想像他們的苦痛，並集中心念祝願他們早日解脫；接著也把這套做法應用在自己身上，然後再換成陌生人，以及他們認為難纏的對象。另一套有聲書採行典型的手段，從認知行為療法下手。受試者回憶一次壓力罩頂的事件，鉅細靡遺地形容他們當時對這起事件的感受與想法，接著是換成另一個角度，站在事件相關人的立場重新審視這起事件。

兩週以後，他們要求每一名受試者觀看受苦人像照片，同時掃描他們的大腦，結果發現，先前接受冥想練習的族群大腦的各區域活動都發生變化，包括頂下葉皮質區（inferior parietal cortex）、背外側前額葉（dorsolateral prefrontal cortex），這兩處的功能都涉及理解他人感受、調節自身情緒。要是這一點還不夠有力，在某個受試者可以自行決定配置多少資金給其他人的環節中，冥想者也表現得比較慷慨大方。不過戴維森確實也示警，這些改善行為其實經不起考驗，要是你停止冥想，改善也就此打住。[7]

靜觀並非人人適用。即使是一開始就深受這道概念吸引，因此報名參加八週課程的對象中，差不多有一五%會半途而廢，可能還會有人在幾個月或幾年後陸續放棄。若能知道哪一種類型的人從中受益最多會頗有幫助，你就可以自行評估是否應該小試水溫，不過這類研究幾乎付之闕如。

每個人在起步時，發揮靜觀的程度不盡然相同。舉例來說，你大可拿出一張問卷，詢問他人有多麼用心留意時鐘的滴答聲，或是汽車行進之間發出的聲音，再不然就是當他們淋浴或泡澡時，身體是否「時時警覺水溫」。[8]這些行為看起來比較像是與個人性格有關。在勤勉責任感項目得分高的人，和那些在神經質（意思是成天擔憂個沒完）項目得分高的人相比，在靜觀的得分比較高。[9]當然，我們無法確知哪個是因、哪個是果。是發揮靜觀會讓人們比較不神經質嗎？或者時時擔憂的傾向會影響靜觀，因為其實人們不喜歡關注自我懷疑的想法？有些研究發現，對靜觀期待值較低的人，可以從靜觀課程中受益更多，[10]但也有研究發現相反結果。[11]所以，除非更多研究陸續發表，否則你若想知道自己是否適合採行靜觀，唯一的正確之道就是親身試驗。

美國賓州匹茲堡市的卡內基美隆大學（Carnegie Mellon University）助理教授大衛・奎斯威爾（David Creswell）廣泛研究靜觀，認為它是一種舒解壓力的緩衝器。我們無可避免都會遭遇各種壓力事件，但是因應之道大不相同。他相信，要是人們受過良好的靜觀訓練，那麼當壞事發生時，他們會發現自己更容易比我們這些素人後退一步，以更全面的角度審視大局，並相對使得難題更容易解決。這一點與英國劍橋大學（Cambridge University）針對校內研究生進行的調查互相呼應：每當大考壓力來襲，那些研習過靜觀的研究生更有韌性，而且更遊刃有餘。[12]

在日常生活中練習靜觀

關於靜觀最棒的一點，就是你可以輕鬆將它融入日常生活。一名靜觀教練曾教導我愉快的一堂課：發揮靜觀漫步到公車站。一開始我得挺身站直、雙腳定住，體會鞋履下的泥土和人行道之間的連結。然後我們起步慢行，一次只專注體驗一種感覺，好比觀察有如背景聲的交通噪音、遠處操場上孩童們的尖叫聲、城市的氣味，以及人行道上的灰色污漬。從那時起我就經常這樣做，尤其是一早就忙得不可開交時。這些讓你慢下來、聚焦手邊事物，卻又讓你開放所有感官知覺的簡易技巧，幾乎可以應用在你所做的任何事情上。

我最鍾愛的靜觀吐納技巧，是一門稱為「四方呼吸法」（square breathing）的課程。當初我是師法精神科資深護士曼蒂．史蒂文絲（Mandy Stevens），她要管理龐大員工，還得照料極度不適的病患。有一天，她被焦慮和沮喪打敗，發現自己被送進精神科病房。她曾多次傳授病患四方呼吸法，現在她套用在自己身上。我發現這一招很管用。以下是練習之道：

倘若你感覺到恐慌正在加劇，那就請找某一樣四方形的物體，長方形也可以。要是你正好坐在汽車後座，車門上的窗框或許是個選擇；如果你正好在辦公室內，某一面牆上的標牌可以派上用場；在家的話，就找出一張照片。無論你置身何處，通常都能就近找到某種正方形或矩形的物體。請注視這樣物體，從左上角開始，想像自己的眼光正循著一條線前進到右上角，與此同時則深吸一口氣。然後，你的眼光從右上角往下移動時請屏氣凝神，等你的雙眼從右下角平行移往左下角時，再將這口氣吐出來。最後當你的眼睛要從左下角往上移向左上角時，請再次閉氣。然後整套過程從頭再做一遍，記得眼光在矩形上緣向右移動時要吸氣。你可以隨意地一再反覆練習，直到感覺平靜為止。

雖然我不會挪出時間練習靜觀，反倒會投入園藝和跑步獲得我所需要的休息，但我真的會嘗試重新將令人沮喪的等待時間訂定為練習靜觀的機會。假設火車誤點，或是我被電話耽擱了，再不然就是電腦程式死當，那我就會嘗試視它為該是用來練習靜觀的信號，開始聚焦呼吸吐納，一次只專注體會一種感覺並留心有何發現，同時我也關注其他讓我分心的念頭閃進腦中，並期望稍後會自行離去。我說的是我嘗試這麼做，所以我也不是每次都會這麼做。我在講電話時或許可能隨時準備提出詢問或抱怨，因此會用力記在腦中，這樣我就可以盡可能地解釋清楚。不過要是我能克服心魔，靜觀就會將這種我在浪費時間，或更糟糕的情況是別人正在浪費我的時間，轉化成一道正面歡迎的機會，讓我可以暫時喘口氣，休息一下。

美國社會心理學家艾倫．蘭格（Ellen Langer）相信，靜觀就算做得不夠到位也一樣獲益良多。在她看來，我們無須坐得筆直並正經八百地冥想；反之，「留心事物的簡單動作」就可以改善我們的幸福感。我們只需刻意關注產生變化的一切事物，好比職場變遷、我們看到的周遭人士或是腳下的街道，就能常保參與感和興趣。她也相信，這種做法有助我們自我感覺更平靜、少煩憂，因為我們開始接受萬事萬物鮮少恆定不變，變化才是常道。」[13]

十年前，我會懷疑靜觀是否有機會擠進前十名，如今看到它現身榜中已不足以為奇。各種靜觀是否都像它的宣揚者所說一樣運作良好，眼前我們看到的證據莫衷一是；它是否真的就是讓人放鬆休息的好方法，也是公說公有理、婆說婆有理。不過靜觀登上我們這項調查的第十名，因此成為本書討論的第一道做法，其中的好處是，對於我們也將納入考量的其他活動，其中許多活動改變我們的一些意識認知，靜觀能提供一些相關的寶貴經驗。好比我們會深入鄉間、聆聽音樂，還會沉浸在小說情節中，結果是我們反過來調整自身的關注焦點。我們吵個不停的左、右腦開始靜下來，身體也開始放鬆，而且我們會放慢步調。我們不是真正在練習靜觀，即使如此，這些活動還是帶有發揮靜觀的作用。我們還可以向靜觀實踐者學到一堂強力的寶貴課程，那就是挪出時間以便休息的做法大有助益。你將手機關成靜音，接下來十五分鐘都不受打擾的話，就能開始找回一種寧靜之感。

靜觀可能是你的菜，也可能不合你的胃口。總的來說，我會建議你不妨試個水溫，但別抱持太高期望，以為它一定會改變你的人生。

第2章

第九名　看電視

它就像一間減壓艙，讓你沉浸在幻想世界一小段時間或幾個小時。身心愉快。

我一整個放空。完全不想兒女、老婆或任何事。我人在心不在。既不在學校也不在家。我進入了電視螢幕，與他們同在。

我覺得精神煥發。整整兩個小時，我除了放鬆這把老骨頭、放空大腦，其他什麼事也沒做。然後我才打開門走出去……我準備好再幹活五小時。

我變得平和、放鬆，活像是剛剛吞下一顆鎮靜劑似的。

你同意上述評論嗎？它們語出二十五年前四名參加焦點團體訪談的素人，主辦者是美國研究員芭芭拉．李（Barbara Lee）和羅伯特．李（Robert Lee）。[1]雖然打從那時起，科技就不斷改變我們看電視的方式，但我們許多人還是會在電視前一坐就是一、兩個小時，邊休息邊放空。

坦白告訴你，其實電視是我最喜歡的文化形態，也是主要的放鬆手段。我越感到疲累，就越想要打開電視。我可以翹起二郎腿，而且不費吹灰之力，更無須動腦。只要看到好節目，我就會完全被牢牢吸住，就此融入別人的生活，忘卻自己的現世；我雙腳不用落地就繞著地球跑。最重要的是，我還能夠和伴侶分享經驗。我們可以開心地陪伴彼此，除非想要開口說話，不然就各看各的。從許多層面來說，看電視都稱得上是完美的休息形態。

這就是電視受歡迎程度屹立不搖的秘密，因為它帶來放鬆感。沒錯，觀看媒體的習慣正在改變；沒錯，現在我們都在智慧型手機、筆記型電腦與大螢幕上觀看；沒錯，現在我們可以選擇內容、自定時間，只要花幾秒鐘就可以從龐大的影音資料庫把節目調出來。不過，無論是英國廣播公司第一台、來自中東國家卡達的半島電視台（Al-Jazeera）、串流影音平台網飛（Netflix）、YouTube或是哪個媒體，萬變不離其宗：動態影像在我們眼前上演，我們只需眼看、耳聽就好。我把上述行為都稱為看電視，以利本章論述。

據估計，全球人口每年共花費三十五億個小時看電視。誠然，特別是電視劇正躬逢黃金盛世：一夕之間，好萊塢的超級巨星、頂尖劇作家與大牌導演，全都興高采烈地湧向小螢幕發展。我敢打包票，我不是唯一把看電視當作休息預設模式的人。你看看下文後再告訴我，此情此景是不是尋常的居家生活？下班回家、準備晚餐、哄小孩上床、收拾殘局，最後終於可以把自己重重地拋向沙發，然後打開電視。甚至，你晚間在外頭找樂子，像是和朋友去喝杯小酒、吃頓晚餐，或是看場電影，回家後會幹嘛？打開電視瞄兩眼喜劇影集，鬆弛疲勞後才上床睡覺。如果天候不佳或是你的心情低落，打開電視是你結束漫長一天的招數；你獨自一人或與家人同在時也會這麼做。看電視輕而易舉，舉世皆然。

所以我有點不解，看電視在「休息測試」中竟然只有第九名，或許是因為它欠缺其他藝術形式具有的文化氣息，所以被大家嫌棄吧。我從小就看播出時間超過二十年的兒童節目《何不這麼做？》（Why Don't You?）長大。它的原名是《何不乾脆關掉電視，出去做點更好玩的事？》（Why Don't You Just Switch Off Your Television Set and Go Out and Do Something Less Boring Instead?），節目名稱帶有鮮明的「瑞斯價值觀」（Reithian；編按：源自BBC首任總經理約翰．瑞斯[John Reith]之名，他主張公共廣電是公共財，不以牟利為主要目標，應以告知、教育及娛樂為使命）：一齣BBC電視節目採取高大尚的手法暗示讀者，電視對兒童弊大於利。

最近，英國喜劇演員鮑伯．莫迪默（Bob Mortimer）參加知名廣播節目《荒島唱片》（Desert Island Discs），他說自己被放逐荒島時最想做的事情之一就是看電視。近八十年來，這齣英國廣播公司第四台（Radio 4）的招牌旗艦節目形式未曾或變，人氣不證自明。節目來賓獲准攜帶八張唱片，在《莎士比亞全集》、《聖經》之外可以再帶一本書，也可選擇帶一樣奢侈品。雖然我納悶，多數被丟到荒島的名人其實和鮑伯．莫迪默一樣喜歡看電視，也很喜歡自選的唱片和書籍，但沒幾個人提到電視，遑論選它為奢侈品。

長期以來，我們都假設電視百害而無一利。大人都說要是耽溺其中，長大以後就會變成沙發懶骨頭，而且眼睛會變成四方形、腦子會變漿糊。美國喜劇演員格魯喬．馬克思（Groucho Marx）曾說：「我覺得電視深具教育意義，每次只要有人打開電視，我就會躲進另一間房看書。」也許是這類負面言論，讓大家不輕易坦承自己喜歡看電視，而且覺得這麼做很放鬆。不過，女性將電視列為前三大放鬆活動的人數比男性多，年輕人也比老年人多，這一點倒是挺有意思。電視公司看到這裡應該大大鬆了一口氣吧，它們老是擔心被下一代棄愛。

不管我們有沒有招認，數字會說真話，毫無疑問，電視仍是一種超高人氣的消遣方式。美國有些調查時間分配的研究顯示，普通人年屆七十五歲時，一生花在看電視的時間約莫九年，僅次於我們花在睡覺、工作的時間。即使對我這麼一個緊黏電視的人來說，這一點仍是相當發人深省。

但是話說回來，坐在電視機前的時光不是很甜美愉快嗎？誰說我們就該善用生活在地球上的分分秒秒，做些積極正面、充滿挑戰、深具價值又難忘的大事？本書的中心論點是，休息有益身心健康，我們應該嘗試花更多時間休息。在往後章節，我們將探討更常起身活動，而且理論上會更充實的休息方式。我們當然是可以練習靜觀啦，但是偶爾練習無腦放空也無傷大雅。神遊太虛沒有比聚精會神不高尚。看電視確實是逃避現實、易如反掌，不用去上課才能學會、不用花錢買按摩服務，也不用辛苦練習。只要打開電視電源、關掉大腦就行。徹底看個痛快，這種體驗徹頭徹尾是沉浸式體驗、徹頭徹尾讓人神魂顛倒，也徹頭徹尾讓人全身放輕鬆。

電視這種鎮靜劑

有一點很奇怪，關於看電視的廣泛研究鮮少聚焦休息，多半都是關注看電視的有害影響，但進一步思考，或許反而會覺得不足為奇。若申請研究經費用以調查看電視是否足以放鬆休息，聽起來似乎有點「這還用得著你來說嗎？」（No shit, Sherlock；編按：慣用俚語，因為神探福爾摩斯每次推論都正確，助手華生總會奉送這句話。）意味。前幾年暴紅的精采電視影集《新世紀福爾摩斯》（Sherlock）用上了同樣的取名，不過想必也有人製作過名為「這還用得著你來說嗎？」的節目。言歸正傳，我可以想見，為何金主寧可掏腰包贊助看電視暴力節目是否影響兒童的研究，畢竟我們很需要知道結論。相比之下，無論看電視能否讓我們放鬆，又能讓我們多放鬆，看起來相對微不足道。所幸，我們還是可以找到一些研究。

匈牙利裔美籍心理學家米哈里・契克森米哈伊（Mihaly Csikszentmihalyi）研究各種我們選擇打發休閒時間的方式，以及哪些類型活動讓我們快樂。他所得出的結論影響深遠。一九八一年，他向位於芝加哥的五家企業招募一大票受試者，讓他們配戴呼叫器，然後選在一週內的清醒時段隨機呼叫他們五十四次。每一次只要呼叫器響了，受試者就得應要求記下當時正在做什麼，並回答一系列當下有何感受的問題。過往的研究多半是假定，電視最大的優點不過是無聊玩意兒，最糟的缺點則是有害身心健康，但兩者皆不是契克森米哈伊發現的結論。

大家都說，看電視比做運動或是去夜店玩更能舒展身心，這種說法實可理解；甚至還有人覺得看電視比吃飯更能放鬆，因為看電視讓人昏昏欲睡、提不起勁，但同時又感到愜意愉快。當你辛苦幹活一整天，除了看電視夫復何求！大家都說，喜歡花時間看電視是因為它不是一項義務，還說他們覺得看電視好玩是因為幾乎沒有任何危險。所有說法聽起來都像是完美描述休息之道。

全世界從美國到中亞國家吉爾吉斯，相關研究都顯示，看電視的主要吸引力之一在於就是要放空，在多數情況下它是頭號動機。正如一份研究報告所述，我們視電視為「鎮靜催眠藥」。[2]看電視不同於擺爛不動，鮮少有其他活動可以比它更不費力；擺爛不動其實比字面上更難辦到，後續章節會進一步解釋。電視提供一道逃避自我的機會，打斷我們的思緒，不再去想烏煙瘴氣的一天或擔心明天。只要看一會兒電視，我們就能轉移注意力，不再讓類似想法纏繞心頭。一份二〇〇八年完成的報告指出，對三不五時就陷入低潮或社交焦慮症發作的族群來說，這類情緒逃生出口特別管用，因為他們一看電視就最快嗨起來，也最能貼近劇中人物的心境。[3]

或許我們深入檢視一下二〇一八年下載次數第一名的節目，可以從中參透一些電視與休息之道。我們鎖定的目標是情境喜劇《六人行》（Friends），它描繪幾名分租貴森森曼哈頓公寓的二十多歲年輕人，在一九九四年首播，當時這些卡司都還留著大蓬頭，不像後來成了超級巨星那樣俐落有型。值此執筆之際，恰有《六人行》依舊叫好叫座的報導刊出，所有的廣播節目都在討論那則新聞，主持人想搞清楚，為什麼它已經下檔多年卻照樣大受歡迎。當我聽到影評人的說法時委實驚呆了。他們說，《六人行》歷久不衰的原因，在於它是一齣完美的逃避人生影集，觀眾覺得很累時，可以一屁股坐下來打開電視，不用花什麼力氣就開始收看。影評人除了總結《六人行》受歡迎的程度，我很好奇他們是否也將電視的受歡迎程度總結為一種實現身心安頓的手段？

順便提一句，前述那份二〇〇八年的研究裡，受試者應要求列舉個人鍾愛的電視明星（無論虛實），女性受試者最愛的角色是《六人行》中女星珍妮佛・安妮斯頓飾演的瑞秋，男性受試者的首選則是卡通《辛普森家庭》（The Simpsons）裡的老爸荷馬・辛普森。我敢打包票，這兩個答案透露出男、女兩性的性格差異，不過大概只有老天爺知道答案！

早在一九五九年，人們就已經開始大聲疾呼看電視的諸多弊端，但美國社會學家李歐納・珀林（Leonard Pearlin）的觀點領先當代。他前往美國南部某一州的工業城市，訪問七百多名當地人看電視的體驗，其中超過九成受訪者都說喜歡看可以幫助忘卻煩憂的電視節目。他們感受到的壓力越大，就越享受這種逃避現實的觀點。珀林總結，看電視可以提供一種「日常生活調節閥」的功用，協助我們應付人生。[4]此後三十年間，越來越多研究證實，每當我們感到焦慮時，經常會看電視轉移注意力。[5]

電視是社會潤滑油

電視不僅提供自身思緒的逃生門，還可逃避與他人打交道的需求，即使他們就在身邊。有同居夥伴的人通常傾向大家一起看電視，但是大家都沒有非聊天不可的壓力，連花力氣嘗試都不需要。好幾個小時都不用說話是完全可以接受的選項，甚至也不需要和他人眼神交流。不過你對自己在看的節目內容出現反應時，你會和對方分享活動、情感與人性情懷。

去年我曾參與一項關於孤獨感的大型研究專案，期間曾留意到幾名獨居人士評論，在自己不與他人同住的情況下，他們最想念的情境是沒有人可以一起看電視。他們懷念這股寧靜的陪伴感。

電視被戲稱為「電子壁爐」。[6]先祖是圍坐在火堆旁分享故事，我們則是散坐在電視螢幕前，分享拍攝給觀眾欣賞的故事。我們一邊觀看、討論影片，也一邊討論、攻防內容，隔天又在辦公室的茶水間繼續這道話題。現在我們看節目的時間多半不同，所以常會聽到「喔，等一下，不要劇透！我還沒看到最新一集。我不要聽！」的回應。

本章開頭提及兩位主持焦點團體訪談的李姓研究員相信，電視就像是一種社會潤滑油，提供大家非強制性討論的機會。結伴看電視的樂趣日益被忽略，大尺寸螢幕的廣告傾向於強調隱私、個人化的家庭戲院體驗；學者長久以來也都假定，看電視代表不愛社交。事實上，回溯一九九〇年研究便可發現，有人陪伴我們看電視時時，我們會更喜歡看電視，而且二〇%時間都在聊天，而非一片靜默、各看各的。[7]

我們在英國實境電視節目《電視組》（Gogglebox）中看到，劇中人物看的電視節目和我們一樣，這點會讓我們回想起自己坐在客廳，隨著劇情起伏發表評論：

她是在穿什麼?!

啊！都沒有人在意可憐的猴子有何感覺。牠知道大家都不喜歡牠。

為什麼電視裡面的偵探總是不開燈就走進地下室？不要走下去！停下來！你幹嘛硬要這麼做？

當然，現在我們有推特。要是某個政客在英國議會的質詢時間說出特別讓人抓狂的話，或是某一齣北歐推理懸疑劇的結局荒腔走板，亂演一通，沒錯，你可以對著電視怒吼；你也可以拉著看電視的夥伴一起洩憤，但是你更可以昭告全世界，好似自己正向全世界廣播。

即使我們深陷一生中身心最受創的時刻，電視也可能是一記舒緩的分心工具。我們的鄰居兼好友傑瑞在英國國民保健署（National Health Service）擔任資深主管，他很常騎自行車、打羽毛球；熱愛文學，特別是詩作，獨鍾愛爾蘭詩人謝默斯．希尼（Seamus Heaney）；他本人是堅定的社會主義份子；嗜嗑美酒佳餚。他珍愛家人，也是個很好的聊天對象，又很愛搞笑，所以他的周遭總是充滿歡笑。他五十五歲時確診罹患腸癌，一開始，戰勝病魔的機率似乎很高，但最後他心裡雪亮，我們也明白症狀已是癌末。他開始非常坦然地討論死亡，對談時還會安撫我們，試圖讓我們比較自在地聊起這一道令人悲傷的話題。

他臨終前幾個月，一名親密的家庭朋友固定在星期六晚間上門探訪。他們沒有花時間深入探討死亡或生命的意義，一家老小反而是齊坐一廳、看英國廣播公司的電視實境秀《舞動奇蹟》（Strictly Come Dancing）。這支節目成為他們全家人的焦點、全新的星期六例行活動，以及把大家圈在一起的新嗜好。

這名友人在傑瑞的追悼會上如此回憶：傑瑞生前常把綴滿亮片的衣服評為「真是愛作怪」，不滿節目裁判的評分決定時則常常大喊「簡直沒天理」。他的腦子靈光，大家都知道他會把《倫敦書評》（London Review of Books）從封面讀到封底，他會和大家共享觀看名人遊戲節目的樂趣，並從中得到慰藉。對他們所有人來說，看電視是完美的預後分心法寶，可以暫從癌症苦痛解脫。

這一天終於無可避免地來到，傑瑞的病情已經嚴重到無法下床、和大家共度星期六晚上的例行活動。顯而易見，他所剩時日無多。正如友人在傑瑞的追悼會上所說：「真是愛作怪、簡直沒天理。」

當我們的生命即將走到盡頭，把剩下的日子交給電視填滿，這種做法並不罕見。在療養院病患日間使用的休息室裡，電視往往是一具整日開機、音量調到最大的固定裝置。平均來說，退休人士無論到了幾歲，看電視的時間都比年輕人多。我們可能以為是千禧世代發明追劇這種狂潮——若以窩在沙發裡、一次可以追完整齣戲，或是一口氣就看完三套影集，完全不用苦等下一週連載而論，他們確實是首批世代——不過幾十年來，許多退休人士早就是追劇專家了，白天總花上好幾個小時聚精會神地看電視，期間偶爾打個盹。研究顯示，電視可能高占老年人休閒時間的一半。8

因此讓我感興趣的點，在於「休息測試」調查顯示，老年人對電視帶來放鬆感的評價不如年輕人。我想知道，這是不是因為對他們來說電視是一天中的重要環節，而不是在一天結束之際的一種休息方式？這一點涉及本書我們會一再反覆討論的問題：一種活動所提供的休息感覺，有多大程度取決於前一項活動？意思是，或許年輕人、壯年人感覺看電視最能放鬆，是因為他們已經在職場上奮戰一整天，高度忙碌換來他們稍後可以懶洋洋地消磨時間、盡情享受，哪有什麼事比得上看電視呢？反之，對許多老年人來說，電視是他們的生活良伴，所以與享受或奢侈無關。

讓人生消逝的空洞時間

截至目前為止，我一直高歌或至少捍衛看電視就是休息的好方式，而且完全無須為此感到內疚。不過，我無法視而不見心理學家傾向以消極態度看待「看電視」這個活動，特別是一旦看電視的行為變得毫無節制。

心理學家宣稱的恐懼之一，是電視為我們代勞太多工作。假使我們正在看書或聽廣播，我們會順勢在腦子裡描繪影像，打造一處想像中的世界；反之，電視接手這一切，讓我們隱約感覺，電視可能阻礙我們的想像力，扼殺我們做白日夢或自己在腦海中描繪影像的能力。正如我們稍後將會發現，假若你想獲得寧靜感，做白日夢可能幫得上忙，所以要是電視排擠這道選項，那就真的太遺憾了。但請不用擔心，我們沒有看到真正支持這種說法的證據；事實上，在我們看電視的同時，完全有辦法慢慢飄移到另一個世界裡。[9]

若你仔細思量，就會覺得上述說法不足為奇。如果我們在看電視的同時也可以一邊瀏覽社群網站、聊天、吃吃喝喝或熨燙衣服，那麼放任你的思緒稍微漫遊應該也不難。把注意力同時分散給電視和其他活動，並不是二十一世紀才出現的現象。回溯一九八一年的研究結果發現，受試者看電視期間的六七％時間會一邊做其他事。他們可能不是在電腦上隔出數個視窗多工，但有可能是在吃吃喝喝、做家事、甚至看書。

心理學家宣傳的擔憂之二，是看電視可能會有礙我們察覺時間流逝的感知。我們有時會把花在看電視的期間稱為「空洞時間」（empty time），部分問題似乎是，若單就創造記憶量而言，任何花在看電視的時間幾無價值。我們當下可能十分享受節目樂趣，但除非它們精采絕倫，否則絕大多數時候我們過目即忘──在此，我得說句公道話，我花了大把時間觀賞影集《絕命毒師》（Breaking Bad），至今仍有許多可能不全然是正面的關鍵畫面常存腦海。

看電視會有金魚腦副作用之所以會成為問題，是因為我們將自己創造多少全新記憶內容的數量，視為判斷花去多少時間的依據。所以要是我們看了太多電視，卻又不記得多數內容，那麼時間就會咻一下地飛過去，連帶人生也跟著從指縫中悄然流逝，這是我們大家都不樂見的事。

也許最讓人擔憂的一點，莫過於看電視太容易上癮，以至於我們傾向於耽溺其中。當然，每天晚上或整個週末都耗在電視機前面對我們沒什麼好處，特別是因為看電視純屬被動和久坐的活動；然而，比起其他文化性消遣，看電視似乎被抨擊得更嚴厲。要是有人花整個週末把長篇小說《戰爭與和平》（War and Peace）從書封讀到封底，不會被指控是耽溺閱讀；若是改成欣賞德國歌劇作曲家理查．華格納（Richard Wagner）長度超過十五小時的樂劇

《指環》（Ring），也不會被責罵是聽得太過頭。

毫無疑問，仍然有某一種文化上的虛榮觀點，為看電視貼上負面標籤，並型塑它是無腦、膚淺活動的假設。每一道新技術的發展，都曾經伴隨同樣的焦慮，好比以前的人責怪小說會腐蝕大腦，接著怪罪電影，然後又換成電視；如今，我們擔憂的對象又轉向電玩與社群媒體。

但是有一項調查美國學生的新研究發現，就算他們連看好幾個小時電視，反應也不會因此陷入被動狀態。[10]反之，受試學生十分投入劇中角色，因此全神貫注觀賞。這項研究的作者群總結：「這些觀眾馬拉松式地看電視期間或結束後，認知和情感都還是很活躍，而且在抽離電視後，還與角色形成一種有意義的聯繫，不僅是很享受看電視，在深層反思時也不由自主地想要繼續看下去。」這項結論讓我驚呆了，這類描述可能也適用於閱讀小說，但是絕大部分的閱讀行為卻無須受到同樣的道德批判。這種與角色互動的情緒，或許也可以視為看電視帶來的諸多好處之一，因為它就像閱讀一樣，可以改善同理心，讓我們更適切地站在他人的角度看待事物。

其他研究則是發現，越是自覺孤獨寂寞的族群，越容易狂看電視。研究人員通常將以負面眼光看待這一點，[11]不過我在想，我們是否應該將這類「馬拉松式看電視」，重新定義為排解寂寞的短期因應策略。當然，這種做法並不是解決孤獨感的長期解方，不過孤獨感往往是一時感受，電視應該在分散我們的注意力有所幫助；除了不再強烈感覺痛苦，也可以提供一種陪伴感。

看電視會讓我們不開心、不健康甚至反社會嗎？

假使你要求一般人根據幸福、快樂和友善程度，為一系列不同的活動打分數，電視的排名瞠乎其後。對電視迷來說，這道結果似乎是壞消息，不過閱讀和放空這兩項很受歡迎的休息之道的排名也差不多。[12]同時也請謹記，我們主要的關注點在於什麼活動能讓我們覺得確實得到休息，而非讓我們重振精神或廣受歡迎。

話雖如此，耽溺一項可以讓我們放鬆但快樂不起來的活動，卻是相當可惜的事——電視真的會帶來這種後果嗎？這道問題的答案很明顯：取決於你觀賞的節目類型。狂看暴力驚悚片或真實犯罪故事，可能不會讓你心情振奮或樂觀看待世界。當前我個人鍾愛的節目之一是英國廣播公司拍攝的系列紀錄片《醫院》（Hospital），攝影小組貼身拍攝在預算削減的窘境之下，醫生和護士團隊竭力拯救患者的過程。雖然就某種意義而言，我喜歡這些節目，但無可避免的是，要是病患回天乏術我就會傷心落淚；當我看到醫療團隊得花功夫找空床時就會怒火中燒。

事實上，就連看新聞也會讓我們覺得糟透了，嚴重到以至於某一項研究的作者群建議我們，每次看完新聞快報該做點放鬆運動，以利重拾冷靜；或許電視台每次播完新聞可以附帶一小節快速運動指南。作者群承認，若只是為了因應看新聞便具體建議觀眾放鬆技巧，似乎有點小題大作，不過他們堅持，要是你不做點運動，有可能會陷入負面後遺症，堪稱一場令人討厭的新聞宿醉。[13]

不過我們所有人確實都可以選擇自己想看的電視節目，所以我比較好奇的是，我們的身心健康與每天花在看電視的時數之間有何普遍相關性。壞消息是，許多研究發現，平均而言長時間看電視的族群身心健康程度較低。僅舉一道例子說明，有一項針對超過六萬名巴西人的大規模研究顯示，每天看電視超過五小時，就會提高罹患憂鬱症的風險。[14]

但是，當然光憑這一點不能證明電視本身就是癥結所在。平均來說，失業或身體不適只能困在家中的族群，多半看電視的時間較長，這一點不會讓人意外，[15]畢竟看電視是一種成本低廉、時時變化，又不需要身體出力的活動，而且還可以分心好幾個小時。但是前述族群的身心健康程度，也比身強體健、有業在身的族群低。所以我們就得面對一道常年的研究難題：相關性與因果關係。我們不知道鬱鬱不樂與看電視之間，何為因、何為果。

成天坐躺沙發上看電視的人可能與世隔絕，而且自我感覺不良；或者，他們可能早就已經心情鬱卒，所以看電視解悶，就像我們經常聽到獨居者成天看電視的社會現象。要是倚賴電視成習，問題可能會在未來慢慢浮現；但若是當成一種對抗孤立感的權宜之計，那就不用過分譴責。有一項好玩又正面的研究針對老年人進行，結果顯示，他們不只把電視當成一種因應策略，更學著將自己看電視的習慣當作監管身心健康程度的指標。研究人員發現，當老年人意識到自己開始看電視的時數比平時暴增的話，經驗告訴他們要應該要提高警覺了。[16] 因此在這項研究中，有些人會有效善用電視鼓舞自己的心情，好比一名七十一歲寡婦就評論：「你看電視時會開心，也會肚子餓。你在看電視的時候會產生很多情緒，所以我通常會看新聞，而且情緒激動，這樣我就會忘了自己的問題。」

我應該補充一點，在前述那場巴西人的研究中，研究人員發現，還有另一組人似乎罹患憂鬱症的風險更高：每天看電視少於一小時的人。這道結果似乎有點難以理解，但幾乎可以肯定的是，你大可怪罪所有其他的原因，就是不該把矛頭指向沒看電視。或許這個族群是因為太窮了，根本買不起電視，或者是忙於工作、照料他人，以至於根本撥不出時間休息，看電視喘口氣。當然，在這種情況下，他們缺少的是自由時間，而且生活壓力有如排山倒海而來，他們因此終日不快，而非少了那一個小時的看電視時間。

美國的研究人員為了解決相關性與因果關係的問題，檢視五萬名護士追蹤期長達十年的數據資料。長時間坐在電視機前面是不是會在幾年後罹患憂鬱症？從許多護士的經驗看來確實如此。理由何在？長時間看電視意味著他們花在運動的時間就變短了，作者群認為這才是箇中癥結，看電視本身或任何其他事情都顯得微不足道。[17]

長時間看電視對我們的身體有害無益，顯然是因為通常會一坐就是好幾個小時。所以當你聽到看電視時數和肥胖、心臟病、高血壓，糖尿病和胃腸疾病之間存在密切關聯的說法，應該也不會覺得出乎意料。[18]但同樣地，在此我們得謹慎一些。有些人原本就是因為身體欠佳才被迫終日與電視為伍，畢竟要是你纏綿病榻、無法下床，電視成為你的主要消遣之一也就不足為奇。

不過我還是得說，二〇一六年日本發表一項研究結果，要是人們每天看電視超過五小時，死於肺栓塞的風險就會增加一倍，而且這種後果和他們做了多少身體活動無關。另一項新近研究蒐集三千五百名超過五十歲壯年人的數據資料，發現每天看電視超過三・五小時的族群，六年後執行記憶任務的得分比對照組大幅衰退。當然，我們無法得知，這些人是否本來就已經處於認知能力退化的早期階段，因而促使他們減少活動，改成看電視填補時間。這項研究為時也不夠久，因此我們不清楚這些長時間看電視的族群，是否更有可能惡化成失智症患者。正如臨床心理學權威蒂兒．威克斯（Til Wykes）教授評論：「在我們像緊盯計步器一樣嚴密測量看電視時間並完成大量研究之前，先別自己嚇自己。」[19]

與長時間看電視有關的另一道問題，是人們容易因此熬夜。好些研究發現，這麼做可能會對人們獲得的睡眠量產生不利影響，這一點毫不意外，儘管目前網路才是被視為更影響睡眠的大敵。[20]在臥室裡擺一台電視通常被視為壞事，不過印度、美國發表的研究發現，雖然在臥室裡擺電視的人通常會搞到三更半夜才睡，但是隔天他們也會補眠，晚睡晚起。[21]電視螢幕的亮光和聲光效果強大的節目當然會刺激感官，讓你嗨到半夜，完全無助你早點入睡，不過你傾向認定三更半夜還在看電視是負面做法，可能是取決於你認定半夜該睡覺、早晨該清醒的立場。

我們這些電視迷可以從這項研究中學到一些教訓。沒錯，我們當然應該避免變成成天躺在沙發上看電視的懶骨頭，眼睛直直盯著電視好幾個小時，同時狼吞虎嚥電視餐；別躺在床上看電視，或許也不是那麼糟的點子，但我們不必完全放棄精彩的戲劇或超爆笑喜劇。或許我們可以一邊看自己最喜歡的節目，一邊在跑步機或划船機做些激烈運動，或者像我一樣，有時候就做些不太費力的勞動活，像是站著燙衣服。

至於看電視對社會的廣泛影響，哈佛大學政治學家羅伯特．普特南（Robert Putnam）在開創性的研究著作《獨自打保齡：美國社區的衰落與復興》（Bowling Alone）中，指責電視對美國的社會資本具有毀滅性影響。簡單來說，普特南發現看電視的時間拉長，導致越來越多美國人晚上窩在家裡，不願出門參加保齡球聯誼賽之類的社交活動，或者是比較嚴肅的公民活動和當地政治集會等。

任何鼓吹電視看電視有諸多好處的人，都無法否認一項事實：低生活滿意度和高電視消費之間的關聯，已有龐大的數據資料佐證。我們得承認，在家裡擺一具能為我們帶來超多資訊和娛樂的電視機，極可能誘使我們窩在家裡，不想出門和社區鄰居更頻繁互動。不過，有一篇文章重新分析這份集結全球八十多國家看電視與生活滿意度的相關數據資料後指出，看電視時數影響滿意度的程度，依舊遠低於健康、自由或失業等因素。[22]

取得正確的平衡

看到這裡，你或許已經猜出我會對「看電視有助休息」這種說法下哪種結論：看電視要適可而止。連看幾個小時電視當然可以幫助你放鬆身心，但一天看五小時幾乎肯定太多。不過所謂的多少，可能取決於不同情況。重點是，你得在正確的時機拿捏適當的時數，別讓貪看電視使你足不出戶。

在某些情況下，你可能僅需看個一小段電視就夠了。契克森米哈伊發現，要是人們下午的心情很糟糕，看一、兩個小時電視就能讓自己到了當天稍晚時分感覺好多了。[23]

我們已經看到，習慣性地狂看電視對我們百害無益，但我們必須抵制至今依舊普遍存在的觀念，也就是電視本身大有問題，如果我們根本都不開電視機最好。二〇〇五年一項研究確實納入完全不看電視的受試者——當今這群人幾乎是鳳毛麟角般稀少，研究人員還得刊登廣告才能找到足夠樣本數。這支研究團隊發現的事實是，就孤獨、害羞、自尊、沮喪或生活滿意度而言，不看電視的族群和適量看電視（大約每天兩小時）的族群毫無二致。[24]

所以說，沒有理由擔憂適量看電視有何壞處。事實上，倘若我們想看電視，伸長手臂拿遙控器時，就應該積極告訴自己不用覺得有罪惡感。一項題名為《坐沙發看電視的懶人常有罪惡感》（The Guilty Couch Potato）的德國研究發現，我們的精神越疲倦，看電視帶來的罪惡感就越深，之後也就越無法振作精神。[25]因此我們會落入一種情境：原本一種可以讓我們放鬆的媒介，竟然反而造成壓力，全因眾方指責它根本不值一顧。

倘使我們重新設定心態，將晚上看電視視為一種辛苦工作一天應有的回報，而非彰顯我們的怠惰，這樣或許會有所幫助。沒錯，我們或許有其他正事該做，但正事總是源源不斷嘛。我們確實不該整晚都泡在電視機前面，不過為了要享受看電視的一些好處，同時也讓自己重新煥發精神，我們應該順勢而為就好。

第 3 章

第八名　做白日夢

捉住白日夢的捕夢網

二〇一六年一月十一日的情景，至今我仍歷歷在目。那天是星期一，你可能期望我會說出那天很特別，或是有什麼不尋常的事情發生。那天不是我的生日、不是我的大喜之日，也不是假期或慶典；那天稱不上心理學家定義的「閃光燈記憶」（flashbulb memory），也就是好比黛安娜王妃（Princess Diana）去世、英國脫歐公投過關，或是商業大亨唐納・川普（Donald Trump）當選美國總統。這幾項消息傳出時，我正好都躺在床上。所以說，那一天什麼事也沒發生，是個再尋常不過的日子，正是那種通常一過去我就會完全忘記的日子。

就算事過境遷好幾年，我還是可以告訴你，那天我家的熱水器壞了，意思是我被迫得洗冷水澡，所幸那一天在當年那個季節裡還算溫煦；當我坐在小隔間大聲唸出前一本拙作的內容，以便製作有聲書時，同事問我要喝柳橙汁還是蘋果汁；我從錄音室回家途中有一小段路是用跑的，其間還得縮身擠過一堵牆和一個大型垃圾箱之間的窄縫；之後我跳上火車，低頭仔細檢查六邊結構編織的紅色跑步包；我到家後，一邊整理房間一邊隨著已故搖滾歌星大衛・鮑伊（David Bowie）的成名曲《星人》（Starman）起舞；[1]再過一會兒，外子回家，進門時輕吻一下打招呼。

好吧，就算是發生了一些平凡至極的事情，一定有什麼理由讓我記住那一天。不過，那又和做白日夢有什麼關係？這就是我回憶當天情形時印象更深刻的部分，因為我不只是可以記住當天做了什麼事，或是有什麼偶發事件，我甚至記得那些時刻裡我在想什麼。細節如下：

當我跟製作人說家裡沒熱水可用時，對方的回應卻不怎麼同情我，我很失望；當我縮身擠過牆和垃圾箱之間的窄縫時，我擔心上衣會沾到污漬，但轉念一想，反正接下來上衣總是要洗的，有沒有沾到實在無關緊要；在火車上我納悶，這個六邊結構的紅色帆布跑步包是不是設計師想到的第一道點子，或者他們是試過方形、八邊形等各種方案，最後才在會議中定案採用六邊形當作理想的編織圖案。我站在電扶梯時，驚嘆對向迎面而來的行人怎麼都很面熟，接著又想，是不是因為長期以來我的周遭總是有很多人，而且我也一直遇到好多人，所以現在幾乎每張臉龐都能讓我感覺曾經相識；我還傷心地想到大衛．鮑伊怎麼就突然撒手人寰，那些未來他可能譜寫的歌，現在我們再也聽不到了。我想知道，我的計步器有沒有忠實地記錄我的舞步。生而為人、死後化塵，突然之間一切都微不足道了。就在外子的嘴唇觸及我的那一刻，燈光正好熄滅。我不禁想著，他是怎麼辦到的？

我之所以記得這麼多舉措以及思緒，是因為那時我正參加一場實驗，目的是想要在我們的心智忙於處理一項又一項事件時，捕捉那些通常會在記憶中流失的點點滴滴。心理學家羅素．赫伯特（Russell Hurlburt）先給我一小只黑盒子，要我繫在腰帶上。他遠自美國拉斯維加斯的內華達州立大學（University of Nevada）而來，與倫敦的亂成一團研究團隊合作。這只黑盒子連結一條淡粉紅色鉛線與另一頭的粉紅色耳機，一整天都會有隨機作響的尖銳嗶嗶聲從小盒子傳到我的耳朵裡，我的任務就是要盡可能精準無誤地寫下每道嗶嗶聲響起之前我正在思考或遭遇什麼事。隔天，赫伯特會把每一段片刻時間編號為嗶嗶一號、嗶嗶二號等，然後問我每個時段的細節。他會鉅細靡遺地問我一大堆好似永遠都回答不完的問題，每次我才在想總該問完了吧，他馬上就提出新的問題。

我可以看得到這道想法嗎？可以訴諸文字嗎？是彩色嗎？在腦子裡的哪個位置？或者

是我能否看到它現身眼前？我能看到筆墨形容的文字嗎？我能聽到它們嗎？會是誰的聲音唸出這些字眼？我看得到自己是置身這些想法中，或者是我得從外頭望進去才看得到自己？

這些問題通常都很難回答，有時候還會讓人想要胡謅或修飾答案。不過只要我嘗試這麼做，都會被赫伯特馬上揪出來，畢竟他投身這項研究長達四十年，總是在細細盤問受試者某一個特定時段的行為。漸漸地，我發現自己給出誠實但不免有點乏味的答案。這就是這場實驗的本色。這是一道反覆來回的過程，我和每一名受試者一樣越來越熟練了。

他的方法被稱為描述性經驗取樣法（Descriptive Experience Sampling），並藉此發現，當我們的思緒漫遊時，會有五大特定元素不斷冒出來。他稱之為「五大常見現象」：視覺心像、內在語言、感覺、感官知覺和非象徵性思想。顯然，我在視覺心像的得分很高，也就是看到圖像化的想法。赫伯特說我的思考模式幾乎是千變萬化，思緒會以多數人難以形容的複雜方式一道接一道不停冒出來；根據他描述的口吻，這似乎不是什麼好事。我了解到，自己有些想法並非訴諸文字，有些人的這類想法比我多，但有些人完全沒有這類想法，像他自己就沒有。

他為什麼這樣做？這麼說好了，他不會這樣解釋，但我想把他當成「捕夢人」：他抽絲剝繭，捕捉到最難以捉摸的事物，好比一道隨機閃現的想法、一道突然沒來由地在腦中迸出的念頭，沒一會兒又消失無蹤，其中有些想法就是白日夢的情節。

我們不妨這樣想。赫伯特布下一張大網，在這裡，他捕捉到一些單調乏味的事件，好比淋浴或跑步回家。這些事都是手到擒來的獵物，就像脈絡的一部分，他不感興趣。他也網羅一些巨大、有價值的想法，而且這些事情都是我們喜歡自己花時間思考的想法，好比我們當時從事的工作，或是長期以來絞盡腦汁努力解決的問題。不過他也希望捕捉到一些正常情況下會掉入黑洞的想法：我們大家都有的轉瞬即逝、靈光一閃、毫無關聯、無處不在、突如其來、來得快去得也快，以及變化無常的想法。隨時都會發生。

他總是心無旁騖地聆聽，倒是我的思緒實在單調乏味，到最後自己聽了都覺得敗興、無聊至極。老實說我幾乎不曾深刻思考過任何事情，甚至壓根沒想到工作，起初我還猜想自己會常常煩惱工作的事。不過他倒是一臉聽得津津有味似的。對他來說，我們的想法就像是寶山，也像是通往內心生活的窗口。

這些想法本身不罕見、不珍貴也不有趣，不過卻很難蒐集，這就是赫伯特這類到處蒐集想法的人深深著迷的原因。他得處理的主要問題是「沾汙」。所謂沾汙之所以發生，是因為他聽到的想法都是由經歷過這些想法的當事人呈報，而許多受試者都跟我一樣，天生傾向去美化想法，讓它聽起來比實際發生的當下有趣。赫伯特採用隨機發出嗶嗶聲的做法，捕捉冷不防出現在我們腦中的原汁原味想法，而且是要處於一種毫無意識的最純粹狀態。思緒平庸很適切，無足輕重正好就是它該具備的本色，因為這就是我們大多數時候腦子在想的內容。赫伯特長期埋首研究的事情之一，就是在我們應該什麼事也不做的休息時刻，我們的腦子有何體驗？

但是，問題仍然存在。英國杜倫大學查爾斯·費尼霍夫（Charles Fernyhough）教授是發展心理學家兼作家，也是創建「休息測試」計畫的團隊成員之一。我覺得他是描述性經驗取樣法的超級鐵粉，不過就連他都曾警告一項再真切不過的事實：就算你一聽到嗶嗶聲就觀察自己當下的思緒，也可能會改變稍早的思想歷程；等你和他人討論那些歷程時，又可能再改變一次。[2]的確，這種內省會受到主觀性問題干擾，赫伯特也承認這一點；不過讓我入迷的地方是，即使最初我對赫伯特的方法存疑，後來我偶然間遇到另一位曾經試過這套模式的人，我才發現我思考時冒出來的模式，與他們的模式截然不同。這意味著，赫伯特至少捕捉到某些我們思緒運轉的方式，是其他研究方法未能觸及的。儘管他並未特別打算深究白日夢，但白日夢還是掉進他撒的網子裡。

靜止狀態的躁動

當然，描述性經驗取樣法不是研究白日夢的唯一之道，還有另一種方法可以避免依賴主觀經驗：你不必寫下自己的思想經歷，然後被他人一五一十地仔細詢問，只需要躺在醫院床墊上，將耳塞推到耳洞深處，頭先腳後送進腦部掃描儀就好。[3]然後你會凝視畫在黑色打底的背景上那個白色十字形，這一招的用意是，十字形會讓你不刻意思考任何事情，把先前擱置在心上的念頭都一掃而空，純然空白。多年來，這組十字瞄準線已經套用在好幾千場神經科學的研究實驗中，目的是將大腦重設為中性，做好接受下一次任務的準備。

在一場典型的研究中，你置身掃描儀時可能會接到某種任務，例如做心算或檢視旨在引起不同情緒的照片。這具掃描儀稍後可以揭示大腦在執行這類任務時，哪些部位變得比較活躍，哪些部位則否。這就是近年來我們終於可能釐清，當大腦完成不同的活動時，是哪些部位或是結合哪些不同部位發揮功能所致；還有就是當我們休息時，大腦都在幹嘛。

我在德國東部城市萊比錫的馬克斯普朗克人類認知與大腦科學研究所（Max Planck Institute for Human Cognitive and Brain Sciences）也得到一次嘗試機會。有人曾警告我，進了掃描儀後，一旦磁鐵啟動，整具儀器會有一段時間砰砰作響，發出一陣陣的捶打聲。有些人討厭噪音、有幽閉恐懼症，但我做掃描並不是因為罹患重症而非做不可，所以做起來相對容易一些。雖然搥打聲音很響亮，這段噪音很有節奏感，以至於我發現它們幾乎有催眠作用，就像美國極簡主義作曲家史帝夫．萊許（Steve Reich）的作品一樣，只差在少了重複節奏的逐漸變化。到最後，我發現躺在掃描儀裡面還挺舒適、放鬆的。在工作天的空檔裡可以平躺下來，不用特別動腦思考，真是美好。

掃描儀作業時間不長，每次我都沒有特別思考什麼事，在掃描過程中與完畢後，我必須回答關於心智放空的問卷（當我躺在掃描儀時，問卷是投射在我眼前），雖然都不是繁枝細節的問題。結果再次證明，我確實不是會深度思考的人，都在思考一些顯然平庸、無關緊要的小事。不過，雖然我的所有想法都很乏味，我還真的感覺很放鬆；事實上，我根本很難保持清醒。

在神經科學領域中，這種情境適切地被稱為靜止狀態。我不是真的在思考，肯定不是以一種聚精會神或是全神貫注的方式思考，就只是做做白日夢，所以這種感覺大概是挺讓人放鬆的，對吧？

但上述論點有個問題。二十年前，一名學生巴拉特．畢斯瓦（Bharat Biswal）正在美國密爾瓦基市的威斯康辛醫學院（Medical College of Wisconsin）攻讀博士學位。他發現所謂「歇息的大腦」似乎並未真正歇息，那時他正在研究如何從大腦掃描儀擷取更純粹的訊號。事實上，歇息的大腦反而是像平常一樣忙個不停，通常還有過之而無不及。

躺在掃描儀裡面的人會被要求雙眼盯著白色十字架，摒除所有心事，什麼也不要想。他們就像我一樣，常常是感覺到放鬆和安寧。當時他們可能什麼事也沒想，而且也不曾特別想什麼事，就只是懶洋洋地做做白日夢。不過他們的大腦卻跟「停止工作」搭不上邊，甚至也沒有進入隨機狀態，腦部掃描結果顯示，大腦不同部位之間依舊保持一定的協調運作。[4]

大約在同一時期還有另一項發現，這一次是不同機型的掃描儀，一般通稱為正子電腦斷層掃描儀（PET）。[5]研究員高登．舒曼（Gordon Shulman）結合九項研究結果，希望藉此找出我們全神貫注思考時就會活躍起來的大腦網絡。不過他發現的結果卻截然相反：當我們什麼事都不做的時候，大腦網絡才會活躍。在這些研究中，當受試者停止休息，開始聚焦某一項任務時，大腦不僅沒有立刻活躍起來，有些部位甚至顯示出活動減少的跡象。

在神經科學領域，起初有些專家反對這些新發現。多年來，神經科學家一貫相信，大腦只要沒有任務在身，電路就會關閉——畢竟，幹嘛在沒必要的心理活動浪費精力？有些懷疑論者甚至主張一定有什麼地方出錯了，因此一九九八年有人拒絕審閱神經科學家馬可斯．賴可（Marcus Raichle，為這門領域當下的權威之一）撰寫的學術論文，他們覺得明顯的大腦活動肯定代表數據資料錯誤。[6]

然而時至今日，大腦總是忙個不停的想法儼然已成標準觀點。在我造訪馬克斯普朗克研究所期間，神經科學家馬克．勞克納（Mark Lauckner）直言不諱地總結：「唯有兩腿一伸，你的大腦才會真正安息。」

因此，即使許多參加「休息測試」的受訪者宣稱，自己發現或找出「平靜的思想狀態」或「精神平靜」或「清除腦中思緒」或「安頓下來」或「慢下來」或「清空」或「心智關機」或「不付出任何精神努力」或「停止思考」或「大腦關機」的休息之道，這種心智情況可能並不會如字面上那樣發生。[7]

科學家傾向於採用「心智漫遊」（mind wandering）說法取代「做白日夢」。漫遊事實上就是漫天想像，正是大腦的自然狀態，而非休息狀態。就這樣，它尋尋覓覓，永無止境地追根究柢，動不動就有另一道想法冒出來，或是飛去追逐另一項有趣的點子。聽起來很累嗎？除非你不眠不休地追求，緊隨在後並試圖施加命令；要是你放任思緒遊走，它就像學步的娃兒或繞著花園奔跑的毛小孩，你則是在躺椅上放鬆，並不會覺得累。

我相信，當我們說做白日夢有助身心放鬆時，這就是箇中意涵。心智從未停歇，但要是我們放棄控制它，任憑它飄往任何地方，我們就不再覺得壓力罩頂、負擔頓減。傳統上，我們從小就被諄諄囑咐不要做白日夢，要專心致志；近來的靜觀趨勢則是這種觀點的變體，有些人也確實從中覓得平靜。這樣很棒，本書的主旨之一就是「任何對你有用的做法都好」。不過，倘若你屬於做白日夢等於休息的族群，請不要為此苛責自己，因為結果已經明確顯示，儘管你在做白日夢時可能什麼事也不做，你的大腦依舊執行有用的任務，還會反向回饋嘉惠於你。

如我們所見，所謂「靜止狀態」用詞不甚妥當，這就是為什麼有些科學家喜歡特別指出，某些大腦部位即使在我們精神不活躍的狀態下依舊活躍。這種狀態稱為「預設模式網路」（default mode network）。這個詞彙貼切地反映出一項事實：當大腦沒有收到任何任務通知時，會在某些區域進行預設活動。[8]

關於預設機制的科學論文，前後已經發表超過三千份，當然，這些研究方法都各有批評，因為即使我們有重達幾百萬磅的腦部掃描儀，也無法確定受試者真的在做白日夢；也許他們只是眼睛盯著掃描儀內部，或是納悶傳進耳朵裡的噪音。[9]不過神經科學家現在確實認為，放空的大腦不只是忙碌程度讓人跌破眼鏡，而且所有活動更不是隨機發生。[10]順帶一提，這種大腦忙個不停的狀況，讓「大腦看似只需五%人類身體總能量就可以運作，實際上卻佔用高達二〇%能量」的事實有了合理解釋，馬可斯．賴可稱此為大腦的暗黑能量。就像許多讓物理學家迷惑的暗黑能量一樣，我們只知道它確實存在，但我們無法解釋為何存在。[11]

我們也可以詢問其他一些關於心智漫遊的明顯問題。當你試圖集中精力卻力不從心時，你的心智正在漫遊嗎？它和你特別被要求不要動腦筋思考時的心智漫遊不一樣嗎？

為什麼大腦總是保持如此活躍的狀態？這種活動型態是否具備更廣泛的好處，還是說它只與大腦的內部運作有關？[12]或許這種「靜止狀態」的大腦就像是停靠路邊的汽車，引擎打在空檔但沒有熄火，只要我們這些駕駛有需要，坐上駕駛座就可以隨時把車開走。也有可能是，當我們很清楚自己不需要用到大腦時，搞不好腦中不同部位就是懂得利用這段時間練習協調合作；或者是我們的大腦利用我們的心智漫遊、重播一整天的歷程，好協助我們整併自己的記憶力。我們都知道，晚間做夢似乎會起某種程度作用，現在我們至少在實驗室的白老鼠身上看到證據顯示，這種現象也會發生在白天。[13]

心智的另一道特徵是，當它暫時被擱置、無須執行指令，沒有被更多緊迫的任務占用時，常常就會開始聚焦未來。大腦中涉及想像未來的三大主要區域，全都是預設模式網路的一部分，所以當我們做白日夢時，我們常常是開始往未來的方向想像，甚至是「改變人生」這種極不可能發生的生活場景。

就這一點，哈佛醫學院視覺神經認知實驗室主任摩許・巴爾（Moshe Bar）提出一套有趣的理論。[14]他主張，我們做白日夢的原因是要創造可能未來事件的「記憶」，要是這些活動確實發生了，我們就可以有用地利用這些「記憶」。這是一道妙趣橫生的點子。搭乘飛機旅行的乘客都曾想過墜機將會是什麼光景，要是巴爾的觀點正確，那麼一旦真的發生不幸，我們就可以運用自己天馬行空想像的墜機經驗，同時在實際情況下與心理層面上協助自己，因為我們已經在腦中想像過如下情境：穿戴好氧氣面罩，利用走道地面上的燈光引導我們走向最靠近的出口，並且從充氣逃生滑梯滑下。

現在我們知道，雖然我們可能自覺體驗一種沒在動腦費力思考的靜止狀態，但大腦依舊在賣力幹活。這有點像是我們體驗一場SPA按摩之旅，由接待員、按摩師傅和泳池技術人員組成的團隊隨時待命，以便滿足我們花一整天好好休息兼放鬆的需求。與此同時，白日夢的相關研究顯示，這麼做不僅帶來讓我們規劃未來、甚至預習緊急事件的好處，還讓我們可以完成更多事情。

早在一九五〇年代，心理學家傑若米．辛格（Jerome Singer）就高歌白日夢的好處。他與其他人都極力展示令人印象深刻的好處：提升創造力、規劃能力獲得改善、更完善解決問題、排遣無聊、延長耐性而非衝動做決定、強化社交技能、更旺盛的好奇心。做白日夢可以協助我們更深入理解自己、我們的關係以及我們在這個世界所處的位置。我們會在精神層面展開一場回到過去、邁向未來的時間旅行，為我們的生活增添故事和意義。正如辛格和他的同事在二〇一四年一篇論文中闡述：「跟要求加薪、辭職及重返校園這類關鍵決定相比，你從商店走回家，手中卻沒有提著理當採購的雞蛋，就只是一點小煩惱而已了。」

心智漫遊遁入黑暗深淵

當然，我們做白日夢不全然都是正面經驗。西元四二〇年，有一名基督教修道士約翰．卡西恩（John Cassian），也就是現在我們所熟知的苦行僧約翰（John the Ascetic），他以一種與朋友裘梅奈斯（Germanus）對話的形式，寫下心中常保敬神事物的諸多掙扎：「我們致力於將它與心智最頑強的注意力緊繫在一起，就好像五花大綁一樣。但是在我們嘗試的過程中，它就是會悄悄溜走，速度比鰻魚從內心深處滑溜出來還要快。」

正如歷史學家希拉蕊．鮑爾（Hilary Powell）所說，數百年來，中世紀修道士也深受心智漫遊所困擾，他們最深切的恐懼與執迷，就是自己的思緒可能會引領他們「萌生有害的肉慾」。儘管修道士們都生活在不受外界干擾的寧靜聖所，卻經常必須花好大一番功夫才能專注。他們看待消除世俗思想是一項必須付出努力的任務。[15]

儘管卡西恩和六百年後深入研究他的著作的中世紀修道士都對自己擁有到處漫遊的心智感到絕望，我們從當今的「休息測試」顯然可以清楚看到，只要我們可以選擇時機，我們許多人最熱愛的事莫過於把握機會緊抓住思緒列車某一節車廂，任由它帶領我們到任何地方。修道士看待心智漫遊是一道持續存在的危險，我們看待它的態度反而比較放鬆，視它為一種休息之道。

但是，在以下兩種情況下做白日夢當然不是一件好事。第一種就是時機不對。好比你得像修道士一樣需要聚精會神在某一項任務，卻發現自己無法集中精神，只是因為你的心智又忙著到處遊盪；第二種就是做白日夢反而讓你覺得奇慘無比。在一項研究裡，兩千名受試者的iPhone手機會不定時收到警示，詢問他們當下的感覺如何、正在做什麼，以及他們是不是在思考什麼剛好和手上正在完成的任務無關的事。結果發現，受試者心智漫遊時心情不開心，占所有時間四七％；[16]更糟的是，要是他們收到警示時心智已經在漫遊了，數據顯示下一次他們再聽到嗶嗶聲時也更可能同樣不開心。

但是，認知神經科學家強納森．史莫伍德（Jonathan Smallwood）這位研究白日夢的權威瀏覽一系列研究後總結，不僅僅是白日夢的脈絡很重要（好比你試圖深思卻一直無法專心），內容也很重要。[17]有時候你的心智會漫遊回到某些談話內容中，在那些情境下你讓自己出糗或是說出一些事後內疚的話；或者是你發現自己正在焦慮未來，而且老是覺得事情快要出差錯了。這種結合沉思過去、焦慮未來的心態，一般稱為固著思考（perseverative thinking），對我們的健康有影響。

在一項美國研究中，受試者每天傍晚都會接到電話，為期大約一個多星期，對方都會詢問他們非常詳細的問題，像是這一整天是怎麼過的、期間經歷過什麼樣的情感變化等。十年後研究人員追蹤這一批受試者，發現一些容易讓人深感擔憂的事：那些曾經表示會擔心日常生活中壓力事件的人，經常會在事件發生後幾天還放不下，因此也比較容易在這十年之間搞壞健康。[18]老是念念不忘過往錯事，似乎會重新活化當下你的身體面對壓力的反應，進而干擾長期健康狀態。[19]

深感沮喪或產生自殺念頭的人更常反省，他們的思維也比較容易被負面思考影響。事實證明，他們發現自己比其他人更難回想快樂時光，好似愉悅的念頭都被鎖進樓上的文件櫃，不開心的想法卻灑了滿地、俯拾皆是。因此，倘若你迂迴曲折的心智主要偏向負面，做白日夢會讓你感覺更糟就不足為奇。不過，當人們評斷自己的想法有趣又與個人息息相關，特別是如果這些想法多半與未來有關，而非繞著過去打轉，那麼他們的心情就不會重蹈覆轍、一路往下沉淪。[20]

在心理學領域中，有些科學論文聚焦這道主題，在此僅列舉一些書目參考，或可提供你心智漫遊的正反論述：《積極建設白日夢頌歌》（Ode to positive constructive daydreaming）、《胡思亂想的心是不快樂的心》（A Wandering Mind is an Unhappy Mind）、《遊蕩之心並非都是迷茫之心》（Not All Minds that Wander are Lost）《在靜觀與漫遊之間找到平衡》（Finding the Balance between Mindfulness and Mind-wandering）。最後這一篇論文的作者美國加州大學聖塔芭芭拉分校心理學教授強納森・史庫勒（Jonathan Schooler），自稱是中庸之道。假使你為思緒發散深感困擾，學習靜觀之類的技巧，或許稍能協助你收攏心智。但是倘若你的思緒很美好，加上也沒有一定要專注眼前工作，那麼就請放任自己隨著心智到處漫遊、休息一下吧。

撫慰人心的功效

即使我們不愛杞人憂天，多數人還是希望睡前的就寢時間思緒可以就此平靜下來。研究顯示，四〇%成年人說每個月總會有幾天無法入睡，因為腦中思緒糾結；當然對某些人來說，這種情況發生的次數更多。[21]

有許多技巧可以協助你從惱人的想法或焦慮所有自己應該完成的事情中解脫出來。有些人練習靜觀，專注在自己的呼吸吐納，仔細觀察腦中來來去去的想法；其他人則進行一種所謂身體掃描的運動，始自腳趾，直達頭頂，好讓自己集中精神，輪流收緊、放鬆身體的每一處部位。我們將在第五章討論「刻意什麼事也不做」時再詳述。

每當我失眠睡不著，就會開始在腦中數綿羊，隨機挑一個數字，然後開始玩數字遊戲。最近我選的數字是三一四，我會絞盡腦汁想出各種可以把它除盡的算法，或者是不管你加減乘除各個數字，只要最後可以得到三一四這個答案就好。我發現算數必須設計得足夠困難，這樣我才能強迫自己專注思考數字而非腦中的想法，但是也不能太難，免得我腦筋動起來反而變清醒。

如果你擅長召喚視覺影像，可能會比較喜歡尼德蘭臨床心理學家柯霍夫（Ad Kerkhof）在這一門領域開闢蹊徑所建立的技巧。[22]為了減少有意自殺族群老是出現的那種念頭，他開發出一套類似的技巧，適用於任何希望自己別再窮擔心的人。其中一招能夠喊停在腦中轉個沒完的念頭的技巧，是想像你把它們都鎖進一個盒子裡，然後藏在床底下；每次這些念頭浮現腦中，就想像自己正把它們丟進盒內，它們被乖乖鎖在裡面，再也出不來。或者，要是你覺得藏在床底下離自己太近，心裡不踏實，不妨想像成這些念頭正在五顏六色的雲層中旋轉——你可以自行指定顏色，像我的話就是紫色——然後隨風飄揚，或是被《綠野仙蹤》（The Wonderful Wizard of Oz）裡的那種龍捲風咻一聲捲上天空。

這些技巧中的任何一項都值得嘗試，雖然並非人人適用，但在好些試驗中，很大一部分受試者成效顯著。美國德州貝勒大學（Baylor University）睡眠神經科學與認知實驗室（Sleep Neuroscience and Cognition Laboratory）主任麥克·史卡藍（Michael Scullin）所開發的新技巧也能收效。拿就寢時間來謄寫一張待辦清單，乍聽之下似乎會覺得根本搞錯狀況，幹嘛要冒險提醒自己所有隔天應該要完成的事項，結果搞到滿心焦慮？乍看之下，這種做法保證會讓你心煩要怎麼熬過明天，以至於夜不成眠，試驗結果卻非如此——受試者爬上床之前應要求寫下待辦清單，或是當天完成事項的滿意清單，前者入睡的時間比後者平均早了九分鐘。[23]

這套技巧的理論是，一旦所有項目都被記在清單上頭，就會被你從心頭移除，於是你就無需再費力把它們保存在想法中，因為它們已經白紙黑字地條列在清單上，等著你明早起身後回想起來並動手處理。而且它們一旦被寫下來，看起來也似乎比隨意胡塞在腦中某個角落更好管理，因為你已經具體化它們了。你可能會以為，最忙碌的人會寫下最冗長的清單，因此會比一般人還要難以入睡，但是研究卻發現，在待辦清單上列出超過十件事的大忙人反而更快入睡，平均早了十五分鐘。

當你在條列自己的待辦清單時，最好是要具體明確，即使最後變成一張落落長的清單，也遠比簡略條列「雜務」或「公事」來得強。要是你正打算乾脆心裡默記就好，省得還要拿起紙筆寫下一張清單，請謹記，這種做法可能根本行不通。你若真心希望滿腦子的工作任務別再來打擾平靜時光，就得寫下來，才能抹去它們在腦中的存在感。在腦子裡緊抓著這張清單不放，反而可能會適得其反，像是在鼓勵你的大腦回收這些項目，然後把它們壓在心頭，你才不會忘記執行它們。

謳歌心智漫遊

這些技巧肩負的目的是要阻止我們的心智漫遊進入黑洞，或是將我們的心智安置在一處最終得以充分休息、一夜好眠的地方；它們有自己的定位，而且可能大有用處。不過總的來說，我們應該不需要太在意做白日夢或是放任心智漫遊。顯然，我們不能恍神放空白白過完一生，不過正如其他面向的休息之道，我們可能應該容許心智花費比現在更多的時間到處漫遊。

做白日夢是一處相對尚未被充分研究的領域，而且對於為何我們會做白日夢，科學上的解釋很有限，甚至無法闡明為什麼對我們多數人來說這是一種獲得休息的好做法。正如我們所知，我們可能感覺自己似乎在休息，但事實上大腦永不停歇，而且在某些方面還比以往任何時候更忙。對那些放任心智漫遊會稍感內疚的人來說，這麼做就是在偷懶，神經科學或許可以讓他們釋懷。在我們做白日夢的當下並不是大腦關機，而是遁入另一種形式的心理活動；就這層意義而言，做白日夢的感覺更貼近出門散心，而非躺在搖椅上晃啊晃。

但是，做白日夢有如放鬆身心的鄉間漫步，並不是為了走到特定目的地，只是為了體驗這項運動本身的樂趣；重點不是在目的地，而是旅程本身。心智漫遊充其量就是一趟閒適漫步，為的是盡情享受沿路風景。

做白日夢的能力與持續工作的能力一樣重要。就研究角度而言，這是一門非常新穎的領域，如果我們可以更深入理解它，發掘更多有關提升有益的心智漫遊，而非擔憂和蒙著頭猜想的方法，或許終有一天我們能夠開立讓人做白日夢的處方。

就目前而言，做白日夢看似一件我們喜歡做，但真的去做又會感到內疚的事，也是我們理解不足或做得不夠好的事情。儘管如此，我們還是發現做白日夢能讓人獲得休息。問題在於，做白日夢與現代生活中眾多奪人心思的事物相互矛盾。做白日夢是一種自然而為的狀態，不限任何地方可做，但我們似乎得提供自己一道可以遁入白日夢境的特權，並找到可以安心作夢的避難所。

接下來，且讓我們進入一處這樣的天堂：浴缸。

第4章

第七名　泡個舒服的熱水澡

八十歲老先生阿莫．哈吉（Amou Haji）六十多年沒有洗過澡，實際上他在這段期間連簡單盥洗也不做。任何人膽敢建議他洗澡他馬上暴怒，因為他深信「清潔致病」。他的臉覆滿鬍鬚，沾黏土黃色泥塊，住在伊朗南部的沙漠中，恰與周遭貧瘠的土地融為一體；每當他靜止不動，看起來就像是一座岩石雕像。他吃腐爛的豪豬屍體過活，喜歡將乾燥動物糞便裝在菸斗裡抽。一旦頭髮太長，他就直接點火燒短。毫不意外他目前孤家寡人，不過二〇一四年他的故事登上新聞網站時，他說自己還在尋找真愛。

誰知道他最後有沒有找到伴？但是，倘若阿莫正與靈魂伴侶雙宿雙飛，他們倆肯定是現代最特立獨行的一對伴侶。正如「休息測試」結果所示，對我們大多數人來說，熱愛泡澡的原因不僅是清潔的實際功用，更是一種呵護和放鬆身體的好方法。

首先，你在放洗澡水時，隨著整間浴室充滿氤氳的蒸氣，心中也微漾美好的期待。然後，你舉手或抬腳伸入水面下試溫度，那種慢慢讓自己在熱水中放鬆的感覺轉變成一種奢侈的享受。接下來，你整個人沉入浴缸裡，只剩一張臉高於水面。在那之後……

沒錯，你就只是靜靜躺著。

除了我們稍後會在第五章深入探究、比想像中還要難辦到的「什麼事也不做」，泡澡也許是最純粹的休息。要是你回想，當人們被問到休息對他們有何意義的相關回答，他們對泡澡經驗的美好描述會讓你簡直驚呆了。

自由　愉悅感　溫暖　復元　躺臥　靜悄悄　黑漆漆
作夢　美味　酷斃了　明晰　必要　放空　絕美　安全
寧靜　療癒　珍貴　個人專屬　嚮往大腦停機　振奮人心

泡澡被這樣描述的原因之一是，當你進入浴室，特別是躺入浴缸後，就已經與家裡到處需要動手做的所有事情暫時劃清界線。有一封信得寄，現在沒辦法喔；有一堆衣服得熨，等一下沒關係啦。浴室或許是家中唯一你不會帶著手機或筆電隨行的地方，那些簡訊和電子郵件就都不必回啦。你是還可以聽廣播或看書沒錯，但是幹嘛費事呢？

什麼事也不做之所以困難，是因為我們會為此感到內疚，覺得自己在浪費時間、是條大懶蟲。這就是為何我們常會發現自己無法長時間安分地坐在椅子上，總是想要起身做點什麼。泡澡正好是讓我們掙脫罪惡感的完美解方。沒錯，我們舒舒服服地躺在熱氣蒸騰的水中，但也正好是在把自己洗乾淨；不管是這樣淋、那樣刷，我們總是得清潔身體，幹嘛不乾脆泡個澡呢？所以說，泡澡不是浪費時間，也遠非放縱耽溺，就某種意義而言，它是必要任務。

當然，這道主張有其局限。近來，淋浴已經取代泡澡，成為多數人清潔身體快速又衛生的方式，泡澡顯然因此變成一種享受。即使在自家裡，我們越來越常在泡澡時灑幾滴精油或一小把沐浴鹽，或是在浴缸周圍點幾支薰香蠟燭。有些人甚至會安裝水療或熱水浴缸。所以嚴格來說，我們可能真的不需要長時間泡熱水澡，或許我們只是覺得，以熱水澡結束一天感覺舒服又療癒。

與一萬八千人共浴

在史前時期，阿莫．哈吉的個人清潔觀倒不是特例而是常規，他在這群古早人之中就不會顯得與眾不同。不過綜觀全世界各種文明，沐浴皆是人類生活的一部分，儘管多半是公共而非私人活動。幾個世紀以來，世人看待沐浴的態度搖擺不定，個人衛生一向就是我們沐浴的原因，但是在不同的時代和文化中，它也被視為一種提供健康的重要方式、宗教義務、社會消遣，或是感官甚至性娛樂的形式。

生活在吟遊詩人荷馬時代的古希臘人，三天兩頭就往公共浴場跑，主要是為了清潔身體。快轉六百多年到西元前四百六十年，在希波克拉底斯（Hippocrates）醫師的時代，當時的希臘人更常沐浴以求改善身體健康。到了羅馬帝國（Roman Empire）時期，公共泡澡已經是民間慣例；據說羅馬古蹟卡拉卡拉浴場（Baths of Caracalla）可容納高達一萬八千人，不過有些歷史學家主張，這個數字是一整天下來造訪的人數，並非同一時間可以塞進一萬八千人，因為真正可容納的人數僅接近六千人。無論如何，在羅馬時代，泡澡肯定更像是在參加大型體育賽事，跟我們當今享受安靜、私密的體驗不同；而且在泡澡熱潮風行的期間，據說每一名羅馬居民每天要洗掉一千四百公升水量，讓人瞠目結舌。[1]難怪羅馬人變得這麼擅長建造溝渠。

羅馬帝國草創初期，公共浴場主要是提供在沙場上受傷或筋疲力盡的士兵休養之處，隨著時間流逝，漸漸成為普通民眾休息和放鬆的處所，沐浴也因衛生、有益身心健康的特點受到高度重視。當然，與數千名親密朋友一起泡澡也提供大量社交機會。但是，隨著沐浴越來越體現放鬆的好處，也開始成為性行為發生的場所。正是這股恐懼民眾放肆無度的心態，導致基督教教會在羅馬帝國淪陷後完全禁止泡澡，有些澡堂還因而改建成教堂。

儘管如此，在中世紀所謂的「黑暗時期」（Dark Ages）仍有小規模的沐浴現象，當時的古人可能不像歷史書籍暗示的那樣骯髒、體臭濃。舉例來說，有證據顯示西方的修道會相當重視個人衛生，其他主要宗教長期以來也都將沐浴視為儀式淨化的一部分，無論是浸入噴泉還是泡在海中，就印度教徒而言，恆河（River Ganges）沐浴便是一例。「淨潔僅次於敬虔」（cleanliness is next to godliness）這句表述歸功於衛理公會牧師約翰・衛斯理（John Wesley）十八世紀時發表的演說。不過這道概念可以回溯更早時代，至今就某種程度而言仍為所有主要宗教共享。

到了十六世紀，沐浴在歐洲再度被視為有益健康、趕流行的行為，好比一五八〇年至一五八一年，法國思想家蒙田（Michel de Montaigne）踏上生平著名的壯遊，走訪義大利、瑞士、奧地利與德國的礦泉浴場，遍尋醫治困擾多年的宿疾腎結石解方。無論是當時或現代，水中的礦物質能否緩解甚至治癒疼痛和痛苦的程度都尚有爭議，不過綜觀十七、十八、十九甚至二十世紀初期，幾乎每一趟歐洲壯遊或實際上只是上層或中產階級在當地的遊覽，大都會規劃某種形式的溫泉或浴場之旅。試想一下，從英國小說家珍・奧斯汀（Jane Austen）、俄國文學家列夫・托爾斯泰（Leo Tolstoy）、德國作家湯瑪斯・曼（Thomas Mann）到美國寫實主義作家亨利・詹姆斯（Henry James），古今總共有多少本小說都取材富裕的主人公泡澡場景當作書中的敘事情節。

到了十九世紀，歐洲和美國已經出現許多宏偉、炫目的水療勝地，其中有幾處強打奢華和自我放縱的吸客手法，極盡突顯劇院、舞廳甚至賭場；其他則把提供醫療服務擺在第一位，強調技術嚴謹可信，但某些情況下與休息相去甚遠。一八四九年，英國科學家查爾斯・達爾文（Charles Darwin）曾踏上一趟著名的旅程，造訪英國水療小鎮馬文（Malvern）的醫師，尋找治療噁心、頭暈和慢性頭痛的毛病。在數週內，他忍受冰冷、潮濕的毛巾用力擦身，然後包裹在冷凍的濕床單裡，其間夾雜入浴泡澡逼汗的療法。[2]

對窮人來說，公共澡堂通常是他們可以浸泡身體的唯一處所，但這種體驗可稱不上奢侈或放鬆。直到二十世紀，而且是在已開發國家，許多人民才把在家泡澡視為理所當然。不過，這種私人浴室無所不在，絕大多數的人就算不是每天泡澡，每週也會在家洗幾次澡的時期，事實上可能為時不久。

回顧一九三八年，倫敦東部街區肖迪奇（Shoreditch）僅七分之一的家庭擁有室內浴缸。

近來這一區已將這種現象稱為肖迪奇化（Shoreditchification），意指內城區迅速重建為中產階級住宅區，原本在勞動階級社區內油膩膩的街頭小吃店，變成了文青咖啡館，賣的是混入搗碎酪梨烤成的吐司，街角的小店也變成時髦的精品門市，貨架上擺著一件要價三百英鎊的喀什米爾毛衣。如果你想在這區買一棟屋子或是一層大小適中的公寓，至少要有掏出一百萬英鎊的心理準備；這筆錢肯定能讓你附帶買到一間很棒的浴室，但可不保證你一定可以在裡面泡澡。

許多新建物的浴室只做淋浴間或無浴缸的澡間，主要是受限於空間不夠，部分原因則與環境和喜好轉變有關。僅僅才過幾十年，我們又重返住在擁擠的社區裡、每天回到家泡澡再也不是常態的時代。這道發展或許可以解釋，為何倫敦這個小地區竟可容納七處豪華水療中心的現象。如今在肖迪奇這類社區，公共浴池重回街頭，我們再次親眼見證沐浴做為衛生手段或自我放鬆時間這兩種特質的消長。

簡單就好

打開週日報紙的旅遊副刊，我看到涵蓋溫泉按摩、溫泉浴場，水療泳池設備和浴療法

（balneotherapy）中心的完整報導。只要你負擔得起，就可以躺在質感獨特的石灰岩拱形酒窖中進行排毒療程；可以盡情享受塗滿泡沫沖洗的快感；可以在身上裹上厚厚一層海藻基底的有機產品；可以全身浸泡在小巧美觀的戶外按摩浴池（雖然照片上看起來更像是泥塘）；可以享受以人工採收的草藥為特色的按摩體驗；可以感受鹽性微氣候所帶來的治療功效。要是這一切做完以後，你仍然覺得需要一場放鬆休息體驗，你可以上床躺著，定睛凝視屋內畫工繁複的琉璃磚砌牆及彩繪天花板，它們的靈感都是來自傳統的土耳其浴池。

儘管我熱愛泡澡，我其實很少去任何可以稱為溫泉水療會館的處所，而僅有的幾次親身體驗，都是介於放鬆與「聽醫生講的就對了」這番家長嚴管式做法，實在讓我驚呆了。那些地方都會制定一大堆規定，包括哪些類型的內衣／褲得脫掉、哪些又得穿上，但我老是狀況外，不知不覺就打破規則。其他每個人似乎都很清楚自己在做什麼，顯然他們都是這些會館的常客，唯獨我始終錯判情勢，結果某次在奧地利時，我就被醫療師尖聲大喊：「脫掉妳的襯褲！馬上脫！」

有些人可能會覺得，泡澡就像是泡在自己身上沖刷下來的一池溫暖穢物裡，不過我覺得沒有什麼事比泡澡更棒了。出人意料的是，「休息測試」的研究結果也顯示，在我已經不再歸屬的年輕族群裡，泡澡格外受歡迎：十八至三十歲年輕人勾選泡澡是一種休息這個選項的人數，幾乎比六十歲以上的族群多出一倍。天曉得為什麼會有這種結果，不過或許是有更多年輕人比成長在淋浴時代的老人發現，泡澡比較像是一種放縱享受？無論解釋為何，我的年輕朋友和我都很執迷泡澡這件事，不只因為舒服又放鬆，而且有益身心健康。我還可以舉出證據支撐這一點。

泡澡的好處證據滿滿

正如美國詩人雪維亞．普拉絲（Sylvia Plath）在長篇小說《瓶中美人》（The Bell Jar）中這麼寫：「一定有很多毛病熱水澡也治不了，但我不知道那些毛病是什麼。」這位偉大的美國詩人恐怕沒有讀過科學和心理學研究，不過就像我稍早所說，許多證據支持她的論點。首先我得說，大規模研究傾向於聚焦在泡溫泉的正面效益，而不是鑽研在家洗泡泡浴的好處，不過隨著我們往下探究，也會看到研究指出私密的泡澡可以帶來正面影響。

且容我們主要從回顧十五場實驗起步。總的來說，溫泉浴可以暫時降低壓力荷爾蒙（stress hormone cortisol）的數值，[3]研究人員認為溫泉中的特殊礦物質發揮了預期效果。不過他們也同意，從繁忙的工作日程中抽出時間洗個熱水澡，這整套儀式也可能有助於減輕壓力。

其中一項研究發現，就放鬆的程度而言，洗溫泉浴的效果比我們稍後將在第五章討論的主要放鬆技巧「身體掃描」更有效——這個技巧是要你在一段期間內，從想像自己的頭頂到腳趾開始，接著就是系統性地掃描全身上下，每一次都試著只收緊然後鬆開某一塊肌肉，循此程序放鬆身心。這種做法雖然對某些人確實有效，但是水療浴缸可能更好用。[4]

接著是針對立陶宛航海員的一場有趣研究。航海員坐在溫熱的鹽水池中泡澡，這些熱鹽水是從地表底下一千多公尺處鑽孔冒出，被大約四億年前的下泥盆紀（Lower Devonian）時期形成的岩石堆圍成一座小池。這些航海員泡在浴池中大約十五分鐘，一週泡五次，為時兩週。十四天過後，研究人員拿他們的結果對比沒有參加音樂療法或任何特定活動的控制組，發現泡澡的航海員血壓比較低、身體疼痛比較少，而且關節活動度提高，心情更愉悅，幸福感也更高。[5]

這場「溫泉水療研究精華」的快速導覽，最後來到我也很想參加的研究：在德國巴登福騰堡邦小城佛萊堡（Freiburg）郊外水療會館進行，受試者不僅在攝氏四十度的浴池中浸泡半小時，事後還被包覆在附有熱水瓶的溫暖毛毯中休息二十分鐘。就算這項活動沒有帶來什麼長遠好處，光是這一步就夠舒服的了。但研究人員發現，八週後，熱浴療法讓憂鬱病徵減輕的程度，與每星期參加兩次團體運動課程的族群相當。[6]我倒不是說規律運動不重要，不過知道熱水澡和躺上床可以像健美操課程或公園跑步運動一樣有益身心健康，真是太美好了。

當然，我們多數人都不是住在天然溫泉附近，如果想要享受泡澡帶來的身心好處，就只能打開家中浴室的水龍頭。所以接下來要分享的研究大部分出自日本，多半聚焦在上床之前洗熱水澡是否能促進放鬆，最終讓我們安然酣眠的影響上。

不過，要是你假設，這是因為熱水澡會讓你在準備睡覺之際感到溫暖和舒適，你就大錯特錯了。事實上，研究結果與直覺相反，洗一場熱水澡促使我們的核心體溫下降，這才是有助我們入睡的關鍵，因為我們若想要睡個好覺，體溫必須從清醒狀態下降大約攝氏一度。這是為什麼你應該永遠都不要讓臥室溫度過高的原因，也是你在太冷的房間會比太熱的狀態下更容易入睡的原因。正如睡眠科學家與暢銷書作家馬修．沃克（Matthew Walker）所評論，一間比較涼爽的房間會「拖著你的大腦與身體往正確的睡眠溫度方向前進」。[7]

所有這一切都充分解釋，為什麼如果你將孩子包得緊緊放上床，稍晚巡房時會發現他們的手腳都從被窩裡掙脫出來。他們這麼做是在冷卻體溫，這樣才能睡得安穩。我們的四肢末端布滿大量專門促進熱能交換的血管，每當我們覺得太熱，血液就會被送到四肢末端，使熱氣從貼近皮膚表面的微血管網絡散逸出去。可是在這道過程中，洗熱水澡怎麼會有幫助？聽起來確實有點奇怪，但這就是睡前洗熱水澡可以幫助我們降溫的方法。熱水浴會迅速升高我們的核心體溫，血液隨即被送到四肢末端以降溫，換句話說，它稍微加速了我們準備睡覺時體溫略為下降的自然過程。這樣聽起來是不是比較有道理？

但這個論述有一則附加條件，你可能也已經猜到了。熱水澡促成冷卻身體，好讓我們可以安然入睡，這種效益只有當你在睡前一小段時間去洗澡才能發揮。研究顯示，洗熱水澡的理想時間是睡前一至二個小時，這樣在你鑽進溫暖的羽絨被時，體溫才會開始顯著下降。

另一點聽起來不切實際，但其實午後泡澡效果更好。在一場實驗中，一批學生在下午兩、三點左右泡澡九十分鐘，到了睡覺時間，他們和沒有泡澡的學生對比之下，睡意比較強，慢波睡眠（slow wave sleep，即深睡期）比較長，睡得也比較深沉，兩者都是優質睡眠而非輾轉反側的象徵。[8]我不確定我們究竟可以拿這項發現做些什麼事，多數老闆恐怕不會同意我們在下午時段開小差一小時溜去泡澡。不過或許週末時值得試一下？如果你想在週間夜晚安眠，傍晚時分比平常提早幾小時泡個小澡，肯定值得一試。

對某一群人來說，失眠是千真萬確的症狀。科學家相信，將熱氣從全身表面散逸出去的體溫調節功能不佳，可能是某些人失眠的原因。有些人夜間就算已經把四肢都伸出被窩外頭，身體核心部位的冷卻程度還是不夠。我們若想找出合理解釋，就必須考慮一種奇怪但正常的現象。在你讀完下方段落後，你不妨在家親身試驗。

首先，將一隻手浸入熱水中幾分鐘。那隻手當然會變得比較溫暖，但是另外一隻手又如何？雖然它沒有泡在熱水中，但也會跟著變暖。你或許感覺不到變化，不過確實可以測出升溫。這就是人體調節熱量的方式：熱水不止升高那隻手的溫度，血液循環全身然後提高體溫，並且讓四肢末端特殊的微血管擴張，以便輻射熱氣散逸出去、冷卻我們的身體。於是在短時間內，這使得你的另一隻手也變得比較熱。

問題來了，這一點和睡眠有何關係？在澳洲進行的一場小型研究中，這種現象沒有發生在失眠族群身上。沒有失眠問題的人將左手浸入熱水中，結果是右手跟著升溫平均攝氏四度；當失眠族群重複這項動作時，他們的右手平均升溫卻只有攝氏〇．九度。看起來，這種發散熱量能力失靈的問題會讓他們在夜間繼續清醒。[9]

如果你想好好睡一覺，但是又不想慢慢泡澡，或者你根本就沒有浴缸，你不妨試試泡腳，或是穿上特殊的發熱睡眠襪（可抽換的襪底會填充可以在微波爐加熱的穀物）。實驗結果顯示，你的年紀會影響這些方法的有效性。發熱睡眠襪有助年輕人更快入睡，但是老年人泡腳三十分鐘的效果比較好。[10]台灣和日本都曾分別進行專門協助失眠老年人入睡的泡腳研究，結果確實有效。泡腳無法阻止受試者半夜就醒來，卻似乎可以協助他們放鬆，調節到適當的體溫，以便在夜深之際墜入夢鄉。

假使你急著補眠，甚至沒有時間泡腳，那該怎麼辦？也有些人只選擇晨浴，除非是夜間太熱，非得在睡前沖點冷水降溫不可。不過，有少許證據顯示，睡前迅速沖個熱水澡也有助睡眠。舉例來說，有一項鎖定年輕足球員的研究，他們就和其他運動員一樣，只要當天稍早的重要競賽輸球就會夜不成眠，但結果發現，睡前快速沖個熱水澡有助他們比平時快七分鐘入睡。[11]

泡澡真是萬靈藥

如果說了這麼多，還是不足以說服你泡一個長長的澡可能有益身心健康，那麼試試下面這份發表在雜誌上，就只是簡單題名為《溫度》（Temperature）的研究如何？研究人員表示，男性泡澡一小時，燃燒的卡路里等同於散步半小時。這句論述聽起來似乎太美好了，實在難以置信，但請記住，水溫必須始終保持在攝氏四十度，所以要是你想在家裡試試這一招，就得不斷補充浴缸中的熱水。實驗結果倒是挺顯著的：參加實驗的男性身上配戴的葡萄糖檢測儀顯示，他們泡澡時能量消耗比率提升八〇%。

這麼一來，有沒有其他研究主張乾脆放棄運動，只要泡澡就好？真可惜，沒有。同一批受試男性騎乘健身車燃燒的卡路里更多，所以若從健身運動的角度來看，研究人員單單只是建議，泡熱水澡可視為新陳代謝失調族群的補救藥方，因為他們已經無計可施。[12]即使如此，熱水澡所提供的強大力量著實讓人印象深刻。

有人建議，熱水澡或許有益你的心臟功能。最近有項研究詢問日本銀髮族一星期泡幾次澡，答案從零到嚇死人的二十四次都有！簡直和古羅馬人旗鼓相當了。不過重點是：那些一星期泡澡超過五次的族群（我覺得這是平均水準），多半有一顆強壯的心臟，而且循環系統也比較健康。

但務必當心泡澡時間不可過熱、過長。奧地利哲學家路維希・維根斯坦（Ludwig Wittgenstein）喜歡自己的浴缸裝滿滾燙的熱水，還到處吹噓自己可以承受高溫。[13]拿這一點說嘴實在有點奇怪，畢竟毫不讓人意外，這恐怕不是一個好點子。在熱愛泡澡成痴的東京，法醫辦公室曾提出報告，二〇〇九年至二〇一一年短短兩年間就有三千二百八十九例與沐浴相關的突然死亡案件，數量多得嚇人。大部分死者超過六十歲，而且都是發生在冬季。幾乎一半的案例顯示與心臟問題有關，四分之一則與酒醉有關；但是讓人擔憂的反而是，三分之一的案件無從解釋。在眾多可能性之中，有一項是泡熱水澡的時候溫度太高了。[14]

如果把這份「日本泡澡大屠殺」數據，和其他個案研究一併考量——二〇〇六年，韓國有一名男性糖尿病患者泡澡三小時結果中暑，併發多重器官功能衰竭；[15]四年後類似的案例也發生在中國，一名患者泡完溫泉後死亡；[16]一九八五年，阿拉斯加有一群人使用被污染的浴池泡澡，導致毛囊發炎——[17]你可能會覺得泡澡終究不是那麼理想的休息之道，或者無法提供你尋覓的理想休息類型。不過，幸好泡澡引發的死亡事件很罕見。

儘管如此，要是你擔心過熱問題，要不要試試看沖一場冷水澡？這是故意搞矛盾嗎？最近冰水游泳可說是大行其道，有很多人按讚浸泡在冰水中好處多多，說是可以讓你頭腦清醒、精神百倍，還可以提振精神。我有幾名朋友住在蘇格蘭東部福斯灣（Firth of Forth）的小鎮，一直試圖說服我在元旦那天一起下海游泳，他們說這是當地傳統，而且非常「刺激」。聽他們說完後我暗忖，這真是有夠痛苦的慶祝法，所以我說，謝謝你們的好意啦，我有自己的傳統養生妙招，可以搞定跨年夜狂飲的後果：一整天賴在床上就好。

事實證明，科學站在我這一邊。長期以來，熱水浴和冷水浴對健康有何影響，一直都是公說公有理、婆說婆有理，但是多數研究都聚焦頂尖運動員，以便找出比賽後最佳的肌肉恢復之道。不過在此我很開心向各位報告，證據顯示，冷水浴的好處相對附之闕如。英國網球明星安迪．穆瑞（Andy Murray）對大家發誓，每次他打完球賽都要沖澡、進食、按摩，然後坐在八度至十度的冷水柱下方八分鐘。他不是唯一這麼做的人。奧運女子七項全能金牌得主潔西卡．安妮絲——希爾（Jessica Ennis- Hill）為了肌肉恢復，也曾站在裝滿冰塊的大垃圾箱裡。

穆瑞和安妮絲－希爾相信，降低體溫、血流與肌肉組織的發炎症狀，可以加速運動後的體能恢復，所以將身體浸泡在冰水裡；這就像是為了減輕肌肉拉傷後產生的疼痛和腫脹，於是在大腿中夾一袋冷凍豌豆。如果是偶爾受傷，這種做法效果很好，但是專業運動員和業餘運動控同樣都希望鍛煉肌肉，所以這時如果嘗試壓抑發炎症狀，反而可能適得其反。倘若血流減速，有可能會在疲勞或受損後拖累肌肉自我重建的能力。

雖然有些專業人士經常噗通一聲就跳入冰水浴池，但這種做法的隨機對照研究，卻遠比你想像中來得少。一支來自澳洲、挪威和日本的團隊想比較冰水浴和一般許多運動員常做的溫和暖身運動，[18]由於這場研究太複雜了，廣召大量受試者參加實在太不切實際，最終只能選擇九名活躍的男性參加。他們分別在不同日子進入實驗室，開始實做一連串複雜的弓箭步、蹲馬步、冰水浴、慢騎單車、血液檢查甚至大腿組織切片檢查。

測試結果顯示，如你所期，運動後肌肉中的發炎反應標記增加了，但是沖冰水浴完全沒有改變發炎程度的效用，也無助肌肉休息和恢復。這道結論對我很管用，我絕對不沖冰水浴、不洗冷水澡，也不在元旦那天跳下福斯灣冰泳。

靜水也能深藏不露

從此我要一路堅持泡熱水澡，這樣就只剩一道問題得回答了：應該洗泡泡浴嗎？這一題真是再重要不過。應該在浴缸裡攪出泡泡嗎？為求絕對清白，我不是在吹捧個人超愛的瘋狂小書標題：由艾佛．溫蒂．巴頓（Ivor Windy Bottom）撰寫的《洗澎澎》（Bubbles in the Bath）。絕對不是。這個問題之所以重要，是因為它會涉及將普通泡澡過程轉化成尊榮體驗的泡澡產品。

答案是：如果你想要讓浴缸中的熱水溫度維持更久一點，當然應該要有泡泡。一層泡泡確實可以提供一定的絕緣效果，防止熱氣散逸。至於在浴缸裡攪出泡泡，是否會讓泡澡感覺更放鬆，我找不到任何證據支持這道理論，但這也不代表事實並非如此。我所能找到最貼近答案的研究，反倒是設法解決一道稍有不同的問題：渦流按摩浴缸打出滿缸子泡泡，以及寧靜、安祥的熱水浴，哪一種更能舒緩身心？

為了解決這道至關重要的問題，一九九〇年在明尼蘇達州一個渦流按摩浴缸展示間進行一項研究。[19]我一讀到這項研究的地點後，腦海中馬上冒出一幅畫面：在展示間閒逛的顧客不知所措，發現他們考慮購買的每一座浴缸裡都坐著一名赤身裸體的浴者。但事實上，這場實驗是在門市不營業的週日進行。無論從禮儀和商店營收角度來看，閉門實驗都是好事，因為研究結果顯示，就降低焦慮、改善身心健康的成效而言，安靜的熱水浴和浮誇的噴射渦流泡泡浴都很有幫助。

總而言之，這項研究對泡熱水澡來說是一道好消息。不管置身其中的受試者是否享受滿缸子泡泡，他們全都覺得泡完澡之後身心更舒爽。他們在回答調查問卷中的聲明時都說：「我全身上下的肌肉都放鬆了。」然後更甜滋滋地加上一句：「這就是人生啊。」

行文至此，我該歸納結論了，但是請容我失禮先行告退，我可不想讓浴缸裡的洗澡水溢出來。

第 5 章

第六名　好好步行

充分沉浸、充分轉化

小時候我不愛走路，但自從我在不知情的情況下穿越南美國家智利南部的百內國家公園（Torres del Paine National Park），展開史詩般的長征之後，一切改觀了。我毫不知情地說出：我當然是想要出門踏青啊，就為了看這三座巨大的花崗岩尖塔。這個「塔」字就是這座公園的命名由來（編按：torre即西班牙語中的塔）。我出門時不知道的是，這趟長征要花多長時間、會有多辛苦。我全心信任外子。前一晚，當我們平躺在山間小木屋的通鋪時他向我保證：「這一趟大概會花五小時。」我入睡前還想著，真是一趟漫長的徒步旅行，不過我應付得來。

第二天早晨，我們的路線帶我們穿越平坦的綠色山谷，接著繞過一條布滿碎石的山脊，再來是沿著一條遍綴岩塊的淺河穿越森林。在林中某個時刻，另一名背包客建議我們將背包掛在原地的樹幹上，因為從這裡開始前方路途難度驟升。我們半走半爬更多碎石的山路，然後還得手腳並用費勁地攀爬巨石，直到登上月形高原，直擊一座藍得不可思議的湖泊，連天空也是一片耀眼的藍。

橫陳在我們眼前的龐然大物，是看似無邊無際、陡峭、底座厚實平坦的岩群，好似超大鋸齒的槳從月球表面戳刺而出。這些舉世聞名的天然塔山如此高聳，想征服它們的登山客必須勇敢過人，不僅得花一整夜從半山腰往上爬，還得半懸在稀薄的空氣中，頂著強風、緊抓住夾子和登山扣固定在支撐架上賞景，甚至只能在空中小解。

這一幕確實宏偉壯闊，毫無疑問是我生平目睹過最絕美的景象之一，完全值得弓腰曲背走一遭。不過往返五小時的預測，其實差得遠了，外子整整少算一半。我們席地而坐吃午餐，一邊讚嘆美不勝收的風景時，就已經接近六個小時，當時甚至還沒踏上回程之路。

回程之旅一開始還算不錯。繼磅礴山色，第二樣讓我讚不絕口的事物就是路邊咖啡館賣的蘸熱巧克力醬吉拿棒。但是之後的兩、三個小時，儘管風景依舊壯觀，卻已經是舉步維艱，唯有一件事讓我願意繼續邁步前進。

我們出門健行之前就先在一間舒適的民宿旅館訂好房間，以便回程時落腳休憩。讓人興奮的地方是我們的房間附設浴缸。我在欣賞完三座尖塔的下山途中，全程幻想回到房間之後可以滑入注滿熱水的浴缸，舒緩痠痛的雙腳、疼痛的膝蓋和發熱的大腿。但是，當我們在傍晚時分拖著腳步走近這間帆板屋時，竟在黑暗中看到「我們的」房間亮起燈光，一對旅人正在房內打開行李包，其中一人稍後肯定會坐進「我的」熱水浴缸！光想到這裡就讓人痛苦難耐，但或許有個很好的解釋：我們回來得太晚了，旅館主人以為我們爽約，於是把房間讓給別人。

我們只好在鎮上再度踏上另一段尋找落腳處的跋涉之旅，而且我堅持要找可以泡澡的房間。我同時也經歷了某一種頓悟。那天晚上我上床時一整個筋疲力盡、全身痠痛。我還沒打算原諒外子錯估形勢，完全誤判這趟健行得花多久時間，或許他根本是在捏造數字。沒完沒了的步行已經不只是身體疲累，還讓人無聊得要命，我卻仍沉浸在充滿喜悅的狀態，沒錯，部分原因正是因為我很自豪竟然可以一路撐了過來；沒錯，能夠親眼目睹全世界的自然奇觀之一，感覺真是太棒了。不過，還有一點更重要：我感覺到無與倫比的滿足和內心平靜。現在我終於明白為什麼人們喜歡走路。從那次以後，我也成了健行控，不過這次經歷至今仍是生平之最。

我的步行享受體驗之所以顯得與眾不同，僅僅是因為很晚才化苦為樂。完成「休息測試」的受試者中，三八％選擇步行是他們最喜愛的三種休息活動之一。當然，步行的受歡迎程度包含許多元素。就我個人而言，有一個重要因素是那一趟三大尖塔健行之旅，觸目所及盡是獨特岩層波瀾壯闊的美景。更常見的元素則是長途健行很大一部分的樂趣，經常是基於它發生在農村，讓我們得以遠離鋼筋水泥、繁忙工作和交通壅塞的生活。十大最能放鬆休息之道排名中，花時間與大自然共處高居亞軍，稍後我們將在第九章詳述。在這一章，我將聚焦其他原因，也就是儘管步行會讓我們耗費體力、力困筋乏，我們通常假設這種結果正與休息截然相反，不過事實上這項運動卻能讓我們的身、心都感到無比寧靜。

無物一身輕與事事皆新奇

出門步行除了花時間，幾乎不需要多帶上任何東西，步行的樂趣之一就是超級簡單。但是步行的休息本質真正關鍵，在於它移除我們試圖什麼事都不做（相關論述將在下一章深入探討）的情境下所面臨的兩大障礙。第一點是我們自己會感到內疚。無論我們多麼想要休息、多麼珍視休息的重要而且感覺對我們有莫大好處，我們其實心知肚明，無論是在家裡或是在辦公室裡，總是有一大堆工作等著我們處理。這些事情永遠都跟在身後，好比擦拭清潔、更換燈泡、填寫表格、撰寫報告等。一旦你離開家門或公司、到外頭走走，等於是把它們全都拋在腦後了。這些事情可能終究必須完成，但是此時此刻，它們都只能等你回來再處理了。因為只要你一出門散步，你能做的就只有散步；當然，你得先將手機關成靜音才行。

美國詩人兼散文家亨利・大衛・梭羅（Henry David Thoreau）是休閒步行的早期支持者之一。他觀察到步行的絕妙好處之一，就是讓我們擺脫家庭和職場的種種需求。「我想，除非我一天花上四小時徜徉於樹林、山丘和田地，擺脫一切的俗事，否則我沒辦法保持身心健全。事實上，常常還超過四小時……有時候會有人提醒我，技工、店家老闆往往在店鋪一待就不只一整個上午，還有一整個下午，他們全都雙腿交叉坐著，好似他們的雙腿天生就是用來坐，不是站或走。我認為他們活到這把歲數還沒有厭世自殺，真的是值得嘉許。我根本無法待在房間裡一整天，否則都要生鏽了……我得承認，我很驚訝這些左鄰右舍的超強耐力，遑論道德上的麻木，能夠忍受把自己框限在商店和辦公室裡一整天，而且是幾週、幾月、幾年下來都幾乎如此。」[1]

關於這段文字我最愛的一點是，它顛覆一道常見的假設。梭羅主張，久坐桌前比一段漫長的步行更需要耐力。當我在為這本書勞心勞力時，這道觀點深深引起我的共鳴。

梭羅並未費盡唇舌，卻深刻明白步行是再完美不過的休息之道。步行固然讓心靈獲得休養，甚至身體也因此安頓，舒展雙腿終究是比放任它們擱著不用更有放鬆效果。

充實的步行可以消除的另一道障礙，就是我們害怕無聊的心態。當然，步行的過程中也可能時感無聊，不過自然風光通常可以讓你分心忘懷。好比波光粼粼的大海和泛白矗立的懸崖；綿延起伏的綠色山丘和金黃飽滿的玉米田；高聳樹籬和暗黑森林。或者你要是正好走進一座小鎮，總是可以飽覽變化多端的市鎮背景，例如總是能讓我很感興趣的房屋和花園、沒那麼好玩的教堂，以及公共建築及酒吧。乾脆停下腳步喝一杯，有何不可？一路上偶見的小事也可能分散注意力，而且讓人喜不自勝。這些腳印有夠大的，是不是？那座旋轉柵門看起來很特殊？現在是什麼鳥在啼叫？

然而，即使客觀環境中沒有事物足以讓你分心，步行的重覆節奏也可能以單調的方式吸住你的注意力。你可能走著走著就迷路了，但你也可能走著走著就沉醉在步行體驗中。即使當步行只是一種到達終點的手段，好比從家裡走到車站，步行本身也可能是一種結束的方式：這是一天之內你不用再花傷腦筋思考的寶貴時光。我知道我以步行方式穿梭在倫敦街頭、往返各家辦公室開會，不是為了要整頓思緒，或是為了稍後的會議做好心理準備，而是想要大腦關機幾分鐘。唯有步行的節奏才能讓我辦到。

相比之下，社會運動作家雷貝嘉・索爾尼（Rebecca Solnit）在著作《浪遊之歌：走路的歷史》（Wanderlust）中回顧步行的歷史，她說自己唯一感覺自己獲准認真思考書中內容的時刻，是她在步行的當下。當然，她大可坐在桌前開始思考，但近來思考本身已經不再被視為善用時間的有效方式，反而比較像是遊手好閒；即使這是進入深度思考的必要狀態，但現代心靈就是無法容忍這種行為。這麼說來，我們要怎樣才能進入這種深度思考的模式？索爾尼建議：「最好的做法就是偽裝自己正在忙著某件事，而所謂最接近什麼事也不做的某件事就是步行。」[2]

我沒有買車，所以步行就是我到達附近任何地方的方式，無論是商店、醫生的手術室、朋友家、餐廳和酒吧。結果是隨著我往返數百遍，我非常熟悉某些本地的街道。我會在路上巧遇鄰居，順便閒聊幾句；我在路燈上看到幾張尋貓啟事，甜玉米、李奧與露西都搞失蹤，而且全都是「主人深愛」的喵星人。要是天色已晚，屋中亮燈，我會從窗戶外頭望進去，想像這一家人的生活情境。倘若是深夜時分，我常常看到狐狸就在我前方的人行道上為了覓食東聞西嗅。牠們目視我走近卻毫無懼色，一旦準備就緒就會從容漫步離去。

當然，一旦天色轉成黝暗的深藍色，大雨滂沱落下，購物袋全都綯巴巴地纏成一團掛在手上，我就會連連咒罵自己幹嘛要住在漫長的商店大街遙遠的另一頭，一邊還兀自幻想並突然發現這條路竟然奇蹟一般地縮短了。我選擇步行的社區道路，並不是每一條都能讓人放鬆享受、引人入勝或樂在其中。

但是，一旦我去了一處不能夜晚時分走出門外信步閒晃的地方，就會錯過步行的機會。有時候當我遠行出差，會下榻某些出門散步不安全的地區，要不是因為犯罪率高，就是當地不時興步行，所以在車水馬龍的路邊沒有鋪設人行道，通常後者比較常見。我記得有一次在美國，我問汽車旅館的接待員，如果我想散步該往哪個方向走，她滿臉困惑，好像我在說外星話似的。我需要什麼東西嗎？我究竟是想要去哪裡？當我回答說我只是想要走走看看這一區，她不明白我幹嘛不乾脆開車兜風就好。那天我的步行路線還真是選得差勁，我得沿著高速公路走、闖過高架道，然後再穿越購物中心，我真希望當初乖乖聽她的話開車上路。

然而一般來說，步行是發現新地方的好方法。步行的速度恰恰適合我們眼觀四面、耳聽八方。步行速度非常適合我們沈浸周圍的環境，清出一點餘裕可以分心他顧，但是又不足以讓我們開始擔心生活其他方面的瑣事；步行速度夠慢，所以不會壓過我們的感官知覺，還能讓我們心智放空漫遊。步行真是一種「無物一身輕」與「事事皆新奇」的完美平衡。

放慢步伐

步行另一項讓人放鬆的作用，是它改變我們感知時間流逝的速度；更精確來說，或許是我們會將知覺調整成身體覺得自然的速率。我們必須犧牲一些時間才能好好步行，但是隨著我們步行的時間拉長，一開始的疾走將會無以為繼。當我們放慢腳步，時間感也跟著慢下來，緩降至一種走路的步速。

當我們的心智試圖評估過了多少時間所採用的線索之一，就是空間移動的距離。現代交通運輸工具高速承載我們遠距通行，已經打亂我們對這類線索的感覺，尤以速度最快的飛機為甚，它讓距離感和時間感完全失調。就我們動身之後花費的實際時間，對比坐在飛機上的無聊時間，有時候會有種錯覺，像是我們還沒出發就已經抵達目的地了。或者是這段期間的時差讓我們漸漸分不清楚白天與黑夜，我們的生理時鐘得努力追趕。相較之下，我們又太習慣乘車上路，以至於儘管事實上它們縮短距離感、加快速度感，我們的身體卻覺得這樣很正常，不會因此失去時間感。

不過，這也帶來一道正面作用，就是我們反而因此覺得以步行為基準的自然速度感變慢，進而放大時間流逝速度的知覺感。有一次我參加一趟為期四天的步行穿越部分捷克共和國之旅，結束後心情歡暢、身體勞累，於是我們搭公車回到最初出發地點。這塊花了我們四天徒步終於征服的廣闊土地，竟然僅需二十五分鐘就回到原點，我們也立即回到時間似乎走得比較快的現代生活。後來我們再從那個小市鎮坐上前往布拉格市的另一班公車，接著換地鐵直達市中心，這一天的轉車之旅無聊又短暫，完全沒有在我的腦子留下任何一點印象；反之，四天步行之旅卻長存心中。因此，無論是在當時或事後回顧，步行這項行為本身似乎都有延長、加深時間感的作用。這就是我們發現步行如此讓人放鬆的原因。近來生活腳步一天快過一天，步行讓我們放慢腳步。

追隨賢哲的腳步

索爾尼說：「走路使我的存在於我們的身體與世界中，不至於被身體與世界弄得疲於奔命。走路使我們能自己思考，不至於全然迷失在思緒中。」她以這段話總結步行獨一無二的特質——身、心都投入其中，而且恰到好處。

和索爾尼同為長途漫步鐵粉的古聖先賢多如過江之鯽，以下僅列出幾位代表：德國音樂家貝多芬（Ludwig van Beethoven）、英國小說家查爾斯・狄更斯（Charles Dickens）、德國小說家歌德（Joharln Wolfgang von Goethe）、丹麥哲學家齊克果（Søren Aabye Kierkegaard）、德國哲學家尼采（Friedrich Nietzsche）、英國浪漫主義詩人威廉・華茲華斯（William Wordsworth）、德國哲學家康德（Immanuel Kant）與古希臘哲學家亞里斯多德（Aristotle）。

原因如出一轍：因為步行讓他們有機會思考。

一八八九年尼采就說：「真正偉大的思想都是從散步中孕育而出。」再早個一百年，法國思想家盧梭（Jean-Jacques Rousseau）堅稱，步行是他聚精會神的唯一途徑：「我一停下腳步，腦子就停止思考。唯有我的雙腳不斷前進，心智才持續運作。」其他人可能不具備偉人的天賦才華，但共享相同體驗。我們也會事情做一半覺得卡卡然後放棄，決定出門走走透透氣。我們的心思不再被卡住的事情困擾，要是運氣好，解方的靈感偶然會從天而降。我敢打包票，我們當中有許多人都曾經說過要出門走走，好讓「頭腦清醒一點」。我們指的是，腦子苦思問題不得其解，都想到打結了，出門走走有可能為我們解套，將烏雲一掃而空。

有許多研究證據顯示，步行有助提升我們的創造力。美國史丹佛大學（Stanford University）研究人員隨機分配受試者四種不同活動：在室內跑步機上對著一片光禿禿的牆壁慢步、在室內與一片光禿禿的牆壁對坐、繞著校園漫步、坐在他人推行的輪椅上繞著同一條路徑在校園漫步。然後全體受試者都接受創造力測試，為手上拿到的鈕扣這種日常小物極盡可能地想出最多用處；其中有一名受試者建議可以當作篩網，我覺得實在有夠妙。他們的答案必須要非常具備獨創性，也就是沒有其他人給出同樣的建議才能得分；但是又不能太異想天開到完全不可行的地步，好比建議鈕扣當作太空船。研究人員在論文中稱這種創意必須是

「適當新穎性的產物」，並進一步舉例，有人建議打火機油可當作煮湯的食材，然後輕描淡寫地解釋，這種建議確實新穎但不適當。研究人員發現，戶外步行是釋放點子泉湧而出的最佳活動，其次是室內慢步、坐在他人推行的輪椅上在戶外漫步，在室內對牆而坐則是墊底。這項結果或可說恰如其分。[3]

此外，既然談到俏皮話這道主題，我確實注意到，參與其中的研究人員在整份論文中置入許多有趣的用語，你很少會在乾巴巴的學術論文看到這些字眼，好比「立足於穩固的基礎上觀察」與「以最佳腳步前行」等，加上研究本身還題名為《走出好點子》（Give Your Ideas Some Legs），我們不禁納悶，研究人員是不是身體力行，出門散步好長一段路，從此寫作創造力大爆發。

順帶提一句，作者群為了安撫輪椅族群也指出，如果被指定坐輪椅的受試者獲准自行推車前進，他們的創造力可能和步行者一樣高。這項研究和其他研究都明白表示，當我們自力行動時，似乎會釋放自由思考的能力。當然，亞里斯多德與其他先哲早就知道這一點了，不過做研究的重點並非總是想要發掘新事物，更是想藉科學手法確認我們的直覺。

但是，我們從步行獲得的好處不僅是提高創造力、附帶強健體魄而已，證據顯示，如果我們與另一人同行，同理心會增強，而且還能與他人更密切。當我們與他人並肩步行，會不自覺地與對方同步行動；我們在穿過車水馬龍的十字路口或是被某樣事物吸引時，就會自動暫停對話；之後我們又會遵循潛規則一般地重拾對話內容，好似我們從不曾臨時喊停。若是有一群人應要求同步前行，證據顯示，他們甚至會變得更願意為同一群人犧牲。據此，有人建議發生衝突的各方進行談判時，應該要在戶外邊走動邊談。[4]談判代表與其在談判桌上針鋒相對，只是更強化既定立場，不如並肩而立，一同放眼世界。這個作法恐怕尚未在真正的和平談判中實踐，不過聽起來倒是值得檢驗。

試想一下，一批西裝革履的男、女談判代表全都面無表情地出門健行，當他們緩步走在阿爾卑斯山的小徑時，卻受到啟發、找出創造性的妥協之道。在某一天向晚時分，這些成員筋疲力盡卻興高采烈地走下一處溪谷地，大聲呼喊：「嘿，我們已經搞定敘利亞內戰問題了！」那不是很讓人大喜過望嗎？

當然，和平健行之旅總是有可能會在僵硬的沉默中度過。我步行時還滿多話的，其實我根本就是愛講話，但即使長舌如我、即使有同伴隨行，有時候不要交談才能享受完美的休息感。法國哲學教授兼作家斐德利克．葛霍（Frédéric Gros）形容，與他人同行就像是在「共享孤獨感」。[5]如果你想說話可以選擇開口，但其實誰也沒有義務非得填滿沉默的空檔不可，因為步行本身就已經充斥靜默。這或許就是並肩同行但一人獨處。

這套論調讓我想起「一起到門廊坐坐」（porch-sitting；編按：在美國文化中，此行為被視作直接或間接接形式的良好社區互動）這種諮詢技巧，因為每當我們想要深入討論私人問題時，並肩而坐會比隔桌對視更容易掏心掏肺。同理，有些父母發現，最容易與青少年兒女溝通的時機是他們自己坐在駕駛座、兒女坐在乘客座時。因為你們彼此不用面對面，所以對話就不會有劍拔弩張的對抗元素。

且讓我們再為步行添上一筆。因為你稍微偏離日常生活的軌跡，正如你獲准動腦思考，同時你也獲准討論那些被平淡無奇的日常瑣事排擠在外的話題，好比你與某人的關係、未來或是人生意義之類，甚至是想像身後的世界。重點是，步行不僅賦予我們思想自由，而且是讓我們深度思考。這樣算是休息之道嗎？關於這一點，有時候我們正是在思考最深刻的問題時，才能找到最深沉的平靜。

累極而憩？

步行有各式各樣的好處，但是每當談到放鬆休息時，仍然存在似是而非的論述，亦即真正的休息肯定是指停下來，但步行完全是一股前進的動力。因此這種矛盾便引發一道廣義的問題：當我們談論所謂的休息，究竟是試圖讓心靈安頓或身體喊停？無論是生理或心理哪一方極度疲乏，能否因此讓另一方得以解脫休息？還是說，真正的休息之道就是身心安頓取得平衡？

史帝夫·福勒（Steve Fowler）現在是一名詩人，但以前曾是格鬥選手。你見到他的第一眼只會覺得他溫文有禮，絕對猜不到他以前的職業。不過他的體型依舊健美、強壯。如今，他不再向對手揮拳，只重擊健身房的沙包，一拳又一拳，直到自己手腳發軟為止。他甚至還拍過幾支「真人演出累到掛」影片，全片只見他拳打腳踢幾個小時，毫不停歇直到顯然累癱為止。不過他堅稱，這就是他實現休息的手段。

他告訴我，他三不五時就會整個人煩躁難安，因此劇烈運動直至氣力放盡、讓自己不再躁動，就是他達到休息狀態最快捷徑。之後，他不僅創作詩歌時會變得更有創造力，還很確定自己變得更和善。他的說明也讓我抓住問題的核心，亦即為何極度勞累竟然可以全然放鬆：他發現，這種做法正是最直接的「脫胎換骨」之道。

福勒描述的活動所需要的運動量當然遠大於步行，不過他不是唯一抱持這種看法的人。除了三八%受試者選擇步行當作休息之道，另外一六%選擇其他類型的運動，還有八%說即使是跑步也能使身體放鬆。跑步的定義肯定與休息背道而馳：站而不坐；動而不站；急促呼吸而非慢慢吐納；不讓肌肉放鬆，反而操練它們。但是許多人認定跑步就是休息，甚至覺得它是通往身心安頓的必經之路。

且容我離題一下，稍後再回頭討論步行，因為我很想知道我們是否可以從跑者身上學到一些道理。「右腿跨越左腿，然後換左腿跨越右腿，再換右腿跨越左腿」，某位只要有空就化身業餘跑者的資深主管曾經告訴我，倘若你不斷默念這句口訣，就可以一公里接一公里地跑下去，遠遠超出自己所想像的距離。他強調，只要你雙腳不停歇，沒有什麼事情擋得住你。當他參加撒哈拉沙漠馬拉松（Marathon Des Sables）賽事，跑在北非國家摩洛哥境內岩石密布的土丘地表時，就是用這句話激勵自己。這場馬拉松聽起來只是標準的四十二公里全馬，事實上總共得一次跑完六段全馬。那些半途而廢的魯蛇會被稱為「自棄者」，到了集合點都得戴上綠色臂章以利辨識。我猜想，儘管他們都會覺得有點丟臉，至少可能竊喜得到休息的機會，但他告訴我，才不是這麼一回事，那些人都傷心得要命。我假設，倘使你對任何事都會這樣生氣沮喪，那你可能就不是處於身心安頓的狀態。

新近出爐的研究或可闡明為什麼極端運動會被視為放鬆之道。神經科學家發現，頂尖的長跑運動員大腦連結模式與更長時間久坐的族群大不相同。即使當這些跑者平躺在腦部掃描儀中處於休息狀態，什麼事也沒做，與工作記憶、執行功能領域相關的協調活動仍持續增加……大腦內部對話這種預設模式網路的活動則是遞減。這門領域的研究工作尚在初步階段，但與經驗豐富的定期冥想者大腦神經模式相互呼應。運動員參加耐力賽的頻率越高，這種反應越強，好似跑步對大腦會起冥想作用。身體的勞累會讓大腦休息，讓大腦內部的對話停歇下來，而且即使已經停止跑步，這種作用依舊持續下去。步行或許也會產生沒那麼極端的效應，斐德利克．葛霍稱其為「西方的冥想形式」。

只不過，你還是會想知道，運動帶來的休息感和喊停的樂趣之間連結度究竟有多高。我定期跑步，雖然長途跑者未必會同意我稱它為跑步；儘管我沒辦法跑的時候會有點想念跑步，但跑步對我最棒的一點，可能是跑完回到家以後就只是找一種自己中意的方式休息個夠。打停也算是步行的諸多樂趣之一。盧梭就說：「我喜歡輕鬆自在地漫步，也喜歡隨時停下腳步。」如果你是獨自步行，甚至不需要和他人商量，你高興就可以中斷腳步，飽覽鄉間美景，同時徜徉在自身成就的溫暖榮耀中。你可能會在疾風中找到提供遮蔽的據點，或許就在一大塊露出地表的巨岩下方。你把果醬三明治塞在背包底層，不到最後關頭絕對不吃，現在它嚐起來美味無比。當你終於回到家裡，你可以好好休息個夠，某種程度來說，你全身上下的疲累其實感覺很甜美——不是那種長時間伏案辦公室後全身僵硬的疲累，也不是在健身房瘋狂操練後的腰痠背痛，單純就只是一種心滿意足的感覺，知道自己終於可以……徹底放鬆休息了。

還有另一道問題，那就是專業運動者到底是享受第六段馬拉松過程中每一分、每一秒，或者他們之中其實多數人的心裡一直吶喊快點結束？找出答案的唯一方式，是直接問本人，並期望聽到誠實的答案。有一組研究團隊真的找上一群馬拉松運動員做實驗。首先，這批跑者都先接受訓練，針對自己的想法提出一份跑步評論。整道過程大致如下。

試想一下，我要求你念出二十隻動物名稱，然後完整敘述你的思維過程。試試看，滿好玩的，而且也很有趣。我的答案是：狗、貓、鼠，要不要來幾隻大型動物？獅子、老虎、大象、鯨魚、海豚、小鯨；當我們潛入水中，會看到海豹、海象；再來幾隻小型的野生動物好了，狐狸、短尾鼬、獾、兔子、野兔、鹿；這樣湊到二十隻了嗎？還沒，我得再多想幾隻，那不然就海狸、水獺好了；一定還有一些非洲動物我一時還沒想到，像是美洲豹、印度豹、獅子。這樣有二十隻了嗎？可能有。我想到猴子了。還有一些漏掉的，黑猩猩、大猩猩、狐猴。這樣大概就差不多達標了。我來回想一下野生動物的電影好了，看會不會得到一些靈感，飛蛙、鱷魚、短吻鱷、蛇。現在肯定集滿二十隻了。再來一個，蜥蜴。糟糕，現在欲罷不能了。

一旦跑者完成這類練習之後就開始起跑，並沿途記錄自己對浮現腦中各種想法的評論。

我們無法完全確保跑者從頭到尾都很誠實，但是結果還是很有趣。

我在跑步時經常會無法專注跑步這項行為本身，有時候是因為我在聽播客內容或音樂，其他時候則是街上景觀完全讓我看到分心。不過認真的馬拉松跑者完全不是這麼一回事，他們的所有想法中，七二％全都集中在自己的步速、距離、疼痛感與不適感，以及如何才能繼續跑下去；僅剩的二八％是在想地景、天氣或交通量。

以下是一些他們為了激勵自己繼續跑下去在心中展開的自我對話實例。有一名跑者羅利會說：「別做負面思考！不要往那邊想！從頭來過，沒關係。」當比爾想要跑上陡坡時，他就這樣對自己喊話：「這是心理戰。心理到位，腳步就到位。」[6]這兩道例子都沒有顯示任何他們覺得這種體驗很有趣的跡象，但那有可能是跑完之後的感受。如果你正在參加比賽，專注在當下的跑步過程可能是邁向成功的關鍵，但如果你是希望靠運動擺脫一切，以便解放身心自由、獲得休息並重新煥發精神，那麼放任心智漫遊可能是比較好的做法。

久坐後的消遣

步行分散我們的注意力、勞累我們的身體，讓我們感到更放鬆舒爽。不過還有另一種方式來看待步行，尤其是短程步行，那就是把它當成久坐後的消遣。現在職場員工多半花費七五%時間坐在辦公桌前，而且這種情況多數難以避免，畢竟他們在上班時間很難溜出去戶外健行幾個小時。好消息是，他們不用冒這個險。研究顯示，輕鬆的短程步行即使無法鍛鍊身強體健，仍可收改善身心狀況之效。

在一項研究中，受試者必須坐在電腦前工作長達六小時；研究人員寫道，唯有「解手」的時候才可以暫離座位。（你看看，刻意不直白，改用這麼委婉的說法，真是有夠假掰。）實驗當天一開始就請一半受試者先在跑步機上常速步行三十分鐘；另一半受試者也走一樣的時間量，但頻率是每小時撥出五分鐘。你猜，當天結束時哪一組會感覺更放鬆、更有活力？答案是：後者。雖然兩組受試者都覺得步行完之後頓時煥發精力，但是間隔短暫步行的那一組效果持續一整天。當他們準備回家時，不僅心情更愉快，饑餓感也不如只步行一趟但時間較長的另一組強烈。由此看來，你若想藉由步行獲得休息的種種好處，不必住在山腳下、不必每天下午都長途健行，甚至不必在城市裡穿梭大街小巷，只需要從電腦桌前站起身來，走去別處晃一下，就能提神醒腦、暫獲休息。

假設你可以在午餐時段中停一下，你覺得以下兩種選項何者更可以幫助你獲得放鬆：在附近小公園散步十五分鐘，或是伸展放鬆運動十五分鐘？芬蘭的研究發現，兩者皆可，但作用其實不同。[7]兩組人馬各自做完運動後都覺得，下午不像以往那麼累，而且更能專心工作。伸展放鬆運動受試者最有感的時段是下班後，但步行受試者是在享受這項活動的當下成效最高。在此我們學到的經驗是，如果你要選擇做一種活動來提振精神，必然得是可以打斷你滿腦子繞著工作想，或者是可以純然體驗活動本身的類型。

大量研究發現，運動改善我們的心情，還可能甚至提高我們的抗壓力，有助遏止負面情緒滋生。這類研究多半更聚焦動員能量的運動類型而非步行，但是近來研究人員廣蒐全球各方的最頂尖研究，期望找出改善情緒最理想的運動強度。步行和跑步的效果一樣出色嗎？要走多久才夠？好消息是，十到三十分鐘就足以反映差異，跑步和步行的效果則在伯仲之間，所以或許關鍵其實是在你自主選擇實際上願意投入的類型。順帶一提，研究人員確實發現，最強力改善心情之道來自舉重之類的活動，因為它讓我們無暇他顧又不至於太不舒適，而且成果容易衡量，使我們自認大功告成、感覺良好。但我在內心狂問：舉重？沒搞錯？

二〇一八年一項針對一百多萬名美國人進行的研究發現，步行與精神健康障礙狀況減少一七％有關。[8]因為該研究僅描述當下狀況，所以我們無法確定這代表步行真的能預防或減少問題，也有可能是陷入重症的族群已經無法出門步行。我們看到諸如此類的任何橫截面研究都必須留意前後的因果關係。步行預防得了精神疾病嗎？還是說，生病的人本來就會減少步行？不過另一項二〇一八年的研究克服了上述所提的阻礙，它追蹤三萬四千名受試者長達十年，這次研究人員發現，要是他們以前沒有罹患憂鬱症，規律運動確實防範未來可能受其困擾。當然，不可能靠運動防杜所有類型的憂鬱症，但研究數據顯示，如果受試者每星期健身一小時，防止罹患憂鬱症的可能性或可達一二％。又一次，就心理健康而言，好消息是步行和跑步的效果一樣出色，意思是我們不需要特別身強體健就能體會到箇中益處。

但是，如果你打算詢問罹患憂鬱症的人是否試過鍛煉身體，請謹慎為之。雖然家庭醫師有時會為憂鬱症患者開處方，而且多半有用，但我知道憂鬱症患者其實很討厭別人動不動就問他們，有沒有考慮過把跑步當成療法。跑步即使有益身心健康，但不見得適合每個人。雖然我們多數人或多或少都得走路，也不是人人皆愛。本書的主旨是，條條大路通往身心休養，我們應該找到最適合自己的一條途徑。也就是說，有許多證據顯示，你運動的那天晚上會睡得比較好。

現在，在休息與運動的關係裡，我還必須提出另一項有趣的元素。我們在「休息測試」中發現，運動量比較大的受試者也相信自己得到更充足的休息。他們說的沒錯。在此之前的二十四小時，他們回報的休息時數通常多過運動量比較小的族群。你動腦想想就知道箇中原因很簡單。健身族群除了發現運動本身有益休息，之後多半也會以閒散久坐來獎勵自己。這可真是買一送一。

計算每一步

當年的智利健行之旅讓我從此改觀，認定步行是一大樂事，那時候市面上還沒有智慧型腕表Fitbit或計步應用程式這類玩意兒。早餐穀片的包裝裡面有時候會贈送計步器，但沒多少人會拿來用。要是我以前就有現在手上拿的玩意兒，走了差不多全程四分之一時，會看到手機螢幕上正灑著繽紛彩花，慶祝我走了一萬步。這一幕會有激勵作用嗎？或許有，但不是最有效的一招。

Fitbit崛起顯示，當今許多人不只是步行控，更熱中於測量步行，然後還要量化，最後再以圖表顯示，最後獲得相當於小學模範生的成就鼓勵。在下正是其中之一。但如果我打算視步行為休息之道，或許我應該重新考慮。

這是「量化自我」的時代，我們大家都使用科技追蹤從心情到上廁所次數的事事物物。就健身的角度而言，如果我們因此找到鼓勵自己再多動幾下的各種方式，這肯定是好事，畢竟，二〇一七年英格蘭公共衛生署（Public Health England）發布的數據估計，四〇%中年人就連每個月快走十分鐘都辦不到。[9]

不過，計算步數真的是說服自己多走路最好的方法嗎？量化一場步行活動，是不是可能得冒著剝奪休息樂趣的風險？當美國研究人員比較兩批試圖減重的受試者，讓他們分別配戴／不配戴計步器，結果發現，帶著計步器的族群最後減重的磅數反而比較少。[10]另一組在英國進行的實驗是要求十三、十四歲青少年配戴Fitbit八週。一開始，這些青少年都很喜歡把玩這種小玩意的新鮮感，也很享受彼此較勁的競爭感，但沒多久就開始覺得無聊，紛紛抱怨一天走一萬步的目標太高了，不合理。[11]

也許他們只是在找藉口，但確實有道理。我一直都很納悶，一萬這個神奇數字除了是漂亮的整數，「日行萬步」的說法究竟是打哪兒來的，追根究柢的結果是得從一九六四年東京奧運說起。就在東奧開幕之前，有一家企業開始推銷名為「萬步計」（Manpo-Kei）的計步器。在日語中，「Man」意指「萬」、「po」意指「步」，「Kei」則是「計量器」。命名是直接音譯而來。當年這招行銷手法空前成功，從此萬步這個數字就留在人們心底。

後來有些研究比較五千步和一萬步的健康益處，結果是後者的健身程度更高，這一點倒是不意外。不過我們不應該誤以為實驗曾廣泛試過不同步數的成效，據此得出一萬步最好的結論。就我們所知，步數越多、額外好處也越多的正相關成效，很有可能到了某個峰值就開始逐漸遞減：所以九千可能是最佳步數，但也有可能是一萬一千步。最近的嶄新研究才剛發現，就七十多歲的女性來說，若想發揮步行的好處延年益壽，穩定在七千五百步左右就夠；至於對健康產生最大影響的步數，則是當你從二千七百步躍升至超過四千步之時。[12]

接下來我們還得回答一道問題：從心理學的角度來看，最佳步數是多少？對規律步行兩千步的人來說，一萬步看起來太高，幾乎是不可能的目標，有可能讓他們馬上打退堂鼓，連試都不想試；但是對於隨便走走就超過目標的人來說，一萬步這個門檻數字只會讓他們達標後就此打住。

計步器的好處是，就算你自以為是活動很多的大忙人，它能提醒你步行不足的日子有多麼容易冒出來。但如果你是視步行即休息的人，或許應該重新思考Fitbit的定位，把它的效益從關注健身轉變成追蹤休息的Restbit，讓它來告訴你是否確實在重要的休息時段傾注足夠的時間。不過請留意，計步器會減損步行的樂趣。美國杜克大學（Duke University）心理學家喬登．艾特金（Jordan Etkin）發現，追蹤步數的族群雖然步行距離比較遠，但即使是自己選擇配戴計步器，卻比較無法享受步行的樂趣。他們說，追蹤步數會覺得步行好像是一門差事，更重要的是到頭來幸福感卻降低了。[13]假使你回想那場指定受試者在午餐時段散步十五分鐘的研究，煥發精神的成效最終取決於自己有多享受這趟步行體驗。所以說，如果計算步數減損步行本身的樂趣，那也有可能破壞它所具備的休息效果。

如果你使用計步器，應該要記住，它並不是一種靈巧的工具，不會考量你的年齡或行進速度。正如我在前幾段提到，我非得走到一萬步，計步軟體才會灑花慶祝，就算我認真跑九千步也沒有反應，儘管跑步當然更有助我強健體魄。正確用法是，計步器請當作參考指南，但你得制定自己的遊戲規則，因為只有你知道自己可能還會再進行哪些活動。況且，如果你真的下定決心每天都要達標，另一方面卻又不要破壞自己的休息計畫，當然是有作弊的撇步啦，好比把計步器戴在汪星人身上、綁在節拍器上或是花錢請散步達人幫你在公園繞步走；與此同時，你就可以懶洋洋地躺在吊床上放空。

更重要的是，你可以找出一些策略，將步行活動更妥適地融入日常生活，卻又不會被計步器惹怒。搭公車時試試看比平常早一站下車，或是改走一條與平常路線平行的街道，這樣你就可以稍微走遠一點，同時又能保持步行的樂趣。倘若你真的厭倦千篇一律的街景，不妨往上眺望，看看高聳的摩天大樓、特別是和街上店面並排的建築物，你會發現其實和你原先所想很不一樣。同理，假設你置身鄉間，請勿只關照觸目所及的高度。身為自然主義者的家父十分擅長辨識我完全認不出來的野生動物，而且我也留意到，他之所以精於此道，是因為他總是雙眼往下梭巡地表、往上掃視高樹與天空。

你越用心留意，就越能分散步行時的注意力，充分獲得休息。請謹記，我們的目標是要充分獲得休息，所以切勿讓自己因為不夠持之以恆、沒有每次都走很遠就背負罪惡感。假若你只是發懶不想出門散步，卻又覺得自己真的應該活動筋骨，那就請重塑一股自己可以認定步行即休息的動力。

在這整本書裡，我一貫探討我們每天都需要在休息與運動之間取得平衡之道，我很好奇的是，步行是不是因為天性具備內部平衡功效，所以才能成為一種特殊的休息方式。它讓我們把工作切割開來，但我們一邊步行，一邊其實並不是真的什麼事也不做，因此才能在毫無罪惡感的情況下求取心靈平靜。我們像是獲准動腦思考，但同時也可以心有旁騖。

第6章

第五名　什麼事也不做

巴托比的教誨

「我不願意。」每當抄寫員巴托比（Bartleby）的老闆要求他檢查法律文件時，他只會回答這四個字；當他接到帶著文件副本以利校對時，他只會回答這四個字；主管指示他去郵局跑腿辦雜事時，他也只會回答這四個字。這是他給老闆的唯一回覆。

巴托比是一名虛構的法律事務員，出現在美國作家赫爾曼．梅爾維爾（Herman Melville）的短篇小說，時間是一八五〇年代的華爾街。他被喻為「十九世紀文學中懶到無極限的角色」，「不過我想俄羅斯小說家伊凡．岡察洛夫（Ivan Goncharov）著作的《奧勃洛莫夫》（Oblomov）同名主人翁恐怕不同意，但奧勃洛莫夫大概也不會為此費神吧？

《抄寫員巴托比》（Bartleby, the Scrivener）書中大部分的幽默片段來自他的老闆發現，自己竟然對下屬的被動抵抗無計可施。對這位火冒三丈的無名敘述者、對我們來說，巴托比從來就不曾費事解釋自己為何打死不動，他只是偏愛自行其是。很快地，他根本什麼差事也不幹，單單整天盯著牆壁，即使最終老闆結清他的薪資，把他掃地出門，他依舊只回答「我不願意」，然後動也不動地坐著。最終反倒是律師被逼著另尋落腳處，不想再和巴托比有任何瓜葛。

巴托比真可說是什麼事也不做的第一把手，簡直是出神入化的大師。但是他的「什麼事也不做」算得上是休息嗎？奧勃洛莫夫恐怕才更像是遊手好閒的傢伙，他既不會夢想登堂入室走進辦公室，也不想費事起身下床；反之，巴托比還得全神貫注、心無旁騖。他體現一個道理：什麼事也不做實際上是超艱鉅的任務；做得不多也不少，讓老闆不找麻煩，反倒是比較簡單。

所以說，當我們想到什麼事也不做帶來的休憩感時，牢記巴托比這道例子倒是很管用。當然，就某種意義而言，什麼事也不做正是休息最純粹的形式，不然還有什麼活動可以讓人更放鬆？也因此，「什麼事也不做」在「休息測試」的排名中名列第五，成為廣受歡迎的選項，一點都不意外。但是，我們如果再深入探究就會發現，雖然什麼事也不做是很受歡迎的休息之道，但大多數人都發現其實很難辦到。

在我們的調查中，有一〇%的人告訴我們，他們覺得任何形式的休息之道都很困難，因為自己會感到內疚。要這些人什麼事也不做該有多費力？在巴托比的例子，什麼事也不做很艱難是因為老闆會交辦工作，不過真正會讓我們辦不到什麼事也不做的唯一關鍵，其實是我們自己。

即使是看垃圾節目，也比坐在沙發上什麼事都不做強多了，因為至少你還有在做些什麼。假設隔天有人問起「昨晚你在幹嘛」，你回答「看看電視」是很合情合理的社交詞彙；再不然「聽一點音樂」，或「沒做什麼重要的事」，都意味著你至少有做點瑣事。你若真的坦承「坐著一整天，什麼事也不做」會怎樣？你要是真的敢承認這一點，還能感到多自在？

對現代人來說，鍾愛坐在位子上盯著牆壁看的巴托比，真可稱得上是怪咖。這種人會讓我們覺得討厭又困擾，因為這種做法一點也稱不上是在休息，但這正是我們「格外」渴望「不做事」的重要之處。事實上，我們總是忙個不停，不是動手動腳，就是動腦筋；尤有甚者，我們即使是想達到什麼事也不做的假想境界，通常需要付出專注力與自制力；時至今日，甚至還得借助知名品牌、指南書籍與大師指點才辦得到。不過，倒不是說我們不應該試著少做一點。在本章，我將詳述幾乎完全什麼事也不做有何好處。我說的不是零或一的兩極現象，也不是單單在兩極之間取中間值，不過因為我們多數人需要更多休息，因此我會稍微偏向什麼事也不做這一端。

什麼時候休息會致命？

我們與缺乏活動之間存在一種愛恨交織的關係。當我們忙翻了，就會渴望它；但只要我們一有空檔可以瞎混，卻又不會想到它，反之會拿其他活動填補空閒時段。我們或許不用做任何事，但事實上我們照做。上班族總是幻想退休時光，但是當那一天慢慢逼近，他們常常是怕得要命，擔心屆時一整天都是空檔，而且沒什麼事可以做。但是，什麼事也不做卻可能變成超級占用時間，一旦這種情形發生，退休族群通常都會說「他們其實搞不清楚時間怎麼過的」，好似「日子就這麼一天天過去了」。

越來越常見的現象是，退休族群多半是退而不休，他們找各種方法讓自己像上班族一樣忙碌，好比參加讀書俱樂部、步行團康小組、練練皮拉提斯、參加銀髮族社會大學課程、報名遊輪旅行等。即使是那些自稱「沒在做事」的人，其實都比較像是「做的事不多」或「沒做什麼要緊事」，而非真的「什麼事也不做」。他們很開心地做點瑣事，好比看報、整理雜務、出門採買、做午飯、修理小東西、收拾家務、可能看點益智節目、想想晚餐要吃什麼，然後在他們發現一天將盡之前，它就這樣過完了。

不過，似乎我們之中還是有一部分的人老是渴望什麼事也不做，這就是為什麼我們許多人對樹懶就是抱持著說不出口的秘密情感。瞧，牠們慢吞吞地，一整天都掛在樹上。樹懶的特性已經讓睡吊床從習慣變成一種生活方式。事實上，樹懶這個名字是在詆毀牠們，因為牠們其實不懶；或者說，牠們的懶惰有其目的。消耗的能量越少，所需的食物就越少，所以保持靜止不動是有意義的作為；再加上牠們消化食物的速度很慢，所以比較精確的稱呼應該是說，牠們其實並不是「沒做事」，而是整天都在消化食物。

有一項一九七〇年代的研究觀察到，從樹懶吃完一餐到最後排出體外，總共要花五十天；我們也可以像前一章的研究人員文謅謅地說「解手」。不過，樹懶超級講究自己要在哪裡如廁。儘管牠們一般來說極少做什麼體力活，卻願意花力氣從樹上滑下來，在地面大小解。樹懶這種潔癖行為帶給保育團體不少麻煩，因為這使牠們容易招受數量越來越多的野狗群攻擊。在樹上，樹懶定住不動的習慣為自己提供障眼法，讓掠食動物看不到牠們，漫步叢林、渴望看到樹懶的遊客可以為你證明這招確實有效。

或許，樹懶（sloth）有助於改變一個單字的意義，傳統上它被賦予十分不堪的涵義，以至於被打入天主教所謂的「七原罪」。歐洲中世紀神學家多瑪斯．阿奎那（Thomas Aquinas）在著作《神學大全》（Summa Theologiae）中概述這道問題。他說，懶惰「就是心智遲鈍，忽略為善」，因此就阻礙我們做上帝工作的效果來說，「懶惰與邪惡不相上下」。

反對什麼事也不做的觀點不僅見於基督教的傳統，希波克拉底也說：「無所事事和遊手好閒，多半會使你傾向——不，是會把你拖向邪惡。」

對我們大多數人來說，這種說法可能太沉重。但即使我們並不認為什麼事也不做相當於邪惡或罪孽，卻也同意這種行為不妥，因為我們全都知道，努力多多益善，努力帶來成就和成功，但什麼事也不做則否；活動筋骨帶來強健體魄、延年益壽，但什麼事也不做則否；整天伏案桌前的生活方式不妥，連新聞標題都說久坐相當於新型態的吸菸行為。我個人甚至是站著打字撰寫這本書，不敢做出被人跟吞雲吐霧相提並論的事情。在斯堪地那維亞半島，許多職場都改以站立式辦公桌當作標準配置；在英國它們也越來越普遍。看來不用多久，站著辦公就要變成新型態坐姿了。

至於賴在床上又如何？想都不用想，但偶一為之的睡懶覺則不計。長時間賴在床上嚴重危害我們的健康，曾經有人套用長臥替代太空飛行，用來估計失重可能對身體造成何等損害。完全躺臥休息聽起來很不賴，但是會減少鈣質吸收，降低體重、肌肉總量和肌肉耐力，也會稀釋骨質密度、骨骼硬度並改變生理時鐘的日夜節奏。[2]即使是剛剛開完重大手術或是熬過一場大病的病患，醫師都會囑咐要盡早起身行走，因為長期臥躺在床幾乎真的有置你於死的力量。就算是我們這些可以站得筆直的正常人，假使我們步行的路程太短，也很容易招致疾患。大量證據顯示，久坐的生活會提高肥胖、罹患第二型糖尿病、心臟病、中風和癌症的風險。

上述健康警告隨處可見，久坐、不特別做些什麼事以健康考量就是沒什麼好話可說，你會那樣想也是情有可原，不過僅再次提醒，這一切全與平衡、節奏有關。你想在空檔休息時選擇什麼事也不做其實無妨，重要的是切勿一整天動也不動。我還要更進一步，宣稱偶爾什麼事也不做不只是無傷大雅，事實上是有益健康。正如我們稍後會慢慢發現，暫時休息再重要不過。

我是夜貓我驕傲

每當談到什麼事也不做，針對休息的道德譴責聲浪最是嚴厲。我們發明各種讓什麼事也不做聽起來更隨興寫意的字眼，好比放空、消磨、閒晃，但是無論我們到了這個時代怎麼稱呼它，依舊會擔憂什麼事也不做就是不對。我們強烈將什麼事也不做與懶惰畫上等號，深怕這麼做最終會一路沉淪。

試想一下，早上醒來後賴床一小時，先盯著天花板；如果房內有窗戶的話，不妨也望向窗外，放任心智到處漫遊。用這種方式展開全新的一天沒有什麼錯，但是我們型塑的社會觀卻說早起的鳥兒有蟲吃，所以早鳥族多半精力充沛、渴望行動，通常也更精神飽滿、品德高尚；總的來說，比較優秀就是了。他們會欣賞黎明曙光，可能喝一杯現榨果汁養精蓄銳，然後下水游個幾趟，最後才準備上班。反之，夜貓族就是大懶蟲、遊蕩族、打混人。早鳥族充分利用晨間時光，夜貓族卻是在打呼聲中整個睡掉了，或是更糟糕地就算醒了也要賴在床上，什麼事也不做。

現在你可能已經猜到我是夜貓族。或者套一句更科學的說法，我就是所謂夜型人（late chronotype），這三個字聽起來就沒那麼糟糕了，而且還有點提醒我們的意味：就是有一種基因型態不喜歡大清早。雖然我求助科學為自己辯護，但還是有點不解自己幹嘛要這樣做。我應該以身為夜貓族為榮。

在總人口中，約莫五％至一〇％族群落在頻譜的極早或極晚兩端。有些人邊吃晚餐就邊打瞌睡了，即使當下時間根本就還不到八點半，我身邊朋友就有活生生的例子。有些人則是雙眼惺忪、滿臉睡意地趕在上午九點五十九分跌跌撞撞衝進辦公室，我剛好就屬於這種類型。但絕大多數的人都是走中庸路線。不過，無論你是落在光譜的哪一端，都不必然是懶惰蟲——但你可以試試這樣對早鳥族辯解。

他們會堅稱，只要我必須強迫自己每天早起，很快地我就會習慣這種作息時間；他們總是告訴我，妳錯過一天之中最美好的時段；他們還會說，妳會覺得更神清氣爽。但是，從來就沒有人會學早鳥族一樣宣揚熬夜的美德，就連夜貓族都不會費心嘗試，因為對方會認定你在故意唱反調，彷彿暗示早起的鳥兒才是偷懶鬼，因為他們晚上九點就早早上床，大字橫躺睡得香甜，但我們這些夜貓族卻還精神奕奕地醒著呢。這種事才不會發生。夜貓族永遠是發懶的那一群，就像青少年一樣。

最近有一項研究顯示，青少年的生理時鐘確實設定在比較晚的時間，這一點已經眾所周知，所以父母也比較不會在週末時一早就挖他們起床。不過至今仍然只有一%的學校把上學時間設定在九點。[3]我一想起自己的青少年時期就百感交集。如今，只要我想睡懶覺，我就會睡懶覺。但最糟的是，我那老是自以為是的外子很過分，一到上午九點就會大步走進房門，唰地一聲拉開百葉窗。我應該要補充說明他是在週末這麼做，但是我為何非得為自己辯解？就算不是週末而是週間，上午九點還躺在床上又有什麼不對？

不過事實是，週一到週五我醒來下床時間總是不會晚於八點四十五分，但是我從來不同意開早餐會。我很樂意和別人約在下班後碰面，但要是他們想在上班前，那就甭提了，但出於某種原因，我還是不敢直白地說，真是不好意思，那個時間我還在休息；我會說，一大早恐怕不是很適當，心中竊盼他們會自動想成我正在送小孩上學途中或是我真的在晨跑，而不是猜測我還在賴床。

當然，我是可以強迫自己早點起床，而且有時候我真的別無選擇，因為得趕去搭飛機，或是做一場廣播節目採訪，剛好對方的時區和我們不同。但我就是不埋單所謂「自然成習慣」的說法。這對我感覺就是不自然、不健康，我從來就不曾喜歡早晨，而且還真的有研究支持我的看法。夜型人父母雖然打從嬰兒哭鬧、學步幼童跳上床、接送上學兒女就被逼著早起，但只要一有機會重拾老習慣，他們馬上能切換回去。即使必須耐心等個十幾年，他們終究會調回自己的生理時鐘。

忙碌是一種地位象徵

當然，我們所擁有的休息自由，特別是什麼事也不做的自由，很大程度上取決於工作的要求。我們許多人都視休息和工作、忙碌勢不兩立，但不是全世界所有人都這麼想。雖然多數英國人和美國人都會告訴我們，他們確實這樣認為，但是五七％住在印度的「休息測試」受試者卻完全不這麼想。這些印度受訪者或許也屬於熱愛工作的族群，感覺非常樂在工作，以至於覺得工作很放鬆愜意，一天結束之際反而是像條龍，而非像條蟲。工作當然也有放鬆休息的時刻，只是得取決於你置身的職場有多傳統、規定有多嚴格。

儘管證據顯示，如果企業提供員工充電小睡、臨時睡墊，不僅有益身體健康還能提高生產力，但是放眼職場，除了走在潮流尖端的廣告商和科技公司之外，這種佛心企業很少見。把腳翹在自己的辦公桌上，或者即使只是想要午飯後放空或小睡一下，依舊會被冷眼相待。不過，我們多數人都還是有機會可以放鬆一下，然後才重回工作模式，甚至還能自己找點樂子玩。我至今記得，在我很小的時候，有一天家父回家時手指骨折，當時我一整個驚呆了，但不是因為他受傷，而是他為什麼會受傷：家父居然是因為玩跳桌比賽而發生這樁意外。那時的我不知道成年人的行為會這樣走鐘，但如今我的歲數比家父當年還要大了，當然明白情況不能相提並論。無論每個人從事什麼職業，多數人只要在自己能力所及，都會成功做到樂在其中。這就好比記者在寫新聞時，會彼此較勁誰比較擅長寫「編輯是ＸＸＸ」的藏頭詩。這裡的ＸＸＸ，就請各位自行腦補吧。

我們或許最好不要知道醫師之類的專業人士怎樣惡搞自己的行規，當成工作時的放鬆之道。但是我們都知道，工作不純然是苦差事，放鬆的時刻會在一天中突然冒出，正如工作也會突然闖進我們的閒暇時段，像是突然收到工作電郵、攪亂一整個週末。

幾百年來，個人財富多寡的最佳代言人就是他們投入工作的時數長短。簡言之，你的工作時數越少就越富有。美國經濟學家范伯倫（Thorstein Veblen）自創「有閒階級」（the leisure class）這個名詞，指稱一種不以辛勤工作，反而是炫耀性消費與休閒廣為周知的階級。這個階級的典型成員都是富裕的實業家及田僑仔，好比本章起始提到的俄羅斯小說主角奧勃洛莫夫。

某種程度來說，這種社會現象依然存在。在倫敦市區辦公大樓的清潔工，得接好幾份兼差才能餬口，這輩子恐怕別奢望退休；坐在同一幢大樓內、以男性為多數的交易員，卻是日進斗金、四十歲就能退休，過著爽打高爾夫球的生活。但是從中你也看得到其中隱晦的問題：無論你看待這些在倫敦掙錢的交易員是好是壞，他們的超長工時、爆肝工作文化卻是出了名。他們一天到晚忙個沒停，而且總是驚險萬分。他們幹嘛還要幹這份差事？當然是想要有錢到可以用來當壁紙貼，但實情遠不只如此。時至今日，我們看待超長工時、爆肝工作文化的眼光已然不同：它讓我們顯得有地位。

哥倫比亞大學商學院教授席薇亞・貝雷薩（Silvia Bellezza）要求受試者評估，一名虛構女性莎莉・費雪（Sally Fisher）在臉書上撰寫的假貼文。[4]在其中一套版本裡，莎莉寫：「正在享受漫長的午餐時光。」一星期五下午五點則寫：「搞定工作了！」在另一套版本中，莎莉・

費雪忙得像條狗，午餐貼文是：「只有十分鐘吃飯。」星期五下午五點則是：「還在和工作奮戰！」

這項研究不給受試者機會評論莎莉的社群媒體貼文是否乏味，而是要求他們評估她的社經地位。你要是知道，他們評定忙碌莎莉的社經地位較高、比較搶手，而且還把她放在經濟財富階梯的最頂端，應該也不會感到意外。他們還說，要是她忙到沒有空好好吃一頓午餐，那她一定就是大紅人。懶惰莎莉則被放在階梯的底端。

貝雷薩說，正因為我們經常根據產品的稀缺程度評估價值，我們也採取同樣標準評估他人的技能。搶手程度等同於稀缺程度，也等同於更高價值。因此，大忙人在我們的社會中更受重視。貝雷薩也發現，我們傾向相信大忙人動作比較快、更善於多工，從事的工作也更有意義，難怪愛在社群媒體上曬忙碌的流行現象不斷蔓延。貝雷薩的團隊觀察喜歡社群媒體上貼文炫聰明的族群（有時候超級名人也很愛做這種事），好進一步檢視所謂「自貶以自誇」（humblebrag）的現象。由於一二%的用戶貼文顯示自己每天都像條狗一樣地努力工作，我們可以總結，時至今日，有錢名人已經不再把建立「躺著就能賺」的形象奉為圭臬了。

但是，這個現象也許並非舉世皆然。貝雷薩想知道，「只要夠努力，就有出頭天」這道近乎神聖的信仰是否僅美國文化獨見——也就是說，忙碌即為身分地位代名詞的觀念，是否僅是美國特有的象徵？換言之，美國夢的基礎是否獨見於美國？為了檢驗這道假設，她分別提供一組美國人和一組義大利人一則故事，述說三十五歲年輕人每天如何超時工作。在美式版本他的名字是杰夫（Geoff），義大利版本則是喬凡尼（Giovanni）。同時，另外兩組美國人和義大利人則是收到另一套杰夫／喬凡尼幾乎從不工作的版本。如她所料，美國受試者傾向於賦予勤奮工作的年輕人比什麼事也不做的年輕人更高地位，但義大利人反而假設，辛勞的小夥子肯定是出於有必要才被迫長時間工作，但另一個到處閒晃的小夥子一定是因為有錢又成功，所以根本不用做牛做馬。難怪縱情享樂的生活方式（dolce vita）在義大利依舊興盛，對我來說，這等於是多了一道愛死義大利的理由。

可悲的是，在英國這裡，大家的態度比較接近美國觀點，而非認同我們生性纖細敏感的歐洲鄰居。不過，無論你是否把忙碌視為身分地位的表徵，顯然我們承諾的有閒社會從未實現。誰還相信英國經濟學家凱因斯（John Maynard Keynes）所預測的每週工作十五小時的願景，會在二〇三〇年實現？畢竟，當贊助「休息測試」的衛爾康信託基金會於二〇一九年一月宣布，正在「考慮」讓總部八百名員工全部改成每週上班四日時，由於這張政策支票實在太不尋常，還因此躍上新聞版面呢。當然，要是工作量沒有減少，也有可能引發意想不到的後果，也就是說，全體員工為了要拚週休三日，上班期間搞不好得賠上老命，連大氣都不敢喘一口。不過，除非他們真的放手去幹，誰也不知道會怎樣！

好消息是，針對我們如何利用時間的研究，顯示平均來說我們比一九五〇年代擁有更多空閒時間。不過，我們的感覺常常與數據相反，甚至感覺比以前更忙。這或許是因為工作與休閒時間的界線模糊了，有些社會階層覺得自己好像總是在待命，即使他們的工作本身其實不需如此。這甚至也不是因為餘暇時間真的常常被工作打斷，只是由於這種情形始終可能發生，使得即便有必要高度關注的緊急事件發生機率實在小得可以，我們卻習慣動不動就轉身檢查手機的新訊息。這種行為導致我們在星期六午夜或星期日起床後的第一件事，就是迅速回覆工作電郵，而非關掉信箱、直到星期一上午才檢查；就算我們不回信，那件工作卻早已常駐心頭。

這並不是已開發國家獨有的問題，在許多低收入國家，幾百萬人民的工作與休閒之間也沒有明顯劃分，或者是幾乎不存在。在孟加拉偏遠鄉間小路上照管小小水果攤的女性，或許一整天在「不工作」、休息和打盹，但她就是不能下班，而且只要客人上門就會打斷她的休息時間；在高科技國家裡，簡訊、電郵也扮演不速之客的角色。某種程度上這稱得上是貧富皆然的平等，但這實在不是最有益的平等型態。我們發現，無論一國是貧或富、收入高或低，即使我們實際上沒有在工作，一樣都很難和工作切割。

找空檔休息

在當前所謂「注意力經濟」中，各路企業都競相爭奪我們的注意力，我們三不五時就當低頭族檢查手機，便是將自己的注意力雙手奉上。這種行為究竟是工作或休息？其實它是「隨時待命」的延伸概念。我們工作時不一定會這樣，但老是動不動就會發現自己正在查看瓦斯帳單或確認線上購物紀錄。其實這些事根本不急於一時。即使我們只是回覆派對邀請或思考要去哪裡度假，但因為長期不斷被資訊轟炸，或是被行事曆提醒待辦清單上有一項任務正在等著，現在我們也把個人活動當作事件在管理了。這一切都像是侵犯我們原本應有的閒暇時間，使得「什麼事也不做」的空檔變得更稀有。

如果我們想實踐完成某項專案的堅定承諾，就算是志願計畫或是休閒活動，我們通常會說「沒做完就不休息」——於是我們把喘口氣的空檔，視為可有可無的選項，即使我們知道休息不可或缺。這不是當代獨見的現象，歷史學家麥克．葛瑞尼（Mike Greaney）指出，至少在西方來說，幾百年來宗教教義一貫強調職業道德的重要性，不斷傳誦來生將會遭受懲罰的故事，以嚇阻膽敢好逸惡勞的人們。不過我們現代人鮮少相信永恆的詛咒，也知道那些宣揚懶惰即邪惡的神父，總是與莊園領主或磨坊主人站在同一陣線，極盡所能地壓榨工人藉此致富。現在我們大可更自由地欣然擁抱自身的懶惰傾向——或是說，要不是出於注意力經濟有所求，我們就會毫無顧忌地懶惰到底。葛瑞尼呼籲我們要刻意懶散，以便抵消沉重的壓力，他說：「要是我們想避免『被定義成注意力經濟的產物，就要擔起勇於懶惰的代價。』」[5]

給他鼓鼓掌吧，不過我們離這個階段還有一段長路。就目前而言，窩囊廢才會喊著要休息。美國人格外作如是想，他們的假期是出了名的短：職場新人一整年平均特休日是十天，待滿五年也只增加到少少的十五天。儘管他們的帶薪特休已經不算多，數不盡的民調結果卻顯示，許多美國人根本就休不完資方分配給他們的特休。好玩的是，這些民調通常都是度假經紀商贊助的案子。

令人震驚的一點是，美國上班族僅七四%有資格享受帶薪特休。[6]我個人超愛休假，要是我得在美國生活與工作，一定會超痛苦，因為美國人享有的休假權利實在很少。這些事實讓我震驚又迷惑，美國員工明知他們的帶薪特休遠少於其他高收入國家，怎麼不會想要大刀闊斧改變？你可能會想像，策畫一場爭取休假日幾近歐洲平均水準（大約二十五天）的社會運動，應該能在全國掀起沛然莫之能禦的浪潮，企業與政客幾乎毫無招架之力吧？但你這樣想就錯了，即使是強制要求最低天數帶薪特休的運動，也不曾激發民間大力支持。

線上訂房網站hotels.com曾啟動「休假平等權」運動，要求所有企業都提供帶薪特休福利，最多只需要在請願書上蒐集十萬筆連署簽名就可以要求白宮回應。你知道計畫上路兩週後，有多少人連署簽名？才一萬三千人。7

如果帶薪休假過去在美國不算是什麼急迫議題，現在它也該是了。儘管美國的國內生產毛額在醫療保健領域的支出佔比很高，人民的預期壽命卻遠低於許多其他高收入國家。正如我們所見，假期可能是我們得以延年益壽的元素之一。請容我花點時間解釋這道主張的最佳證據。假使你想要證明流行病學的某些論點，就得找到一大票接受抽樣檢查的受試者，而且還得長期追蹤他們。這就是芬蘭赫爾辛基大學醫學院教授提莫．史川伯格（Timo Strandberg）在極具開創性的赫爾辛基商人試驗（Helsinki Businessmen Trial）的做法。

一九七〇年代晚期，他召募一千多名接受抽樣檢查的商人，他們全都出生於一九二〇與一九三〇年代，罹患心臟病的風險也都高於一般人水準。在這場為期五年的實驗中，其中一半受試者必須每四個月回訪研究人員一次，取得提升健康狀況的廣泛建議，也接受禁菸警告，而且還會聽取大量有關健康飲食和充分運動好處的說明；另一半則是沒收到任何建議。

此後四十年間，兩組受試者都有一些人過世，這是意料之中的發展。但是平均而言，你會預期哪一半小組成員的壽命更長？當然是採取健康生活方式的群體吧？但是，事實正好相反，採取健康生活方式的群體平均來說往生的年齡較早。不難想像，這項發現令保健產業震驚又擔憂，因為健康建議本來是預計用以協助人們延長壽命，但似乎起了反作用。史川伯格總結如下：採取更健康生活方式的壓力，已然在付諸實踐的男性身上引發急性壓力。[8]有趣歸有趣，其實這道結論並不是我引述這項研究的原因。

壞消息先講在前面：這項研究所提供的證據，無法證明充足的假期日數有助延年益壽。就未曾獲取任何健康生活建議的對照組而言，休假日數並未顯著影響壽命長短；但是對那些聽取健康生活建議的族群來說，休假日數的長短卻有差別，而且差很大。一年休假日數少於三週的族群，比休假超過三週的族群更可能活不過二〇〇四年，機率相差三七%。當時這些受試者的年紀介於七十歲至八十五歲。

我同意這不是最明確的證據，做研究有時就是會像這樣令人沮喪。不過，或許假期正好能幫上最需要的人。二〇〇〇年有另一項聚焦假期影響預期壽命的研究，號召九千名可能有罹患冠狀動脈心臟病風險的中年男性參與研究，即使僅僅為期九年，結果也很明顯：不休假的族群面臨比較高的死亡風險。兩項研究都在一定程度上支持我們相當肯定的直觀感覺：休假對我們有益，但是，在休假期間什麼事也不做的程度有多極致，當然就另當別論了。我們有些人會在安排年度休假計畫時預定很多活動，其他人就只是躺在游泳池旁。但不管是貨真價實的放鬆休息，還是和休息一樣美好的改變作息，正如俗話所說，休假讓我們精神煥發、恢復精力而且身體健康。

史川伯格似乎也有同感。二〇一八年，他第一次在醫學大會上簡報這項研究結果，當一張張嵌滿圖表與數據的投影片放完後，最終以一張夕陽沒入海面的照片總結。他告訴現場的大會代表，這一幕是他度假時享受芬蘭浴期間拍下的景色。

因此，無論你從事什麼工作，請試著盡可能安排休假。假期於我們有益。找空檔休息亦然。此時此刻，請隨意去泡杯茶無妨。即使我們知道閱讀是另一件令人放鬆的事情，但時不時地暫擱一旁也無害。

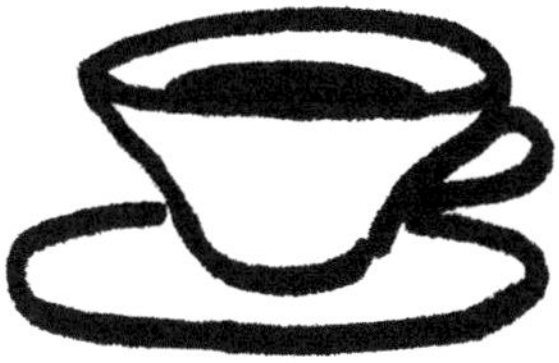

通常一天裡每個人都會暫時放下手上的工作好幾次，停下來喝杯飲料；看你是住在哪個國家或地區，可能是喝茶或咖啡，也常常吆喝大夥一起小歇。中場休息時間提供我們喘口氣的餘裕，稍微打斷一整天的節奏，然後再幫助我們繼續前進。最有效的中場休息時間通常是換個情境與風景，也就是移到其他地方甚至是外頭，然後做點不一樣的事，或是乾脆不刻意找事做。我們出於本能都喜歡暫停休息一下，有許多證據顯示，要是我們好好喘口氣，接下來的工作表現會比較好。

中場休息時間讓我們可以恢復精神與力氣，填充我們所需資源以便重新上路。運動員格外留意不能過度訓練，他們十分重視運動後的恢復工作，不會每天都花一整天訓練，他們都會事先排定休息時間，特別是受傷後更要休息。不過多數人都不傾向於這樣做，我們的確會休息但很不講究，常常忙起來就一直工作沒去休息，甚至連午餐也草草打發。若不是職業運動圈內人，哪有人在安排停工時間？但或許我們真該這麼做。

我們從過往經驗得知，中場休息時間很重要。但是我們最能從休息受益的時間，通常是最忙碌的那些日子，理所當然有各項截止時間緊迫逼人，以至於我們似乎不可能稍停片刻，只能繼續往前衝。不過，中場休息並不需要太長也可以產生影響。你若是坐在辦公桌前，短暫休息或許可以只是簡單地身體往後靠躺在椅背上，閉上眼幾秒鐘；放下手邊工作，和周遭同事互相說笑；或者可能是放空盯著窗外，像這種什麼事也不做的純粹形式。任何不能算是工作的小事或瑣事，都可以成為一段短暫休息。研究顯示，我們甚至都會不自覺地善用這些短暫休息空檔，當作一套重振精神的策略。而且這種做法很有效，你要是有妥善利用一個短暫的休息空檔，接下來一小時的續航力會比之前好。

南韓的研究提供我們一些最佳實踐之道的提示。員工被要求從午餐時間開始連續十天寫日誌。首先，他們要記錄自己當下的心情以及對下午工作有何期待；到了下午，他們記錄自己任何短暫休息的時段；最後，他們寫下在當天結束前感覺如何。[10]那些會找幾個時段短暫休息的員工，通常當天結束之前心情比較愉快；某些活動改善心情的成效比較好，例如望向窗外、伸懶腰、喝杯熱飲或是聽音樂的效果，會比閱讀或上網來得好。此外，在工作量最大的日子裡，這些短暫的休息空檔影響員工心情的力量最強大。

當然，並非每一處職場都恩准這種自治風氣。老闆可能不樂見，自己走進辦公室那一刻撞見一半員工在聊天，其他人在泡咖啡，還有人盯著窗外看。不過，作風比較開明、見多識廣的雇主多半逐漸明白，這些短暫停機時間至關重要，不只是對員工個人意義重大，更會左右公司的業績盈虧。比較高的生產力並不是來自從未間斷地操練，更是來自更強大的專注力和創造力。讓員工有機會休息喘口氣，可以幫你做到這一點。

甚至有一項經常被引用的研究顯示，如果法官做判決時離前一個休息時間越久，他們做出的假釋決定就會越嚴厲。[11]有一份文件重新分析這項研究，發現可以用來解釋這些結果的另一道原因，有可能是因為不准假釋的案件能夠比較快審理，於是法官可能調整了行程表，將它們排到開庭期間的尾聲時段。[12]沒有人可以確切知道實情是否如此，但是其他領域有足夠的證據顯示，只要我們充分休息過後，就會做出並兌現更多的最佳決定。舉考試為例，丹麥小學校園每天有兩個固定休息時段，一項研究檢視超過兩百萬份考試成績後發現，如果小學生是在其中一個休息時段過後考試的話，成績會比較好。[13]

小學生當然無法選擇何時休息，成年人通常也沒得選，但是就算我們可以，我們通常也不是很擅長選擇最佳休息時機。德國研究人員發現，就算我們勞累又疲困，多數人非但不會休息，反而還會硬撐著把事情做完，然後才像是獎勵自己一般放鬆休息。[14]這或許是因為我們都有自知之明，試圖控制自己的拖拉病，所以繼續埋頭苦幹，不過硬撐著把事情做完才休息，儘管稱得上是品德高尚，我們卻會因此錯過什麼事也不做的好處。做到一半就刻意休息短短兩分鐘，其實可以讓工作品質和你的感覺完全耳目一新。

還有，如果你連兩分鐘的空閒時間都沒有，二〇一九年有一項研究發現，當受試者必須學會盡可能四指快速鍵入一系列數字，即使只是間隔十秒鐘喘口氣，都有助他們更出色地完成任務。[15]

我們必須認真看待休息。如果你上班時間裡甚至無法稍事休息，壓力就會高築。德國與尼德蘭進行的研究發現，強烈同意諸如「當我下班後回到家，想要可以獨自一人靜靜地待一會兒」、「我下班後回到家以後，很難馬上對其他人展現好奇的興趣」之類論述的人，可得留意長期疲勞和健康狀況走下坡的早期預警信號。如果這些論述在你身上適用，你真的有必要找個方法將更多休息時段嵌入工作日裡；就算你真的在工作期間無能為力，回家後可能需要把休息時間拉長，因為在這種情況下，做任何改變都不如放鬆休息來得好，一場貨真價實的休息正符所需。

研究結果顯示，想掙脫一整天沉重的壓力恢復元氣，最有效的活動就是省力的活兒，好比躺在沙發上就強過做家事或照顧兒女。[16]這是諸多所謂「這還用得著你來說嗎？」的結果之一，不出任何人意外，但它仍是一道提醒，有時候我們確實應該什麼事也不做。

漸進式放鬆

早在二十一世紀的健康運動萌芽之前，深度、什麼事也不做有益身心的放鬆之道就已經大行其道。我們多半傾向將一九三〇年代與緊縮開支、埋頭苦幹畫上等號，儘管芝加哥是大蕭條時代（Great Depression）受創最重的城市之一，當地一名精神病學家艾德蒙・傑考森（Edmund Jacobson）卻是早期倡導什麼事也不做具備重大益處的科學先驅。

傑考森以發展「漸進式放鬆」技術名譟一時，你或許也曾因為希望自己夜間好眠而以身試行。我在本書第三章已提到這套一般被稱為身體掃描的技巧，可能現身在從瑜珈到靜觀的所有課程。首先，你得平躺下來。然後始自腳趾或頭頂，開始由上往下或反過來細細掃描自己的身體。你輪流收緊、放鬆身體的每一處部位。這道想法的用意是讓你的全身上下開始感覺更加放鬆。連帶也鬆綁你的思想。

傑考森對放鬆感興趣始自他對另一種相反的反應的迷戀，即驚嚇反射。十九世紀末，當時他是十歲男孩，父親則是旅館主人，一天旅館突然起火讓他嚇壞了。三人葬身火窟，他認識其中一人，據說此人雙手緊緊抓住五樓窗台很久，直到最終撐不住才跌落摔死。傑考森臨終前把自己當時的反應詳實記錄在一篇文章裡：「這場大火過後，每個人的緊張激動狀態真是讓我嚇破膽。」[17]他從此迷上自己在雙親與其他人身上看到創傷事件的後遺症，因此他進大學後選擇深入探究這門主旨，並從檢視驚嚇反射做起，邀集受試者進入他的實驗室裡，製造震耳欲聾的響聲驚嚇他們，同時監看他們的反應。

傑考森發現，如果他先教會受試者放鬆肌肉，然後才發出嚇人的巨響聲，可以減弱他們的驚嚇反射。他領悟到同樣的做法可以套用於其他情境，於是進一步開發漸進式放鬆的技巧，並在一九二四年出版專書。多年後他回顧當時，坦承其實有點懷疑自己究竟在幹嘛，竟敢說這樣做很健康：「三十年前，當我從一個房間走到另一個房間，試著讓罹患各種病症的受試者放輕鬆。我記得當時我一邊對自己說：『你現在正演練的情境是什麼鬼玩意兒啊？』」。[18]不過他得到的數據顯示，這套技巧確實發揮作用。漸漸地傑考森培養出信心，確信自己正在開創重要偉業。事實上，他宣稱，這套技巧極度成功，以至於他的妻子在分娩時竟無須止痛，甚至完全沒有放聲哭嚎。

歷史學家艾伊莎．娜蘇（Ayesha Nathoo）指出，傑考森很焦慮同事是否會把他的研究成果歸類在醫學科學領域。於是他要求患者專心致力，堅持他的這套技巧與當時醫生習慣開立的臥床休息處方不同，因為放鬆肌肉是一種必須經過學習才懂得如何使喚的技巧，而且除了每週上課之外，還得每天在家花一、兩個小時練習。[19]他的技巧涉及認真休息，必須測量生理反應，外加周延全面地講解。此外，傑考森不只期盼該成果能深受醫學研究人員重視，更希望惠及一般民眾，因此他動念寫下一本廣受歡迎的專書，只是書名不怎麼放鬆，還有點說教：《你得放輕鬆！》（You Must Relax!）

傑考森說，任何人接受充分訓練後都可以「享受現代文明，無須蠟燭兩頭燒」，而且至今他仍是放鬆這門學科中最重要的標竿人物之一。不過這套做法究竟有多大程度等同於什麼事也不做？重點來了：儘管有鉅細靡遺的技術說明，加上從頭到尾必須保持專注，但在漸進式放鬆的過程中，其實多數時間你是什麼事也不做。沒錯，其中一種看待傑考森與他的眾多追隨者的方式，便是把自己視為聰明的「重新架構者」。要是我們學會一種經醫學證明有效的技巧，就可以比較自在地認同什麼事也不做的概念。學習與練習什麼事也不做，其實會帶來一種像是正在做什麼事的感覺。但諷刺的是，這樣反而會讓我們更容易做到。

無聊的好與壞

說真的，坐著什麼事也不做其實很難。你真的受得了嗎？大約三百五十年前，法國哲學家布萊茲．巴斯卡（Blaise Pascal）就這麼寫：「人類所有的不幸都源自於無法在房間內靜坐獨處。」這句語錄可以收在第八章「我想獨處」或是第三章「做白日夢」，因為巴斯卡往下繼續說，我們害怕不能分散注意力，不然的話我們就得正視隱藏在思想背後的真相。其實這句語錄似乎也很適合收在第一章「靜觀」，它本身就是一種要求我們靜默、觀照的練習，好進一步接受自我的思想，即使它們的本質帶有自我批評的意味。這句話讓我好奇，巴斯卡是否比其他人更進一步體會到，我們嘗試休息的過程中會遇到的根本困難——不只是我們很難找到時間這麼做，或是很難不被分心；更難的是，我們其實對此感到恐懼。

試想一下，你被要求獨自靜坐在空房間裡十五分鐘，你會怎麼過？或許是把玩手機？抱歉，實驗期間手機會被研究人員拿走；不然看書或讀報？不好意思，那也是禁止事項。還是說去找紙筆條列一張待辦清單？一樣不行。那可以在房間裡晃來晃去嗎？或是做做伏地挺身？都不准喔。遊戲規則說你得坐在椅子上。乾脆趁這個機會交疊雙臂打個小盹吧？不行，那是另一條禁忌，你必須保持清醒。於是你真正剩下的唯一娛樂，就是你腦子裡的念頭。二〇一四年，有一系列與空房間相關的心理實驗結果公布，證明巴斯卡完全說對了：我們一點也不喜歡這麼做。[20]

在十一場不盡然相同的實驗中，其中一場格外受到全世界關注。一次只有一名受試者會被帶進入一間光禿禿的房間裡，所有會讓人分心的事物全都事先排除掉了。他們的腳踝會繫上電極，研究人員先示範按下某一個電腦鍵盤按鍵就能傳送電擊，並告訴他們「愛想什麼就想什麼」，之後就把帶著電擊的他們留在房裡十五分鐘。噢，受試者其實還有另一個額外的選項，那就是如果他們想要電擊自己，請自便。

研究結果真是讓人驚呆了，讓這場實驗臭名遠播：有一名受試者竟然電擊自己一百九十次。就只有這麼一名受虐狂嗎？那可不，在所有受試者中，七一％男性都至少電擊自己一次；女性雖然比較不太願意施虐自己，但也有二五％電擊自己。結果看起來是，我們都討厭花十五分鐘與自己的念頭共處，與其什麼事也不做，反倒寧可忍受痛苦。

我得事先警告，這場研究的母數很小，但我也有點納悶，好奇心是不是在其間扮演一定作用？像是第二次受到電擊時，會和第一次一樣痛嗎？這種衝動就和餐廳侍者已經事先警告我們餐盤很燙，結果我們還是忍不住伸手去碰一樣。不久之前我去野外露營，因為實在忍不住很想知道架在營火堆上的鐵盤究竟有多熱，竟然十指全張去碰觸邊緣，結果是超級燙的，導致我十指全燙傷、痛得要命。

在這場實驗中，我們渴望掌控的天性也占了一定比重。受試者能做的選擇幾乎都被排除，唯一剩下的是他們電擊自己的權力，那幹嘛不這麼做，好讓自己稍微找回一點掌控感？無論如何，這場知名實驗的發現結果十分引人入勝，而且還比任何其他研究都更突顯什麼事也不做有多困難，尤其是在我們被強制要求這麼做的情況下。

正如一旦寂寞不再是選項時，寂寞的感覺會轉化成孤獨，我們唯有出於自主意志選擇什麼事也不做，它才會是休息之道。強制休息可能會導致無聊到受不了的地步，這種結果源自十九世紀的許多病患的發現。當時美國著名醫師塞拉斯・韋爾・米契爾（Silas Weir Mitchell）發明所謂「休息療法」（the rest cure），他深信結合「完全休息與過度餵養」將有助改善精神疲憊的狀況。文獻詳細記載，強制休息被描述成「在本世紀後半葉，實用醫學帶來最長足的進步」，但它格外用於逼迫女性長期臥床，要是她們拒絕大量進食就強制餵食，而且要求她們不能閱讀、縫紉；在某些案例，未經醫生允許連翻身都不准。

美國小說家夏洛特・珀金斯・吉爾曼（Charlotte Perkins Gilman）的短篇小說《黃壁紙》

（The Yellow Wallpaper），就是奠基自身在產後憂鬱症時期的休息療法經驗。雖然她承認在故事中加油添醋一些細節，[21]但提到整天什麼事也不做時，她這麼寫：「精神上的痛苦變得難以忍受，以至於我會茫然地坐著，一顆頭搖來晃去。」當她從休息療法中恢復，米契爾醫師還建議她一天只要安排兩個小時「動腦時間」就好，而且「這一生中絕對不要碰筆、刷子或鉛筆」。所幸她根本不加理會，一頭栽進文學裡。

從「休息測試」獲得的結果，意味著在休息本身變得單調乏味至極之前，我們仍然可以享受一小段休息時光。當受試者充分享受前一天的休息時光，幸福感分數會隨著時數增加走高，但要是受試者休息超過六小時就會開始下降。看來在休息變得讓人厭煩之間，似乎存在最佳的休息時數。

但是對大多數人來說，他們長時間感覺無聊的機率很低。二〇一七年，在美國有一項研究募集近四千名成人參加，他們得在一週內使用一款應用程式，在配戴者走路時每三十分鐘就會發出嗡嗡聲，詢問他們當下在幹嘛、感覺如何。[22]這套研究做法提供研究人員超過一百萬個單一時段的即時觀察機會，找出受試者在什麼事也沒做的當下有何真實感受。結果顯示，受試者覺得自己沒特別做什麼事的所有情況下感覺無聊的比率不到六％。這道結果聽起來像是正面發現。無聊真的是會殺死人不償命，對吧？不過事實上，無聊也有積極的一面，像是敦促我們找點新鮮事做。畢竟，這種諸如誘使我們手觸火燙鐵板和電擊自己的好奇心，一向是促使人類成功的關鍵。

什麼事也不做就是我們最可能百無聊賴的時刻，也是為什麼它也可能是我們發想出新點子的適合情境。正如我們在第三章討論「做白日夢」時所見，心智漫遊時會開始到處串接不同的想法，要是我們運氣好，直到最終我們真的會想出一些新點子。許多全世界最有創意的天才都把什麼事也不做發揮得淋漓盡致，好比義大利文藝復興時期的藝術家李奧納多・達文西（Leonardo da Vinci）總是指示學徒放空盯著牆壁看，直到臉孔與動作似乎從斑駁、潮濕的斑斑牆面浮起。我很好奇，當英國女作家維吉尼亞・吳爾芙（Virginia Woolf）動筆撰寫短篇小說《牆上的斑點》（The Mark on the Wall）時是否知道這一點，書中描繪某個人凝視灰泥牆上一個神秘黑色斑點時的心路歷程。

英國心理學家珊迪・曼恩（Sandi Mann）指定受試者抄寫電話簿號碼，這是她所能想到最無聊的任務，希望藉此證明無聊真的會影響創造力。在這場腦殘活動後，同一批受試者又被要求盡可能想出塑膠杯的各種作用，無論是棒棒糖模具、花盆或樹枝狀吊燈等任何想得到的物品皆可。這是一種名為發散性創造力（divergent creativity）的測試，和史丹佛大學進行的步行研究大同小異。

這場研究的結果顯示，被強迫抄寫電話簿號碼的群體最先想出顯著大量塑膠杯應用的例子，遠超過直接被指派參加塑膠杯任務的群體。[23]更廣泛來說，什麼事也不做會讓我們（或說迫使）內省，找出我們期望的生活方式，以及如何在生活中找到意義。根據曼恩的說法，其間的意義遠不只是好玩與否，就存在層面而言，它是無聊的解藥。因此，如果你讓自己無聊一小段時間，長遠來看反而可以讓我們敞開心胸、免於無聊。

假使你還是覺得什麼事也不做太放縱了，請謹記，它甚至可以改善你的記憶力。近二十年來，研究結果日益清楚顯示，要是我們學到一些資訊，加上一夜好眠，隔天就更可能牢記它們。睡眠和可能做夢有助強固我們的記憶，將它們深深嵌入腦海中。我們也知道，正如我之前說過，三不五時休息一下有助我們更有效工作或學習。最近的研究採用休息之道而非睡眠，巧妙地將這兩道想法結合在一起。

你提供因中風而失憶的病患十五個單字，要求他們記下來。接著你先讓這些人花十分鐘進行心理訓練，然後才要他們盡其所能地回想所有單字。由於他們患有失憶症，平均達成率僅一四％。不過，你要是把心理訓練替換成靜坐在暗室十分鐘，然後才回想單字，他們的達成率竟然會跳升到讓人眼睛一亮的四九％。[24]之後，英國赫瑞－瓦茲大學（Heriot-Watt University）助理教授蜜凱拉・都華（Michaela Dewar）發現，這套做法對罹患阿茲海默症的中期病患十分有效；對健康的人來說，正面成效甚至會持續長達一週。

建立全新記憶的過程十分脆弱，因此要是我們一產生記憶就馬上先休息一下，什麼事也不做的話，反而更有可能把它們牢記在腦中。[25] 對倡議什麼事也不做的人來說，都華的最新發現甚至更管用。

給你出一道謎題。以下注音排序是代表哪一句眾所周知的成語或俗諺？ㄐㄖㄗㄧㄊㄒ和ㄧㄋㄗㄕㄕㄍㄣㄋㄗㄌ。（欲知解答，請見第三一六頁註解第二十六項。）

但是，如果你確信自己知道正確答案，那你是怎麼想出來的？花多少時間想出來？當你找到解答時，無論是迅速搞定還是傷透腦筋，很可能都是突然靈光一閃想到的。這就是心理學研究常說的洞察力，也就是恍然大悟的一刻（eureka moment）。

有一道方法可以刺激恍然大悟的一刻，我注意到玩填字遊戲卡關的人也喜歡用它解決問題，那就是暫擱一旁幾個小時。等你再回頭玩的時候，通常很輕易就能找到解答這個字謎的方法，幾乎像是當你的大腦有意識地改做其他事情時，潛意識便已經在醞釀答案。問題是，在那個當下應該轉去做些什麼事？都華的研究建議答案是：什麼事也不做。當受試者嘗試玩一下填字遊戲，然後休息十分鐘什麼事也不做，等他們再回頭玩填字遊戲時，找到答案的可能性高於另一組改玩十分鐘看看哪裡不一樣遊戲的受試者。

如何（幾乎）什麼事也不做

古羅馬哲學家塞內卡（Lucius Annaeus Seneca）與蘇格拉底都擔憂流浪成癖的人，害怕他們外出旅行是為了逃離，卻又不可避免地將自己帶著走。蘇格拉底這麼寫：「環球旅行對自己毫無幫助，因為你無論去到哪都帶著自己，你怎麼會對這一點還有疑惑？催著你到處漫遊的原因，總是如影隨形跟著你。」沒錯，你的擔憂並不會因為你離家萬里而消失，你的心境不會突然回歸平靜。正因為你還是你，所以無論你踏足何方，質疑常在。你大可趕在黎明前攀爬一座火山，在山頂觀賞日出美景，但無論這種感覺多麼獨一無二、超凡脫俗，你腦子裡想的還是自己的世界。塞內卡與蘇格拉底說得都對，不過儘管我們無論走到哪裡都會帶著自己，卻也不會把所有包袱都扛著走。這是經常被人忽略的好處，提供我們更大權限可以什麼事也不做。

我們置身國外飯店客房中，所擁有的家當就只是一卡皮箱，可能外加一個背包。所有我們可以放入並摺疊的空間就這麼大。在家我們總是有一大堆事情得做，像是熨好的衣服等著掛上衣架，破掉的碗盤等著黏合，鉤子等著被掛在牆上，貨品等著被退回門市。有些事情即使是看不到也需要你費心處理，好比心裡老是有個聲音嘮叨著要換一家能源供應商，以免被超收費用，或是應該找時間查看養老金帳戶的現況。這就是所謂的「生活最小值」（lifemin），真可謂生活中最討厭的詛咒之一。不過，只要一休假你幾乎可以把它拋在腦後，就這麼一次，你可以理直氣壯地花大把時間泡在浴缸裡，然後躺上床看書，或是遠眺風景，或是什麼事也不做。在家裡，你下班後可以躺在床上什麼事也不做的唯一情況，就是剛好生病了。

我一直想知道，有沒有可能在家重現上述「在假日什麼事也不做」的機會之窗。多數時間你自然是不可能什麼也不做，事情終究需要做完，有三餐要煮、有小鬼頭得哄上床睡覺。不過，是否有辦法讓我們可以在忙碌緊湊的日程表中，偶爾偷空這樣休息嗎？或許，假如你週六晚上要外出，是否可以允許自己任意使用出門前的珍貴兩小時，一來是可以好好準備，但其實是想要賴床一下嗎？

一如以往，問題終究在於所有我們身邊的事情，都是應該做完的事，若直接略過這些事情、跳到什麼事也不做的境界，恐怕是有點跳太遠了。或許這就是為什麼想在家裡什麼事也不做超困難的原因，也是為什麼許多參加「休息測試」的受試者發現，有些活動比什麼事也不做更能讓人放鬆。假設你看電視或讀書，至少感覺好像自己正在做點正經事，讓自己可以比較不帶罪惡感地視而不見所有需要做的事務。

讓我們打開天窗說亮話吧，待辦清單不可能你一起心動念說不見就不見，也不可能有辦法完全搞定，每當你完成第一張待辦清單上的所有事務，下一張馬上又出現在眼前。這就是人生，我們壓根別想擺脫。千禧世代可能是體認到其間的重要意義，為這種情形取了一個「轉大人」（adulting）的說法。或許，這種永無止境的活動代表你選擇一肩扛起，因此日漸成長，這種說法確實能讓人寬心。因此，接受在這個時代大人都要做很多，而且還要主動做，這就是第一步。

不過，我們還是得找出一道方法不讓自己被壓垮，需要為「一直做、做沒完」的壓力找到出口。方法不一定是休假，其實住家附近有很多地方可以讓你逃離待辦清單，貼近什麼事也不做的境界。我納悶，這是不是為什麼許多人發現火車旅行很能休息放鬆。當然，旅行可能讓人筋疲力盡，但至少在某一段被排定的時間裡，諸多需求會被暫時擱在一旁。可能會有人致電或寫電郵來打擾，但我們只要進了隧道通訊很快就被切斷。你在每天的例行通勤可能得因為罷工或誤點而被迫調整個人時程表，又得擠進像沙丁魚罐頭一般的捷運車廂，時不時拜託乘客再往裡面擠一擠，好讓你可以踮著腳尖站在台階邊，當車門關上時還要左閃右躲，這種事情實在跟輕鬆無關。不過，當你踏上一段長途旅行，所到之處都有寬大空間，輕輕鬆鬆就穿越鄉野，這時你就能全然享受放鬆滋味。

當然，對我們某些人來說，火車行進簡直就像是催眠曲，實在很難保持清醒。我在火車上總是很好睡，以至於要是我晚上難以入眠，有時我會試著想像自己正在搭火車。英國物理學家艾佛烈・亞洛爵士（Sir Alfred Yarrow）也有志一同。一九二七年，他請國家物理實驗室（National Physical Laboratory）為他打造一張仿效火車行進的床鋪，一分鐘搖晃八十次，但又必須不太規律，以免引發暈車想吐的感覺。瑞士蘇黎世有間實驗室也在研究類似產品，實驗一連串各式各樣的搖晃動作，不過由於馬達的聲音實在太吵雜，因此得另外安放在其他房間裡，仍有困難待解。[27]不過，正如我們所說，把睡眠視為什麼事也不做其實是作弊行為。

追求一種什麼事也不做的方式，可能會讓某些人想起所謂的慢活運動，它最早始自義大利人抗議連鎖速食餐廳麥當勞竟然在羅馬市景點西班牙階梯（Spanish Steps）旁邊開店，之後就接著發起一場回歸慢食生活的運動。此後，「慢」這個字就變成從時尚到研究生做研究等所有領域的前導字。「慢時尚」鼓勵人們唯有需要時才買新衣，而不是因為下襬出了新款式；在美國，「慢速研究生運動」敦促學生少做一點，除了中止所謂「我快忙翻了」的說話方式，也撥出一些時間「置身」某種情境，而非做個不停。無論是思考、做白日夢、打瞌睡、與寵物一起玩及投身大自然散步，全都在允許範圍內。

事實上，多數關於「置身」某種情境的慢速研究生運動建議，多多少少都涉及去做某事。這一點頗具啟發意義。我們幾乎重回到本章的開頭，無論是做多麼無關緊要的任何事，看起來似乎都是這套論述的關鍵，因為它讓我們不用帶著罪惡感好好放鬆休息。織毛衣或是快翻雜誌，似乎都還比刻意凝視天空讓人覺得可以接受。所以，幹嘛要反抗？為什麼不順其自然就好？切勿嘗試什麼事也不做，因為實在太困難了，不如做點小事更好。懶懶散散、慢條斯理地做些瑣碎雜事，你也可以這麼說。

一九五八年曾有一本書，名為《如何單獨全靠自己一人什麼事也不做》（How to Do Nothing with Nobody All Alone by Yourself）[28]，目標讀者鎖定孩童，因為作者羅伯特・保羅・史密斯（Robert Paul Smith）相信，讓孩童自己動手做可以認識自己。這本書提供包羅萬象的做法，讓孩童在家裡各處找事做的同時還能樂在其中；書中有個例子，講到在街上看到壞掉的雨傘並把它變成風箏。花時間坐著思考受人讚揚，但我得說這真的是一本教你自得其樂的書，而且裡面有很多建議我個人躍躍欲試，只要我覺得我能證明花這段時間有道理。舉例來說，你可以找一枝六邊形的鉛筆（我個人覺得黑紅交錯條紋的鉛筆似乎是不錯的選擇），然後拿一把削鉛筆刀在鉛筆某一邊切掉一個半公分長的方形，然後再稍微往下移，換到另一邊，再切下一個大小相當的方形，直到最終削出差不多一百個方形，你的鉛筆就會覆滿一片西洋棋棋盤的圖樣。這雖然好像沒什麼意義，但還挺有意思的，我光想像就覺得超級滿足。

你可能會覺得這種論述也算是作弊，因為嚴格來講，我們並不是什麼事也沒做，比較像是在裝飾這枝筆，不過根據你的性情差異，這可能已經是最貼近叫你拿把椅子坐著仰望太空的舉動了。或許這正是為何成年人都喜歡玩拼圖遊戲，最近著色書更大行其道的原因。

我也很好奇，這是否正是編織之類的手作風氣至今仍方興未艾的原因。我自己很喜歡勾毛線，一旦充分練習就可以不花腦筋就自動操作；你的雙手可能忙個不停，心智倒是可以到處漫遊。再一次，你又恩准自己充分休息了，就算這麼做還稱不上是什麼事也不做，但也幾乎算是了。

即使如此，我還是相信，我們多數人應該撥出更多時間去嘗試達成什麼事也不做，因為這種習慣對我們有益。正如法國小說家亞伯特．卡繆（Albert Camus）所說：「只有對平庸之輩來說，什麼事也不做才是致命毒藥。」它或許不是一場可以安排的活動，因為我們知道強制性不活動會導致無聊，不過我們可以靜觀其變，直到什麼事也不做的機會自己送到眼前，這時我們就要張臂擁抱它。

沒有必要學抄寫員巴托比把這種作為發揮到淋漓盡致的地步，不過要是你在工作時不經心望向窗外被某件事物吸引，也無須抗拒這股衝動。定睛凝視它一下下，然後再回頭去工作。當工作多到你喘不過氣，或許起身去泡杯茶，但請不要直接帶回座位，找個地方坐著或站著都好，邊喝邊停機幾分鐘。請給自己一小段空檔，讓自己稍事休息，什麼事也不做，即使只是一會兒都好。要是說連休息片刻都很困難，至少嘗試短暫什麼事也不做，或是幾乎什麼事也不做。

第7章

第四名　聽音樂

每月某一個週五晚間，一群中年大叔會在倫敦東南區佩坎（Peckham）一幢房舍裡聚會。他們人人蓄鬍，不過多數佩坎人也都蓄鬍就是。他們的職業五花八門，從教師、攝影師到喜劇評論家都有。他們揪團只為一項活動，一項他們認真以對的活動。不過，當他們在活動之前先在酒吧碰面時，每個人看起來都磨磨蹭蹭，儘管他們相聚於此顯然有個目的，卻沒有人急著趕赴當月指定的房舍。稍後有個人開始催促其他人上路。在這間屋子裡，他們各自在客廳找到可以放鬆休息的角落，手腳最快的人包下沙發與扶手椅，其他人則是三兩成群背靠著牆壁、坐在地板上。好戲即將上場，洗耳恭聽的時候到了。馬上就有人要播放唱片，但只有本月的「選片人」才知道是哪一張。他走向一張擺著銀黑色唱片轉盤的五十年代製餐具櫃，將唱針放在唱片上，音樂輕瀉而出。

這裡是黑膠俱樂部（Vinyl Club），相當於大叔音樂鐵粉的讀書俱樂部。讀書俱樂部是會眾每個月都輪流到其他人家裡作客，依序討論事先選定的書，不過黑膠俱樂部的規則比讀書俱樂部更嚴格，就我的經驗而言，讀書俱樂部花在聊八卦、喝紅酒的時間和文學評論不惶多讓。

音樂一起，全場立即鴉雀無聲，所有人都得閉上尊口，直到樂音終了；或是更精確一點的說法是，得聽完其中一面。唯有錄製主要歌目的A面放完，才放行在場所有聽眾初次表達他們對主人音樂品味的感受。俱樂部成員告訴我，如果少了這條規則，根本沒有人會乖乖把音樂聽完。他們都開始追憶自己第一次聽到英國齊柏林飛船合唱團（Led Zeppelin）、性手槍樂團（Sex Pistols）與大衛・鮑伊（David Bowie）或其他經典樂團、歌手的青少年時代。他們及時趕上的黑膠浪潮既好玩也重要，讓這群鐵粉可以完全沉浸在音樂中，充分體驗它的救贖力量。

音樂從心理層面影響我們，這一點無可爭議，因此我不打算在本章探究什麼要素使得音樂如此特別，我反而想要深掘如何將音樂的功能徹底發揮到位，以便從中獲得休息的種種證據。英國安娜佛洛伊德中心（Anna Freud National Centre）發表一項全新研究顯示，聽音樂是二十五歲以下的Z世代最常見的自我保健策略；但黑膠俱樂部讓我們看到，儘管成員歲數老得多，比Z世代多一倍，但音樂一樣有療癒作用。

莫札特、布勒搖滾樂團或任何你愛的音樂都行

先來一道明顯的答案：如果你希望音樂讓你感到輕鬆，請選擇自己喜歡的音樂。音樂品味因人而異的程度，比起風景偏好有過之而無不及，舉例來說，我們多數人都是二分法，會說自己喜歡海邊或山上。隨著音樂流變，我們對某些音樂類型的反感程度也會變得更強烈，甚至極端到倫敦的地鐵站單單只靠大聲播放古典樂，就成功阻止大批年輕人在某些地區的地鐵站流連忘返，這些據點剛好都是惡名昭彰的毒品買賣區。這些喜歡在街頭遊蕩的團體發現，古典樂實在聽不下去，寧可速速轉戰他處。當然，循規蹈矩的男女老幼也可能碰巧討厭這種音樂，不過這樣做真的超有效。就我個人而言，我還挺喜歡滿格音量播放義大利音樂家韋瓦第（Antonio Lucio Vivaldi）的音樂。

常有人說，古典樂是音樂達致之成就的巔峰。英國鋼琴演奏家詹姆士・羅茲（James Rhodes）在著作《關鍵音：沒有巴哈，我不可能越過那樣的人生》（Instrumental）中寫出俄國的拉赫曼尼諾夫（Rachmaninov）、德國的巴哈（Bach）等大師如何幫助他熬過極端的自殘、崩潰和成癮惡習。以下是他形容自己聆聽鍾愛的德國鋼琴家亞歷山大・隆奎希（Alexander Lonquich）演奏奧地利作曲家舒伯特（Schubert）的錄音作品〈第20號鋼琴奏鳴

曲〉的文字：

「音樂輕輕飄入你的耳中，輕易地占據你的心靈。我知道這句話聽起來很矯揉狂妄……但我在義大利城市維洛納（Verona）上完鋼琴課後第一次聽到這首曲目……忍不住在眾目睽睽之下為這位公開演出的天才潸然落淚。這是一道真實的提醒，世界上萬事萬物都是如此美好……隆奎希的樂響、驚人的技巧、讓整套奏鳴曲滲入身體內每一顆細胞，並讓你瞠目結舌、嘖嘖稱奇的能力是最罕見的壯舉。」[1]

考慮到古典樂的極致呈現可以激發出這類反應，難怪會有宣揚它能深遠影響我們大腦的說法了。所有最聞名遐邇的主張都與莫札特有關，其實你可能也聽說過所謂的「莫札特效應」（Mozart effect）：如果你聽莫札特，腦子就會變得更有料。坊間不乏成堆成打的書籍或CD鎖定新生兒、學步童，孩童、成人甚至「準媽媽」，誇口可以幫助我們駕馭莫札特音樂所具備的力量，進一步強化大腦威力。不過，每當談到聆聽莫札特可以讓你更聰明的確鑿科學證據，情況就複雜多了。

「莫札特效應」這句說法在一九九一年問世，直到兩年後一份公開對外發表的研究才讓它暴紅。莫札特無疑是天才，所以有人建議要是洗耳恭聽他精采絕倫的音樂，大師的一丁點智慧就足夠讓我們受惠良多。這聽起來煞有其事、極有吸引力，成千上萬對父母旋即開始在嬰兒耳邊播放《小夜曲》（Eine Kleine Nachtmusik）、歌劇電影《魔笛》（The Magic Flute）。一九九八年，美國喬治亞州長澤爾．米勒（Zell Miller）要求在州預算中預留一筆資金，好讓每一名新生兒都可以收到郵局寄送的免費莫札特CD。[2]

米勒州長的盤算並未納入動物，但或許他應該這麼做。英國心理學家兼《心靈神話》（Mind Myths）作者賽吉歐．德雷．薩拉（Sergio Della Salla）告訴我，他赴義大利一家參訪一家起士酪農場，主人自豪地解釋，自己一天照三餐對水牛播放莫札特的音樂，因為他相信這種做法有助牛兒分泌優質鮮奶。誰知道有沒有誰也正在做這種事？或許是金魚養殖業者或蘭花農？

「莫札特效應」擴大至這等程度，你可能會以為做出原始報告的研究人員一定早在一九九三年就已經發現什麼具體證據——其實沒有，他們甚至不曾宣稱自己有何具體發現。他們的科學論文就那麼薄薄一頁說明實驗內容，而且通篇都沒有使用「莫札特效應」這五個字。下一道驚奇則是，最早的研究根本未曾考慮納入孩童。就和許多心理學研究一樣，參與者都是研究生。[3]

以下是原始研究團隊實際執行的工作與最終的發現結果。他們設計三種情境，三十六名學生都接到完成一系列心理任務的指令。他們在執行每一場任務之前都得先聆聽三種隨機播放的內容之一：十分鐘靜默、十分鐘放鬆曲目或十分鐘莫札特的《D大調雙鋼琴奏鳴曲》。然後研究人員比較學生完成各項任務的分數，以便確認不同的音樂是否會刺激不同結果。

聆聽莫札特的學生，確實在完成某一項任務的成績格外出色。他們必須注視上頭雕刻著花樣卻被摺疊起來的紙張，然後預測打開這些紙張時，完整的花樣究竟長怎樣。這項任務執行難度比聽起來還要高，莫札特在這時也很給力，不過這股增強的能力持續時間——等著看我公佈吧——是整整十五分鐘。這個結果很難硬拗成一生都是超級天才，對吧？

話雖如此，從神經科學的角度來看，音樂有助我們在如此明確的事務上表現得更好，這一點仍然會讓人感覺興味盎然。有一道假設這麼說：音樂本身錯綜複雜的程度，有可能導致大腦中皮質神經細胞放電模型趨近於那些解決空間難題的放電模型。多年來，後續研究跟進追蹤、匯集後設分析，並重新分析另外十六項研究，證實聆聽莫札特的音樂確實有助暫時改善心智上處理外形的能力。[4]

因此，聆聽莫札特確實可以強化一項非常具體的任務，不過我得打開天窗說亮話，這可不是什麼非常有用的任務。只是說，你若真喜歡聽莫札特，那麼我可以合理猜測，加強心智上處理外形的技巧算是額外好處吧。不過，萬一你不喜歡聽莫札特的話怎麼辦？嗯，那也沒什麼好煩惱的。

就在那份後設分析發表幾年後，漸漸冒出一種論述，說是莫札特的音樂本身其實根本沒有什麼特別之處。二○○六年，另一項研究登場了，這一次它不僅納入孩童，受試者規模更遠超過三十六人，高達八千人，真是令人印象深刻。孩童們先聆聽三段十分鐘的摘錄音頻之一：莫札特的《D大調弦樂四重奏》、一段有關實驗的對話，或是三首歌混搭的音樂，分別是布勒樂團（Blur）的單曲〈鄉間別墅〉（Country House）、英國節奏藍調歌手馬克．莫里森（Mark Morrison）的〈麥克歸來〉（Return of the Mack），以及雙人樂團皮傑與鄧肯（PJ and Duncan）的〈踏腳石〉（Stepping Stone）。再一次，音樂改善孩童預測摺疊紙張打開後外觀花樣的能力，不過所謂的「莫札特效應」卻不敵布勒：聆聽莫札特的孩子表現出色，但聽混搭三首流行歌的孩童更搶眼，有可能是他們比較喜歡這段音樂。[5]

二○一○年，一項規模比較龐大的後設分析證實，聆聽音樂只會小幅改善空間感，而且其他類型的音樂和莫札特的助力約伯仲之間，這項研究的作者群甚至將他們的論文題名為《「莫札特效應」——哪有「莫札特效應」》（Mozart effect–Schmozart effect）。[6]一項研究發現，只要你能享受箇中樂趣，聽到有人大聲朗誦一小段作家史蒂芬．金（Stephen King）的小說內文時，改善空間感的效果其實與聽音樂不相上下。這項結果意味著，重點並不在於你聽到的精準段落，而是不管你聽到哪一段，你有多麼投入自己正在聆聽的內容。[7]你若想猜對摺疊紙張上頭的花樣，僅需那麼一點點認知覺醒——意思是，讓你的心智可以更活躍一點的機會。

「莫札特效應」的故事算是一記警鐘，提醒你下次聽到音樂的種種好處時別再照單全收。不過說到這裡，我們已經有點偏離主題了，因為我們當然不是想要尋找讓心智更活躍的音樂，而是要找更放鬆的音樂。那麼，有沒有充分的證據顯示，哪一種音樂最適合放鬆？

在此，有一項全新研究追蹤人們為了一夜好眠而選擇什麼樣的音樂類型，或許可以讓我們長知識。這種做法在二十七歲以下的年輕人比較常見，或許是因為年輕人更可能將手機放在床邊，伸手可及自己所能想像的所有音樂，也或者是因為他們比較不那麼可能和長期伴侶生活在一起。這場研究裡的受試者確實都想要睡覺而不是休息，不過在所有放音樂協助自己感受睡意的受試者中，九六％說他們覺得這樣做會奏效的理由是音樂能讓他們放鬆，許多人也同時回報說可以幫他們放空大腦、分散注意力，或者是讓他們翻騰的思緒平靜下來，這正與我們尋求放鬆、休息的目標相符。受試者有一系列的音樂流派可以選擇，其中三二％選擇古典樂，不到一％選擇走電子風的浩室音樂；最多受試者提到巴哈，接著是英國歌手紅髮艾德（Ed Sheeran），再來就是我們的老朋友莫札特。[8]重點在於他們是自己選擇音樂，於是網路上唾手可得、大概有幾百份號稱具有鎮靜／放鬆／催眠的播放清單，它們的功效就可能讓人不免起疑了——除非你對所有音樂來者不拒，否則別人挑的播放清單不會發生作用。

超過六百名受試者參與這項研究。通常要是研究結論奠基的受試者母數遠遠少於這個數字，我大半會持保留態度，不過端視實驗設計型態，有時候迷你型研究卻可能最具有啟發性。我最喜歡的研究之一是探討音樂與放鬆的關聯，總共只找八名芬蘭青少年參與，他們每個人都針對自己聽音樂的方式完成一場超過三小時的深度訪談，提供我們大量充沛的資料，足以更進一步理解一般人在生活中實際上是把音樂當成什麼用途。[9]其中有一項關鍵發現是，每當談到放鬆，他們聽的是哪種音樂似乎無關緊要，這一點再度獲得證明。[10]不過，這正是研究有意思的地方，這些最善用音樂改善情緒的青少年，所喜歡的音樂類型五花八門。

看起來似乎有一種兼容並蓄的音樂品味或許有助我們更適度放鬆，畢竟我們也有喜怒哀樂等各種情緒。有時候嚴謹的巴哈作品很管用，但有時候專走悲歌路線的美國創作歌手巴瑞．曼尼洛（Barry Manilow）才合拍，也可能車庫饒舌風是你的菜。我總是覺得英國播公司的節目《荒島唱片》（Desert Island Discs）來賓裡，聽起來生活最多采多姿的那幾位都是選擇多元風格的類型，從美國流行女歌手碧昂絲（Beyoncé）到德國音樂家貝多芬（Beethoven）全都聽。芬蘭青少年的研究結果似乎支持這道假設。

所以說啦，多樣性各有所好。但是音量、節奏會有影響嗎？

大聲或小聲？快板或慢板？

試想一下，你好心奉送自己的時間去參加一場心理學實驗，發現自己和另一名志願者共處一室，而且兩人都接到解決高難度字謎的任務。對方似乎很快就想出答案了，因為他高調地說：「你還沒完成嗎？」還毒舌補上一句，有點腦袋的人都可以輕鬆地解決字謎。然後這個討厭鬼開始大聲道出疑問，笑你要是連玩遊戲都這麼慢，是要怎樣考進大學，又補刀說你可能在校成績很差。最可惡的是，他們竟然有種批評你的時尚品味。

讀到這裡，你一定整個人氣噗噗，很想知道這個死傢伙是誰。當然，那是實驗刻意而為。這位「另一名志願者」其實是由研究人員偽裝，他的任務就是要確保你氣急敗壞，獲准自由臨場發揮、選擇可以故意惹惱你的題材，然後死纏爛打，直到你終於受夠了。

這種類型的研究已經很難獲准放行了，你聽到這句話應該鬆了一大口氣。這場研究是在一九七六年登場，由加州大學聖地牙哥分校心理學家弗拉基米爾·康涅（Vladimir Kone ni）

領軍完成；沒多久美國大學社會心理學家史丹利．米爾格蘭（Stanley Milgram）就展開臭名遠播的實驗，緊接著諸多道德相關的規範隨之出爐。米爾格蘭設計哄騙一群人，讓他們以為自己在他人身上施以足以致命的強烈電擊。我將「為了實驗而故意惹毛別人」有多可惡的決定權留給你，不過就我們的目的來說，如果想要發現音樂影響心情的程度，我們不得不依賴幾道幾十年前的研究成果。

康涅在發動所謂「打擊自我」的言論轟炸受試者之後，下一步就是提供他們聆聽各種類型音樂的選擇，有些吵鬧、複雜，有些則是輕柔、簡單。他們被羞辱之後，會選擇哪些音樂冷靜、平復心情？結果很嚇人。七九％受試者選擇輕柔、簡單類型；反之，另外一支對照組（玩字謎遊戲時沒有小屁孩言論來分心）所選擇的音樂則是各半。

這場康涅在一九七六年完成的研究，導出一項明確結果：正如你所想，當你備感壓力、渴望放鬆時，請放輕柔音樂來聽。不一定非是美國傳奇金嗓納京高（Nat King Cole）、刻意讓人放鬆的精選曲目不可，也可以是莫札特，但就是不要複雜的音樂類型。我個人滿喜歡德國作曲家卡爾漢茲．史托克豪森（Karlheinz Stockhausen），但沒辦法在緊張、不安的時候聽他的音樂。外子喜歡德國前衛搖滾樂團罐頭（Can），他們的音樂超級複雜、燒腦，所以也不是他想放鬆時聽的音樂。這真的與常識相符：如果我們的心情大好，就有餘裕接受考驗，聆聽各種複雜程度不一的音樂；反之，要是我們的心情跌到谷底，就有必要降低大腦知覺的程度，簡單的音樂是首選。

其實，不只是心情低落時會比較喜歡某些類型的音樂，當身體筋疲力盡時也有同樣需求。英國音樂心理學家亞德里安・諾斯（Adrian North）、大衛・哈格里夫斯（David Hargreaves）聯手完成一項研究，[11]他們將志願者分成兩組，其中一組的任務比較簡單，只要躺在被窩裡放鬆七分鐘就好；另一組則是騎腳踏車健身七分鐘。同一時間每個人還可以在「隨意地標示為流行音樂」的選項中，挑出快拍、嘈雜或是舒緩、輕柔的音樂。每個人可以決定自己想聽多久，如果想要切換類型也完全自便。

第一部分的研究結果可能不會讓你感到意外：受試者聆聽的音樂和他們接受的任務互相匹配，騎腳踏車的一方會聽快拍、嘈雜的類型，躺在被窩裡的另一方則是選擇舒緩、輕柔的音樂。不過，後來他們又找來一批對象進行第二回實驗，這次流程有一道關鍵差異：他們在任務結束之後可以選擇自己想聽的音樂，但任務期間沒得聽。結果截然相反，在這個情境下，躺在被窩裡的一方沒有表現出偏好，騎腳踏車的一方卻明顯偏好舒緩、輕柔的音樂。顯然多數騎士在激烈地踩完單車後筋疲力盡，只求放鬆休息，因此他們會選擇能夠幫他們放鬆休息的音樂類型；另一組受試者則是因為一直都是處於休息狀態，所以會根據之後想要繼續休息，或是想要活動振奮一下，而選擇不同的音樂類型。

情調音樂的用處

刻意將音樂當作試圖轉換心情的做法並不罕見，心情沮喪的人有時候會決定要手作一個所謂的「快樂音樂盒」，蒐集諸多可能有助他們在心情低落時感覺好過的小玩意兒。在這個小盒子裡，他們會納入各種可能提醒他們無論現在感覺有多糟，其實不會永遠都這麼低潮的小東西，因為身邊還有很多人珍視並珍愛他們。這只音樂盒可能會涵蓋度假時後拍攝的照片、遠方朋友寄來讓他們會心一笑的卡片、一雙個人最喜歡的襪子、一條聞起來很舒服的護手霜、一塊巧克力、一張恭喜他們過往成就的短箋，甚至是一些包裝用的泡棉，純粹是用來體驗壓爆的愉悅感。大多數快樂音樂盒還會有一樣東西，那就是一張可以讓主人感覺快樂一點的CD或是音樂清單。

我們也可以借用這道點子打造自己專屬的「休息盒」，放進一些或許有助我們平靜、放鬆的小物，或許是薰香蠟燭、個人的愛書，幾乎肯定是包括一些音樂；也或者我們已經在客廳與臥室散放這些小物，試圖把這裡打造成一座放鬆神殿。

不同類型音樂會影響我們的心情，研究結果已經針對這道主題產出一些一般通則。[12] 不意外的是，大調音階、快板、洪亮的音樂類型最容易激發興奮之情，若使用了非對稱的節拍會讓效果更強；快拍、節奏流暢、高音階、洪亮的音樂類型，則有促發快樂感的作用；輕柔、舒緩、節拍明確的小調音階配上不協和音程，則會引發悲傷感。不過對我們而言，最重要的發現是，舒緩、節奏流暢、協和音程的大調音樂，是最可能製造寧靜感的音樂類型。

同樣的，多數人對這則發現並不會意外，各式各樣正在進行的研究都是在證實我們的直覺。我們也得記住，這些只是一般通則，不必然是在每種情況下都適用每個人。尤有甚者，實際上當我們覺得需要休息時，其實不太可能坐著觸碰螢幕滑上滑下找清單，也不會搜索過往的選集，只為了找出完全符合一首「舒緩的大調音樂，節奏流暢、音程協和」的曲目，我們只會找出一首大致上符合這種標準的曲目，以前放這首歌時很管用，而且至關重要的一點，就是我們愛聽這首歌。

心理學家塔比莎．特拉漢（Tabitha Trahan）曾完成一項研究，調查各種人們用來協助自己入眠的音樂，並據此強調如果我們試圖命名「最完美的催眠曲」，那就需要遵守幾項特定的心理聲學準則，不過同時也多少必須依循個人喜好量身打造。同理也可適用在找出「最完美的放鬆曲」，證據顯示那些已獲證明最有抗痛、抗焦慮劑效果的音樂，應該只能由我們自己揀選，而非任由他人決定。抗焦慮劑這個藥學名詞的意思就是「減輕焦慮」。

最出色的情緒和音樂相關研究，則採用一套被稱為經驗取樣法（experiencing sampling）的技術，要求受試者只要一有活動和情緒就要實時記錄。瑞典烏普薩拉大學（Uppsala University）心理學家派崔克·裘斯林（Patrik Juslin）提供一組學生一樣掌上型設備，要他們無論走到哪裡都要隨身攜帶。[13]每天上午九點到夜晚十一點，這項裝置會不定時發出信號聲，只要一聽到就必須填寫一張出現在掌上型設備的問卷，像是他們有沒有在聽音樂、除此之外當下也正在做什麼，以及此時此刻所感受到的情緒如何等。認真履行的學生就這樣協助完成兩個星期的實驗。

六四％受試者在嗶嗶聲響起時剛好正在聽音樂，他們都同意音樂會影響情緒。對於正在尋找放鬆休息之道的人來說，知道受試者在聽音樂時多半感覺心情平靜，想來會覺得很欣慰。尤有甚者，研究中的受試者都說，當他們有意識地聆聽帶來放鬆感的音樂時，當下感覺最平靜。

芬蘭青少年可以教我們許多使用音樂幫助自己放鬆休息的經驗。他們有些人說，音樂同時間可以讓他們感到放鬆、提供他們精力、讓他們煥發活力，也做好出門的準備。有時候這是刻意為之。為了讓自己煥發活力，愛麗絲說：「我會全心全意地唱出美國另類搖滾樂團殺手（Killers）的歌。希望那時候鄰居不在家。」要是我們覺得有必要休息，或許應該最先試試平靜、傳統上來說有助放鬆的曲目，然後等我們開始覺得精神抖擻了，再移向比較充滿蓬勃朝氣的類型。我們甚至可以自創一張「放鬆歌單」，讓我們從深度放鬆漸進精氣復元，歌單上的每一首歌當然都要是我們的愛歌。然後面對下一道問題：什麼時候聽。

如果你一整天過下來感受到的是輕度壓力而非強烈壓力，之後想要做點事來好好放鬆，有幾項研究建議聽音樂的最佳時間是傍晚。當然，對我們許多人來說，從離開公司到抵達家門的這段時間，就是個人可以掌握的第一道機會。如果你是在餐廳或零售門市工作，有可能一整天都在聽背景音樂，但你已經不想再聽這類音樂了，因為它有可能是誘發壓力而非舒緩壓力的選項。在這種情況下，傍晚回家時播放一些你真心喜歡的音樂，當然有可能幫助你減輕壓力，而且讓你感覺更放鬆。我很確定，這是一種有意識的聆聽，亦即經過選擇的聆聽，正是「休息測試」的受試者將聽音樂當作前十大放鬆休息之道的原因。

不過在一天結束之際，你放音樂的動機或許會影響它可能達成的效果。有一項德國研究顯示，把音樂當成屏蔽念頭的手段有可能會適得其反。在這項研究中，研究人員不只量測，學生在日常生活中聽完音樂後的主觀壓力水準，還要求他們蒐集唾液樣本並倒入試管中，然後冷藏在冰箱裡。[14]幾天後，他們測試唾液裡某一種賀爾蒙和某一種酶。如果受試者專門是想要藉由聽音樂幫助自己放鬆，壓力荷爾蒙皮質醇確實會降低；但另一方面，當受試者聽音樂是因為他們希望分散注意力、不想燒腦，情況恰恰相反。

二十多歲的我認為聽古典樂音樂會真是一項苦差事，很驚嘆在座的其他聽眾似乎都心迷神醉、全神貫注。他們幾乎文風不動，完全沒有顯示出一絲焦躁不安的神態。我假設他們全都聚精會神地聆聽樂曲的每一小節、大提琴手的每一次拉弓，然後我想，自己大概是完全沒辦法專心一致了。我的思緒會遠遠飄離正在眼前熱烈演奏的音樂四處漫遊，我努力地想要把它拉回現場來。

但是後來我熱愛音樂會的伴侶告訴我，思緒漫遊無關對錯。他還說，事實上，音樂會的重點之一就是聽音樂會讓你的思緒自由。你的人坐著不動，稍微放空，就會感覺自己好像漂浮起來，然後三不五時會回來更熱切地聆聽、欣賞，但沒多久又會再度飄遠。對我來說這是一個轉捩點，現在我發現參加音樂會遠比以前輕鬆多了；諷刺的是，我懷疑自己實際上也聽得更專注了，因為我不再給自己專心聆聽音樂的壓力。

上次我去皇家亞伯特音樂廳（Royal Albert Hall）參加一場聽眾可任意走動的逍遙音樂會時，隔壁的男士幹了一件更誇張的事情，他竟拿起電子閱讀器看起書來。我不禁分心猜想他到底在讀什麼書，不過他看起來是完全沉迷其中。美國休士頓大歌劇院（Houston

Grand Opera）音樂總監派崔克・薩默斯（Patrick Summers）曾述說一則故事：倫敦西區柯芬園（Covent Garden）的皇家歌劇院（Royal Opera House）正在上演歌劇《帕西法爾》（Parsifal），他坐在正廳前座，整場演出期間一名坐在他前方的女性老是埋頭發送簡訊。「劇場引座員試圖阻止她被拒絕，身邊的同伴們試圖勸告她也被拒絕。最終，每個人都放棄不管她，將注意力轉回華格納的作品。」[15]

派崔克顯然對這種行為非常詫異，尤其是考慮到發送手機簡訊可能很干擾兩旁聽眾，這名女性竟然會對同行的歌劇友伴如此失禮。但現在我們總算知道了，華格納歌劇豐沛的音樂配上發送簡訊給朋友的樂趣，也許正是她放鬆身心的完美方式。搞不好當時她就是在跟朋友炫耀自己正在柯芬園觀賞華格納的歌劇作品呢。

聽音樂要獨樂樂或眾樂樂？

我們從研究中獲知，與其他人同場聆聽音樂可以放大音樂所引發的情感。我敢打包票，黑膠俱樂部的大叔們將會同意我的看法，我自己也十分確定如此。我從來就不喜歡觀賞電視播出的格拉斯頓柏立表演藝術節（Glastonbury Festival），因為感覺自己好像被排擠無從參與。置身現場的觀眾顯然正在享受更強烈、更愉悅的體驗，遠非我可以比擬。

當音樂散播快樂情緒時，好比是在格拉斯頓柏立表演藝術節所感受的氛圍，對外傳播即為一樁美事。這就是為什麼每逢格拉斯頓柏立表演藝術節的官網開放售票，常常即刻秒殺的原因；這也是為什麼鐵粉都心甘情願掏出幾百英鎊遠赴英國西南部小鎮，在泥濘沼地上紮營四天的原因。他們想要融入這場節慶的集體歡樂氣氛與激情，想要切身體驗；像我這樣不得不在家看轉播的人，是無法獲得相同感受的。

但如果音樂是哀傷、悲情的類型，又該怎麼辦？幾十年來，家長總是擔心青少年老是窩在房間裡一起聽些父母輩覺得哀傷的音樂，特別是如果這些青少年傾心某些特定的亞文化，好比暗黑憂鬱的歌德搖滾（goths）或情緒搖滾（emos）。那些父母的擔憂有道理嗎？我自己是有經歷過歌德搖滾的歲月，花了很長一段時間和同儕鐵粉狂聽英國樂團慈悲姐妹（The Sisters of Mercy）、使命（The Mission）。我很想說，當年的音樂選擇並未對我造成任何傷害，但這類習慣現在已經成為心理學家研究的嚴肅課題，而且他們的理由很充分。我們都知道，「反覆默想」這種行為和日常的擔憂不可一概而論，因為那是指一個人耽溺於一遍又一遍地回想同一件事，完全聚焦自己的痛苦感受與可能的肇因，而非任何解決方法，這和憂鬱症甚至風險升高的自殺可能性息息相關。

澳洲心理學家珊卓拉．葛莉多（Sandra Garrido）著手調查一群人聆聽哀傷音樂的時數長短，是否會導致某種形式的集體反覆默想行為，或者這些總合時間其實可能帶來相反效益，提供群體支持和陪伴感。葛莉多為了自己這場研究，在心理健康和憂鬱症網站召募住在澳洲、英國與美國的受試者，其中幾乎半數當時處於輕度至重度憂鬱症狀態，另一半則是過去可能經歷過心理健康問題，但是在研究進行當時沒有沮喪感。他們全都得填寫問卷，表明他們所有項目同意或不同意的程度，好比「聽音樂會讓我回想起生活中的悲傷故事」，或是「我在悲傷時聽的音樂正好提供我一道放手悲傷的理由」。他們也會針對置身小組中聽音樂有何感受，像是「有時候當我和朋友在一起，我們會反覆不斷地重新播放同一首歌」，或是「我朋友和我都喜歡討論，我們聽的音樂有多麼貼近我們當前的生活」。每一名受試者都被要求找出一首自己在傷心時必聽的歌曲，這一步為研究人員提供一份歌曲清單，讓他們可以深入分析哀傷的歌詞情境。

研究發現令人既震驚又擔憂。[16]憂鬱症的受試者確實真的比較常聆聽歌詞意境偏向暗黑的歌曲，他們與研究期間沒有憂鬱症問題的受試者比起來，更傾向於找朋友一起聽而非單獨自己聽，也更可能在放音樂的時候反覆默想。遺憾的是，儘管大多數人都說，聆聽悲傷的音樂會讓自己的感覺好過一點，原本就已經沮喪的受試者卻表示越聽感覺越糟。所以如果你在憂鬱的狀況下聽哀傷音樂，特別是和別人一起聽的話，顯然是個壞主意。不過實際上這項研究的意涵更加細緻隱晦。因為這場研究發現，容易焦慮的人和別人一起聽音樂的確受益良多，或許是因為和小組裡的其他人產生連結，有助他們處理自己的焦慮情緒。

我們之中還有一些人天生運氣好，從未被焦慮或憂鬱症纏身，他們又如何？和別人一起聽音樂或自己獨享會重大影響這些人的情緒嗎？以及，具體來說，團隊經驗是否會讓人更放鬆？或者獨自聽音樂會更有效？在瑞典的研究中有解答上述問題：人們先獨自聽完音樂，再與伴侶共享音樂後的時刻最感平靜。同理，芬蘭青少年也明確表示，要是他們過了壓力爆表的一天，想要找樂子放鬆然後煥發精神的話，獨自一人聽音樂比較有效。這麼做讓他們可以遠離人群，反思自己的這一天並從中找到慰藉。

上述諸多研究都顯示，若想放鬆，在家聽錄製的音樂最好不過了。不過，這種做法並非體驗音樂的最佳之道。認真的音樂家肯定同意這道想法：當你心無旁鶩聆聽音樂時，音樂的力量最強大。前面提到的休士頓大歌劇院音樂總監派崔克・薩默斯當然是屬於認真的音樂家類型，他的著作《此處的精神：音樂如何照亮人類精神》（The Spirit of This Place: How Music Illuminates the Human Spirit）[17]中一貫提出大膽主張：「我相信，聆聽的藝術或許是地球上最重要的藝術；在這些技藝中，嚴肅的音樂特別能教會我們帶著專注度、理解力與柔軟性洗耳恭聽。」

但是，派崔克絕對不建議最好的聆聽之道是獨樂樂。正如你所預期像他這樣的藝術家會怎麼主張，他認為體驗音樂最佳之道就是動手玩音樂，然後是現場感受音樂，最後才是最不推薦的錄音版本。我敢肯定這麼做必定收穫良多。我自己親身感受過最深刻的音樂體驗，涵蓋徹底撫慰和放鬆的感覺，那是發生在我置身音樂廳、完全沉浸在聽音樂的體驗。不過，我們可以花在參加現場演奏會的時間非常有限，雖然從某些方面來說這可說是一道詛咒，不過因為現在幾乎所有音樂都可以錄製了，我們還是很慶幸生活在這麼一個能夠即時、隨時且隨地聆聽音樂的時代。

因此，要是你想要藉由聽音樂幫助自己放鬆休息，看起來無論你是獨樂樂或是眾樂樂其實都不怎麼重要，反而是你選擇合適的環境和音樂類型比較重要。至於所謂合適的音樂類型，且容我再次強調，我的意思是你個人偏好的音樂類型。

美國搖滾樂團臉部特寫（Talking Heads）主唱大衛・拜恩（David Byrne）肯定會同意這道規則。他在自己的暢銷書《製造音樂》（How Music Works）的結尾處說，自己喜歡的音樂是可以從「旋律、僵硬結構與和諧的監獄」中解放出來的類型，不過他也喜歡遵循這些準則的音樂。他拒絕為任何音樂類型排定優先順序。

現在我要拾人牙慧，借用拜恩的另一道觀察來結束這一章。他在著作前面章節裡指出一道重點：我們的世界處處是音樂。「我們以前非得花錢才能聽音樂或是買下擁有權，玩音樂、聽音樂並體驗音樂都是非同尋常、罕見又特殊的體驗。現在聽音樂卻是無所不在的行為，寂靜反倒成了稀罕珍寶，我們還得花錢才能細細品味。」[18]或許在這個眾聲喧嘩的世界，可以讓人感到最放鬆休息的聲音就是寂靜。

第8章

第三名　我想獨處

我從未獨居，上大學前都和父母同住，再來先與朋友分租公寓，後與伴侶共居。結果是，如果我得一個人顧家幾天，倒是挺享受獨占整間房子的新奇感覺。我會細細品味平和與寂靜，但往往為時短暫，很快就會踏出屋外，到前庭為植物摘心或澆花。不單單因為這是例行工作，更因為我知道鄰居甚或陌生人都會停下腳步湊過來閒聊。

獨處的奇妙在於時間感拉長了，白日拖沓、長夜漫漫。在我出版一本關於時間知覺的心理學書籍後，我很清楚時間如何、為何會扭曲，但是每當它發生，我還是不免覺得驚訝。

矛盾之處就在這裡。當我與自己獨處一整天，為何彷彿時間多了幾個小時，完事項目卻反而少了？我會睡懶覺、熬通宵、滑手機，看電視時間也比平常多；我會更不忌口，而且至少要到隔天才會動手清理鍋碗瓢盆。因為我不用徵求任何人同意或考慮他人需求，結果是自由更多、目的卻更少，讓我整天都有些惶惶不安。

然而，獨處的感覺無疑很特殊，甚至很神奇，總是會讓我更舒心放鬆。每當外子出遠門返家，我總是滿心歡喜迎他入門，但那種感覺就像是回到正常生活常軌。對我來說，正常生活往往是充實、忙碌而且人際互動頻繁。

人類已經進化為社群性動物，合作對我們的生存與成功至關重要。遠古先人置身初具雛型的早期社會，很快就發現自己經常身歷險境、遭野生動物撲擊，或是在敵族來襲時被捨棄。隨著社會規模壯大、經濟日益複雜，對於合作、互信和建立關係的需求只會與日俱增。人類唯有自謀其利才得以茁壯的觀念，早已被無數的人類學家、社會學家和經濟學家的研究所推翻。

知名英國學者理查・威金森（Richard Wilkinson）和凱特・皮克特（Kate Pickett）曾出版暢銷作品《社會不平等》（The Spirit Level），他們在最新續作《收入不平等》（The Inner Level）中廣泛擷取相關領域和日益演化的神經科學證據，歸納出以下結論：「人腦顯然名副其實是個社會性器官。社會生活的種種要求驅策它的成長和發展。」事實確實如此，因為我們彼此間的關係品質，往往是生存、幸福和生育成功的關鍵。[1]

出於這些理由，我們進化成可以在艱難或痛苦情境下自行找到生存之道的人種。這種痛苦有其重要性，在演化上有其用途。美國社會神經科學家約翰・卡喬波（John Cacioppo）主張，孤獨感造成的傷害會帶來正面好處，因為它向我們發出信號，提醒該主動尋找新朋友或想辦法改善既有關係，並敦促我們與他人保持聯繫。他將孤獨的感受比喻成口渴：你若口渴必會找水，你若孤獨定會尋覓他人。幾千年來，人類藉著相互合作的群居生活確保安全並過得更好，因此具備這種驅動我們與他人建立關係的生存機制，自是順理成章的發展。[2]

不過，儘管有諸多演化和社會因素，儘管對付孤獨這道無疑會造成痛苦和壓力的問題近來備受關注，實際上還是有很多人渴望孤獨，甚至除非他們真正找到疏離之道，否則難以安休。法國存在主義大師沙特（Jean-Paul Sartre）曾說過這句名言：「他人即地獄。」「休息測試」的結果確實暗示著，如果我們正在尋覓天堂一般的平靜，單憑一己之力就能找到。在這項調查中，前五大休息活動經常是個人便能獨自完成，拜訪朋友、家人或社交活動甚至擠不進前十名。有些人甚至直白挑明，獨處就是他們最感到舒適放鬆的休息活動，尤其是三十歲以下的女性。

你也許會想：「嗯，這都取決於人們的社交能力吧？性格內向的人可能會渴望獨處，但外向的人肯定不會吧？」

然而，當我們在「休息測試」中調查性格因素時發現，即使性格外向的族群也認為比起與他人共處，獨處時間更為閒適放鬆。不過，他們比性格天生內向的族群更不為疏離感所吸引，這一點倒也沒錯。

所有人都渴望不多也不少的獨處，而且只在特定時刻才需要。我們完全可以理解威廉·華茲華斯筆下「浪跡若孤雲」的樂趣，以及當他回想起在野外躺椅上，若有所思望著那些水仙花時所體驗的「獨處的至樂」。值得注意的是，他將水仙花形容是「歡快的同伴」，當然，詩人經常獨自行經湖區（Lake District）的峰巒之間，也常常與友人柯立芝（Samuel Taylor Coleridg）及其胞姐桃樂絲（Dorothy）大步漫遊。一如既往，平衡和選擇是我們如何看待獨處的要素。在此引述諾貝爾文學獎得主柯蕾特（Sidonie-Gabrielle Colette）這位偉大法國女作家名言：有時獨處是「醉人的酒」，而在其他日子裡，它是「苦澀的通寧水」。[3]

是孤獨，還是單獨？

如今住在都會區的人遠多於過去任何時期，免不得四周都是人；現代化通訊技術也讓我們全天候連結上線，讓我們感覺彷彿幾乎沒有獨處過。然而，這實際上是錯誤印象。平均來說，在我們清醒的時候，大約有二九％的時間是獨自一人。[4]這個事實值得我們停下來深思一番。

上述獨自一人的時間，很多時候並不受我們喜愛。我們獨自坐在電腦螢幕前做著無趣的工作，或是擠火車、地鐵或公車獨自返家。我們不認為這是優質的「個人時間」，而且這些時候大多數也不具備閒適寧靜的氛圍。有一項研究在一整天的時間裡隨機向受試者發出嗶嗶聲，要求他們每次聽到就抽取唾液檢測。結果顯示，在他們獨處的片刻，壓力荷爾蒙皮質醇的平均濃度比較高；此外，毫無意外的一點是，那些不僅在客觀環境中處於孤立狀態，身心也感到悲傷和孤單的人，皮質醇的濃度比較高。[5]

美國心理學家克里斯多福・隆恩（Christopher Long）和詹姆斯・艾佛瑞爾（James Averill）發現，你若想避免淪於真正的孤獨，就必須記得你與他人曾有過許許多多有意義的連結。[6]傑出的歷史學家芭芭拉・泰勒（Barbara Taylor）告訴過我，她要求學生們捫心自問，當他們一個人時，誰的身影會出現在腦海中？多數人在長考後回答「他們最愛的人」，有一些人則說「與神同在」。

如果你覺得自己和真正了解你的人之間欠缺深入交往，或者你不相信這世上存在更高等的生命能與你殊途同歸，那麼無論你是否獨自一人，孤獨感都會迎面襲來。疏離固然會使人感到孤獨，但你在一生中所建立的人際關係品質（並非僅指現下與他人同在），正是你是否會感到孤獨的決定性因素。不過，數量也是個因素。當人們渴望擁有的閨密數量與實際擁有的數量顯見落差，這種錯配感也會觸發孤獨感。

美國愛荷華州立大學（Iowa State University）的研究人員發現，大學生擁有的閨密數量接近他們理想中的數量時，孤獨感就降低了。[7]這個數字高或低並無所謂，因為都是主觀判斷，但是如果一個人覺得自己生活中的品質關係出現赤字，就比較容易感覺孤獨。研究人員還發現了一些自己都驚呆的事實：當大學生擁有的朋友數量超出自己渴望的數量時，孤獨感又出現了。或許他們發現朋友太多反而是負擔，也或許儘管他們認為自己與這些朋友關係親近，其實貌合神離。不過對我們而言，最有趣的假設是或許這些大學生被朋友圍繞，以至於他們覺得自己沒有足夠的時間獨處。

在「休息測試」中，我們問受試者：孤獨的反義詞是什麼？三分之一的人答不出來，但是再答得出來的人當中，最普遍的回答是滿意的社會關係，其次是幸福和友誼。後來，有一天我認識的音樂家尚恩．歐哈根（Sean O'Hagan）在街上叫住我，他說自從聽過我談論關於孤獨的廣播節目後，便落入解題的魔咒。最後，他漂亮地總結：「孤獨的反義詞，就是想要花點時間獨處。」

也許他說對了。不感到孤獨的真實表現，也許是渴望獨處。

形單影隻會失去自我

獨自一人的狀態會影響我們的自我感覺，也可能引發正面或負面效應，一切取決於孤獨的程度。讓我們稍微探究最極端的一人世界，也就是駭人聽聞的終極懲罰：關禁閉。

某些曾經被關禁閉的囚犯說，當他們第一次獨自一人移入牢房時，最先的感受是可以擺脫其他囚犯、獲得些許平靜的解脫；有時候會做做白日夢，有時候就只是休息。但是，這趟始於心智漫遊的旅程會以玻璃心碎滿地告終。一名曾在北非以政治犯身分遭隔離數月的男性塔比爾（Tabir）對我說：「沒有人知道你在裡面，所以你根本就什麼都不是。零存在感。」

塔比爾的牢房裡面沒有床或廁所，只有一扇開在高處的小窗。漫漫長日在靜默中流逝，直到夕陽西下。接著，整間監獄開始喧囂：其他囚犯正在接受酷刑折磨鬼哭神嚎，陣陣叫聲儘管悽慘無比，但塔比爾發覺某種程度上哭喊聲提供安慰作用，因為它們提醒他，他仍與其他人生活在這個世界裡。[8]

美國加州大學聖塔克魯茲分校（University of California, Santa Cruz）心理學教授克雷格．海尼（Craig Haney）研究隔離監禁對加州超級監獄的囚犯有何影響。他們囚禁在州立鵜鶘灣監獄（Pelican Bay State Prison），其中超過一千名苦蹲單人牢房，而且有些人被隔離監禁十多年。你若聽說這種景況完全與休息放鬆八竿子打不著，想必也不驚訝。

每名囚犯的反應都不一樣。有些人自從聽到牢門在身後鎖上那一刻起，就體驗所謂隔離恐慌的驚懼感；其他人則發覺，他們一開始還扛得住，但會日漸沮喪失望。時間一拉長，缺乏刺激還會減損囚犯的認知能力，他們開始想不起過去的事。海尼曾親眼目睹過的案例是有人永久失去自我意識：「我眼睜睜看到極端情況發生，有人的自我認同被嚴重破壞甚至摧毀，以致他們再也無法重建它。」

在日常生活中，我們經常借道與他人互動的方式建立和重構自我身分，因此，與他人完全切斷聯繫會使某些囚犯懷疑自己是否依然存在。現代主義作家大衛．馬克森（David Markson）在精彩的小說作品《維根斯坦的情婦》（Wittgenstein's Mistress）中探索這道概念，書中唯一的主角凱特（Kate）是世上唯一尚存之人。凱特的內心獨白不斷鬼打牆，繞回到關於存在的意義，以及如果你是唯一存在的人，你是否真正存在的問題。然而，馬克森呼應前面我們所探討的「是孤獨，還是單獨」，也讓筆下的女主角思忖：「在一切發生前，她早已不知不覺地像現在這般形單影隻了。」[9]

為了緊緊抓住自我的感覺，塔比爾徹夜都在喃喃自語或低吟。有時他刻意發動所謂「囚房抗爭」，挑釁警衛肢體衝突，圖的僅是感受一點人與人間的互動。例如，他如果不服從命令，拒絕繳回清空的食物托盤，就會有一群武裝警衛集結到牢房制服他。雖然這麼做免不了招來一陣皮肉痛，但是這類事件至少能讓他接觸到人類同伴。

整段監禁期間，塔比爾就像二戰時期位於波蘭南部的奧斯威辛集中營（Auschwitz）倖存者維克多．法蘭可（Viktor Frankl）一樣鐵了心，無論警衛對他做什麼，都無法「戰勝他的心智」。他對我說：「不論你做什麼，千萬不要放棄鬥志，永遠微笑、幸福以對，絕不懼怕任何人。」最終，塔比爾在保外就醫期間設法從看守者眼下逃脫，前往英國尋求庇護。

儘管極端的隔離監禁會導致身分喪失這種非同小可的後果，但如果我們選擇花一點時間，採取比較溫和的方式獨處，就有可能切身體驗到一種有利無害、類似忘卻自我的感覺。選擇獨處的好處是你不會身不由己。你可以擺脫他人的指點，任由心智漫遊，檢視真實的自我和想法，即有些人口中的重新認識自己。這合理解釋人在生命中總有時候會面臨關鍵決策，此時人心之所向便是抽身而退、遠離一切。

美國有一項針對十八到二十五歲青年的研究發現，獨處與較強創造力相關。[10]如果思及前面探討白日夢帶來的好處，這套推論的確有道理。做白日夢能促進創造力，一旦有外人在場就會好夢難成；獨處提供心智胡思亂想馳騁漫遊的空隙。獨處還可以使我們有機會反思生活中發生的事、探索往日回憶，進而幫助我們處理情緒，期盼自己可以在思考未來時做出最完善的決定。

上述研究引發商界出現一道呼籲，要主管別再埋首無盡會議、電郵回覆，或是屈服於「此門常開，歡迎指教」的政策，反而應該要多花點時間獨處，以利日後自身做出正確又合乎情理的決策。[11]一九五〇年代末期至一九六〇年代初期，時任英國首相哈洛德．麥米倫（Harold Macmillan）有個眾所周知的習慣，即每天抽出一小時獨處，閱讀英國作家珍．奧斯汀（Jane Austen）或安東尼．特羅洛普（Anthony Trollope）的小說。我頗為納悶，近來歷任首相可曾有過這等機會。

在這些情況下，獨處是暫時忘卻自我、開啟新思維的契機，不因旁人落入分心的迴圈。這並非是我們希望一直或長期存在的狀態，但是偶一為之無疑有益我們的健康，還可以幫助我們恢復精力。

是獨處，還是孤寂？

真正重要的是，你對於獨處時間擁有多少主控權。選擇獨處與別無選擇可謂天差地遠。無論你多麼善於交際，若能自主選擇獨處的時間和方式，一定就能享受獨處時光；無論你多麼內向，非自願的獨處終究會讓你孤單、寂寞、覺得冷。

孤獨的問題最近引起媒體廣泛報導。英國甚至還設立孤獨事務部長（Minister for Loneliness）以跨部會解決這道問題。我在英國廣播公司第四台發起孤獨實驗，與三名來自英國大學和衛爾康博物館的心理學家共同邀請聽眾完成一項調查。[12]儘管回答問題的過程冗長，填寫一份問卷往往要花上三十到四十分鐘，卻有世界各地五萬五千人參與其中。這麼熱烈的回應讓我們非常驚訝，也反映出人們有多重視這道主題。

有人說孤獨就像流行病一樣橫行全世界，這句話說得對極了，因為孤獨人口數正在攀升，但這僅僅是因為現在全世界的人口變多了；至於比重，情況比較複雜。每當我們想到獨居者，腦中最先浮現的畫面往往是老人的形象，坐困家中，週復一週未見一人，耶誕節也自己過。這是許多老人的現實，但是倫敦布魯內爾大學（Brunel University）老年學家克莉絲汀娜．維克多（Christina Victor）研究英國一九四八年以來的數據發現，七十年來，長期孤獨的老年人比率維持穩定，其中六％至一三％受訪者說，他們無時無刻或絕大部分時間裡都感到孤獨。[13]

此外，我們的調查也真實反映出其他幾項研究發現。年輕人表示，自己經常感到孤獨的比率高於老年人，中年人則介於中間。正如我之前所說，這不代表我們對孤獨或疏離的認知。事實上，參與調查的受訪者中有八四％認為自己將會或可能感到孤獨，但是他們也說了，回首過往，他們一生中最孤獨的時光其實是在少年十五二十時。

可能的解釋是，也許我們年輕時就已經發覺獨處並非易事，隨著年歲漸增與調適而越來越能自如應付獨處，同時更加渴望獨處。我們也可能越來越懂得享受獨處所帶來的閒適和放鬆感，這一點或許和我們調節情緒的能力提升有關。邁向垂暮之年最大的好處之一，就是一旦事情走歪樓，我們比較懂得自我安慰。這就像嬰兒逐漸學會如何安撫自己，在中途醒來時讓自己重新入睡（同時讓疲憊的父母大為寬慰），以及孩童慢慢學習以分散注意力或設法客觀看待事物的方式來趕走壞心情。

成年後，我們調節情緒的能力會繼續進步，經年累月的經驗使我們洞悉到，我們的感受不會總是原地打轉，一定能找到方法讓自己好過一些。我思忖，這些技能是否與孤獨密切相關？也許我們只是變得更加習慣處理不愉快的感覺，並從中學到這些情況多半只會延續一小段時間。又或者，我們會採取行動緩解情緒，好比認識新朋友或找到重拾友誼的方法。

無論手法，我們終究減輕孤獨感了，付諸行動才是重點。長期的慢性孤獨感與身體不健康有關。仔細審閱研究報告後，我們發現那些自承長期處於孤獨狀態的人，罹患心臟病和中風的風險高出三分之一、[14]血壓較高，[15]平均壽命也較短。[16]這些都是極為嚴重的後果，但是它們有許多是跨領域、短期剪影的研究結果，我們無從確定因果關係。讓人不快樂的孤寂之所以會導致更多疾病，可能是源自體內發炎反應增強所致，但也有可能是反其道而行，先有健康狀況不良造成人們無法外出，導致他們變得與世隔絕和孤獨。又或者，這些統計數據所描繪的孤獨群體比較不健康，是因為孤獨感使他們失去照顧自己健康的動力；當然，這也有可能是相互影響。

儘管孤獨與健康之間的關係剪不斷、理還亂，但是研究絕對可以揭露任何曾經感到孤獨的人所體會的經驗：孤獨顯著影響幸福感。充分的證據顯示，孤獨可能引起悲傷，進而影響睡眠品質，[17]還可能導致越來越孤獨的惡性循環，亦即因為感到太孤獨，於是退出社交場合，卻又極度敏感任何可能被拒絕的跡象，因此進一步落入感到更孤獨的困境。研究顯示，如果一個人自覺孤獨，一年後他比較容易出現憂鬱症症狀。[18]

我們往往視孤獨為現代生活的弊端造成的現代現象。當今我們生活在疏離社會和互不聯繫的社區中，但是專門研究孤獨和獨處的歷史學家芭芭拉．泰勒指出，自古以來，孤獨這種不愉快的情緒就已形諸於文字，即使當時使用的字彙不是「孤獨」這個字眼。十七世紀之前，孤獨（lonely）這一詞鮮少用來形容人，反倒更常用來描述相互分離的事物，例如一棵樹或一棟建築物，或是像前面華茲華斯筆下那朵孤雲。歷經幾個世紀，隨著現代世界如同疏離之所的概念成形，孤獨一詞逐漸擴大適用範圍。

整體來說，雖然孤獨給人負面的感覺，但正如泰勒所說，判定孤獨的效益與價值為歷史學家帶來重大挑戰，因為過去幾個世紀它有許多種意涵，有時是否定消極，有時卻是正面積極。十八世紀以前，孤獨常是指涉鄉間生活。有錢人會說是「退隱幽居」，意指動身前往鄉村莊園；然而，他們並非獨自一人上路，除了員工之外，他們還會攜家帶眷，親密友人也經常隨行。遠古時期有一種觀念：唯有獨處能帶領心靈尋求真理。對哲學家來說，獨處沒問題，因為他們就像眾神可以單憑一己之力活下來，但是對教育程度比較低的人來說，獨處卻很危險。[19]這段描述符合泰勒在歷史上某些階段的發現，那時候認為孤獨違反自然定律、甚至不道德。「他們是遁世者、利己主義者，對普通人來說毫無責任感可言。」對孤獨的恐懼之一，是獨處會導致「不受控的創造力」。義大利作家佩脫拉克（Francesco Petrarch）、法國哲學家蒙田（Michel de Montaigne）和華茲華斯分別是十四、十六和十八世紀的作家，他們不僅都看見獨處的好處，也探討它可能帶來的痛苦和焦慮。

我們可以在當代日本看到十分相似的情況。獨處和孤獨的用語相同，即「寂しい」。這個國家如此正面地看待孤獨這種狀態，坊間不只數百本專書探討相關主題，並有如《孤獨的力量》（The Power of Loneliness）和《孤獨真美麗》（Loneliness is Beautiful）這樣的暢銷書。

獨居男性的數量比女性多出一倍，而且數字繼續上升。東京作家岡本順子深入企業界，致力協助準備退休的員工，她不斷試圖提醒大家，看清楚獨居帶來的缺點，因為她擔心過度美化獨居會掩蓋真相，那就是有些人真的難熬孤獨。

儘管日本以崇尚集體主義文化著稱，但社會資本薄弱、工作層級分明，而且敬重輩分與資歷，想在職場上建立堅固友誼實屬不易。超長工時也讓上班族退休前少有閒暇培養嗜好或交友聯誼，於是當退休那一天到來，其實是一大衝擊。這些高歌獨處的書可能為他們帶來些許慰藉，主張這是一種值得崇敬而非恐懼的狀態，但岡本順子仍然擔心，有很多人不是自主選擇獨居。諷刺的是，她覺得自己是唯一的吹哨人。當她試圖在媒體上強調孤獨有其不利之處，收到的評論卻是奉勸她少管閒事，讓他們好好休息吧。

這種看待孤獨的矛盾心理並非新鮮事。偉大的德國小說家托馬斯．曼（Thomas Mann）就曾說：「孤獨讓我們的內在萌生原我，孕育陌生而危險的美麗詩歌。但它也醞釀恰恰相反的事物：那些有悖常理、不見容於社會的荒唐創作。」[20]有人若讀過美國女詩人艾蜜莉．狄金生（Emily Dickinson）、愛爾蘭小說家薩繆爾．貝克特（Samuel Beckett）這兩位偉大作家的作品，便知托馬斯．曼想說什麼。

我們既想要安於獨處，但也害怕獨處。此外，我們對其他想要獨處的人滿腹疑問。一旦獲邀，很少人會以「今晚我想自己過」這種話來婉拒，而是需要擠出藉口，解釋你為什麼寧願獨處也不想和朋友一起玩。「對不起，我正在洗頭」，已經蔚為女性不想出門與某人約會時的塘塞說詞並昇華為玩笑話。或許這句話也暗示著，獨自一人也很好。

渴望獨處經常得背負病態的污名，視那些喜歡獨處的人為「自我耽溺、危險的叛亂份子，甘冒喪失理智的風險」。[21]「孤僻」往往是一種辱罵，而非讚美之詞，暗示一個人怪怪的，是極端反社會分子或比那更糟糕。試想一下，「他有點獨來獨往」一詞有多麼頻繁用來描述戀童癖和連環殺手，你就略知一二了。

在愛爾蘭小說家威廉·崔佛（William Trevor）屢獲殊榮的小說《意外的旅程》（Felicia's Journey）中，外表光鮮卻心地陰險的希狄克先生專門襲擊弱小的年輕女性。作者將他塑造成獨居者，窩在已故母親的舊居裡，晚餐吃沙丁魚罐頭，睡前泡一杯阿華田熱飲，獨居的生活被描寫得令人不寒而慄。[22]花點時間獨處通常不致引人側目，但是選擇以獨居為主的生活會被視為古怪反常，有危害健康和精神狀態的風險，所以我們經常對那些喜歡自處勝過與友相伴的人戒慎恐懼。

求取獨處與寂寞之間的平衡

在當下這個時代，如果你想尋求獨處以便休息一下的機會，總是免不了得回答一道換湯不換藥的老問題：如何讓我的個人時間不會寂寞難耐？

首先，請謹記，即使獨處在「休息測試」中拿到高分，事實上並非每個人都能從中尋得閒適放鬆。有些人確實發現，獨處引領他們反思生活中哪裡不對勁，反而令他們感到難過或沮喪。我們從克里斯多福・隆恩、詹姆斯・艾佛瑞爾的研究中明白，並非每個人都能從獨處中得到滋養。那些不喜歡獨處的人更可能藉由電視或煲電話的方式分散心思，以免耿耿於懷缺乏陪伴。有些人則會因此感到莫名焦慮和與世隔絕。

性格內向的人比較熱中獨處不足為奇。[23]以心情平均值當作指標，獨處時心情最愉悅的人在與他人共處時心情較低落，而那些與他人共處時備感幸福的人，獨處時較為鬱鬱寡歡。但是請別忘記，在「休息測試」中，性格外向的人被問及休息而非找樂子時，大多數選擇最閒適放鬆的項目仍是單獨一人的活動。

我們從孩提時期就逐漸學習享受獨自一人的時光，這種學習可能更早就開始了。即使是小嬰兒，一旦感受到過度刺激就會別過頭去。英國心理學家唐諾・溫尼考特（Donald

Winnicott）率先主張，身為母親不需要完美，「剛剛好母親」反而就足夠，讓不少父母安心（不過他在一九七〇年出書時僅提到母親這個角色）。溫尼考特還強調兒童漸漸學習短時間獨處的重要性，表示發展這種能力是成長期間的重要成就。他更稱兒童時期的獨處是「最珍貴的財產」。

一項針對希臘七歲至十二歲兒童的研究指出，孩童們就算還在念小學就已經知道獨處是很有用的做法。這些希臘兒童年齡越大，可以列舉關於獨處的好處也越多，包括平靜、安靜、放鬆、沉思、專注、解決問題、提前計畫、做白日夢、不受批評，以及減輕焦慮、緊張和憤怒。三分之二的孩子承認，「有時想獨處」是一種人之常情。[24]

美國和歐洲的青少年平均花費四分之一的時間獨處，加計他們花在學校或與朋友消磨的時間，獨處還多過與家人相處的時間。[25]隨著年齡漸長，他們越珍惜獨處時光。這一道發現如實反映比利時北部法蘭德斯區（Flanders）的調查。研究人員花了幾年追蹤青少年後，發現隨著他們越接近十八歲、變得更獨立，就逐漸不再那麼害怕獨處。女生比較早開始正面看待獨處，沒多久男生就趕上。[26]

青少年獨處多久最受益，就時間長度而言有所謂的「甜蜜點」，有項研究足以說明。[27]受試者是芝加哥四處近郊住宅區內十至十五歲青少年，每天呼叫他們七次，要求他們立即填寫一份關於當下同伴的調查表，還要說明他們的感受，以及這名同伴是否他們自主選定。就父母和老師的角度來看，那些偶爾喜歡獨處的人較能妥善調適心理。但是他們需要獨處的時間長度必須恰到好處，太多或太少都與引發更多負面情緒相關。

那麼，不多也不少的最適區間何在？理想情況是課餘時間的二五％至四五％。回顧本章開頭，這大約是我們每個人都樂見的獨處時間平均值，也意味著我們成年人很善於直覺找出恰好的獨處時間量。

想當然耳，若異地而處，獨處可能代表意義不同。在學校裡，無論是教室內或外，我們都預期學生是玩在一起，那些在下課休息時間偏愛落單或看書的孩子，看起來就像是怪里怪氣的獨行俠。所謂的「正常」就是一起玩耍或打屁。不過，當然並不是每一名在學校下課休息時間落單的孩子都是自願獨處。孩童在迴避特定對象時可能會做得非常傷人，對朋友不多的學生來說，學校這種本質上非常密集社交的環境會放大他們的孤獨感。一名二十多歲的年輕女盲胞為了回應英國廣播公司孤獨實驗，寫了一篇讓人心碎的部落文，回顧就學時期在午餐時間充滿孤獨感。她擬定一張清單，列舉當時有助於找到他人聊天的技巧，其中包括扶住門面讓它一直開著以便打開話匣子，或是事先想好話題，讓她在午休時間有機會和老師聊上兩句；如果她知道有人新養貓咪，也會主動問起小貓的事。老師終究不能無視她，就算交談再簡短，也有助於緩解孤寂。

所幸，在我們成年進入職場後，多數情況下放鬆休息時不需要刻意社交。不過這也得取決於你置身何處：日本與越來越多的加州科技業雇主，可能反而會期望你的社交多多益善。但是正如我們在本章各節所發現的現象，在那些人們能自由選擇如何善用閒暇的地方，享受獨處並從中覓得閒適放鬆的關鍵，在於選擇的自由。當然，與他人共處的道理亦然。

閒適放鬆的獨處

獨處時間是恬適放鬆抑或痛苦不安，完全取決於我們與他人關係的本質和強度，理解這一點很重要。心理治療學家強納森・迪崔西（Jonathan Detrixhe）透過心理學依附研究的視角，探討我們對孤獨抱持何種態度。[28]學步期的幼兒若與父母建立安全的依附關係，認定父母就在身邊，他們會充滿安全地探索周遭事物。這個年齡的孩子們通常希望父母親近在眼前，即使他們覺得有時候跑給父母追很好玩。但隨著孩子們年紀漸長，越來越習慣父母不在身邊，甚至自己一個人殺時間。我們成年後通常不再與父母同住，或許也很少見到他們。我們主要是維繫與伴侶的關係，或是選擇一個人獨居。無論是哪一種情況，如果我們對某人有強烈的個人依附感，當我們獨處時就不太會感到孤獨。所依附的人或對象群不必然得一直守在身旁，但是我們得知道出事時可以向他們求助。

美國社會心理學家亞伯拉罕．馬斯洛（Abraham Maslow）提出舉世皆知的需求層級理論，他以金字塔底端比喻食物和住所等關乎生存的基本生理需求，往上堆疊則是諸如愛情和尊重之類較高層次的需求。快樂的人會因為達成「自我實現」攀上金字塔頂峰，此際的他們已經完全實現自我潛能、成就一切。聽起來就像是一處讓人心神嚮往的境界。遺憾的是，根據馬斯洛的說法，只有二％的人能成功攻頂。

如今，馬斯洛這套方法因為不夠嚴謹廣受批評，因為他主觀決定哪些人實現自我，哪些人沒能實現自我。他宣稱，物理學家愛因斯坦（Albert Einstein）、貝多芬、前美國第一夫人艾蓮娜．羅斯福（Eleanor Roosevelt）都站上自我實現的頂峰；還有他本人也是，這一點還滿好笑的。他發現自己和上述三者都一樣深富創造力、率直，關心他人、機智、對未知事物寬容以待，以及善於接納自己。他們天天都很享受「高峰體驗」，亦即那些讓他們感到超然、滿足，無所顧忌的時刻。

我之所以提起這項論述，完全是出於馬斯洛發現這些自我實現的幸運兒，比我們其他人更可能會找時間獨處。這個發現看似可以支持我們在本章各節所探討的一切，亦即當孤獨是出於自願，而且是圓滿生活的一部分時，孤獨是最讓人充分享受、最珍貴的經歷。

我們若想感受真正的閒適，就必須逃離人群，擺脫他人的聒噪談話，同時也希望能摒除自己腦袋裡的喋喋不休。獨處的時間量適切，就可以讓我們放鬆下來，關照自己的情緒，希望能因此煥然一新。獨處也能提供我們一道深思、發掘自己，並可能激發創造力和新思維的機會。也許我們應該試圖安排一段獨處時間，但不應為了實現任何潛在好處而勉強自己獨處。如果孤獨的魅力在於卸下肩頭的壓力重擔，我們最不該做的事就是再背上其他的包袱。獨自一人給我們有機會消磨無人批評的時間，無需擺出一張社交臉孔。

社群媒體讓我們互相連結，就減輕孤獨感來說是很管用的媒體，但是這種新式的「隨時連線」社群媒體文化，也讓我們難以避開外界壓力。我們必須採取行動，確保自己不讓社群媒體從我們身上搶走獨處的好處，否則獨處時那種閒適放鬆感可能不復存在。畢竟，如果我們獨處時還不斷地想與他人交流，我們還能宣稱獨自一個人就是真正的獨處嗎？

我以下述問題結束本章：何處是獨處的最佳選擇？如果你問別人最常獨處的地方，答案多半是家裡；但是如果你稍微調整一下問句：最想在何處度過獨處時光，你會得到全然不同的答案：徜徉大自然。[29]

第9章

第二名　徜徉大自然

乍看之下，這支鐵棒像是一座上了綠漆的超大路燈桿，但頂部不見燈泡，單單是四公尺高的鑄鐵長柱矗立在林中空蕩蕩的草地上。這是什麼玩意兒，為何出現在這裡？追溯到十九世紀中葉，它曾被打入泥炭地，沉到僅剩椿頂露出地面那麼深。據信這塊地不只是這個地區的最低點，更是整個不列顛最低陷的地方，就在東南方劍橋郡的惠特西湖（Whittlesea Mere）大沼區的邊緣地帶。英國曾為農耕需求抽乾這塊泥炭地，這支樁正是鄰近豪宅霍伍德莊園（Holmewood Hall）領主威廉．威爾斯（William Wells）想出來的點子，用意在測量抽乾地下水期間土地縮減與下陷程度。不消多久，這支標竿隨著地面下陷開始「嶄露頭角」，這一幕地景變化也就持續數十年。

一九五七年，這支標竿已經露出地面太多而搖搖欲墜，得從竿頂綁上鋼索，向四方放射狀架立，好似慶祝夏天來臨的五朔節花柱上緊纏的絲帶。惠特西湖被抽乾前曾是英格蘭低地最大的湖泊，英國女性旅行家西莉亞．范恩斯（Celia Fiennes）曾花近二十年騎馬旅行英國各處，一六九七年她如此描述此地：「寬三英里，長六英里。小島中央聚集大批水鳥……它是你進入湖口之際會望之生畏的一處險地，不時會突然捲起颶風般的狂風。」[1]即使狂風陣陣，這湖沼仍是船艇遊樂的好去處，寒冬時分人們還會蜂擁至大沼享受溜冰和冰上嘉年華。

當溼地因農耕需求日益乾涸，前述景象全不復見，直到大約一百五十年後，二〇〇一年低窪濕地計畫（Great Fen）啟動才逆轉情勢。這項計畫預計花費半世紀將數千英畝休耕農田復育成為生機盎然的濕地，並納入兩處英國最早成立的自然保護區。低窪濕地計畫將為數百年來從未現蹤的生物提供棲息環境，例如藍喉鴝、灰鶴，甚至包括歐洲野牛。至今，這塊復育溼地已吸引大紫蛺蝶和綠豹蛺蝶等蝶類輕飛漫舞。

然而，復育英格蘭東部此地區的生態和生物多樣性，只是這套計畫的一角。它之所以能籌集數百萬英鎊資金，主要原因還是在於它將讓鄰近居民有機會徜徉山水間。英國這塊地區地勢平坦，在天氣陰沉的日子裡簡直是冷僻荒涼，並不是傳統上風景如畫的英國鄉村，但別有一番靜謐風情，特別是此時復育灌水正收改造之效。我之所以了解這個地區、對它有著特殊情感其來有自，我從小生長的家鄉距離這裡不遠，家父更是低窪濕地這套生態保育計畫的統籌者之一。

計畫啟動沒多久，他就領著我去探看，因為他知道這項計畫會在他身後才能完成，甚至在我有生之年都可能無法親眼見證它恢復過去的榮光。我們並坐在山脊上，遙望狹小水道在明亮的綠色大地上縱橫交錯、向四方鋪展連綿橫亙，大腦卻時空穿越到百年前想像它的原貌，同時又心神嚮往百年後的未來溼地。英國有的是更加波瀾壯闊的景色，但這裡有著一段悽苦的遭遇，引發我心中平靜與懷想之情。

家父是鳥類學家，姐姐和我的童年時光多半都花在鄉間散步。追憶過往我自然備感幸運，但是當時我們老是在抱怨這一段段有如行軍的漫漫長路。事實上我們沿路耳聞不僅包括一路上看到的鳥類品種，還有牠們的性別、鳥齡是第一、第二或第三年。姐姐和我都覺得這根本是一堆冷知識，總是迫不及待地想衝回家看電視。

不過這也有好處，當學校老師要求我們準備自然課所需的物項時，我們只消勇敢伸手探進家父破爛的卡其色夾克口袋裡，輕而易舉就能挖出一副知更鳥的廢巢、貓頭鷹的反芻毛球或是水獺糞便。

現在我住在都市裡，親近鄉村的機會很少，反倒因此念念不忘。每當有機會在鄉間散步，總令我回味無窮。我發覺自己會在陽光明媚的午後偷瞄村舍的窗戶，看到裡面的住戶只是盯著電視時總覺得很失望。他們為何不想出門享受大自然？這不就是住在鄉村生活的用意嗎？如果我有幸住在這種地方，我自認會不停往外跑。

不過，我可能根本沒有這種機會。回想童年，比起和家父沿著河邊散步，我更愛看摩托車巡警的系列影集《加州公路巡警》（CHiPs）。我也發覺，就算自己住在倫敦，出門看劇、欣賞音樂會和其他文化饗宴的機會近在咫尺，我卻是更常追劇來放鬆……正如我這樣，即使我沒有去現場蒞臨，我還是喜歡知道每晚七點半舞台布幕就會緩緩地在倫敦劇院聚集的西區（West End）緩緩升起；所以我相信，如果你住在鄉間，即使多數時間選擇呆在室內，但是你知道從家門走一小段路就能欣賞到旖旎風光，這種感覺還是棒透了。魚與熊掌兼可得，總有一天你會移開定在沙發上的屁股。也許這就像是失去健康才會珍惜。

對於像我這般的都會族來說，奔向大自然是逃離日常生活的典型手法之一，也是休息和放鬆自己的絕佳途徑。一般來說，到郊外不免要走動，就算要耗費體力，我們也已知道那種通體舒暢的感受。但實際上，除了健行還有很多方法可以浸淫大自然。

樂在自然浴

整本書讀來，我們已經明白有很多人覺得什麼事也不做真的很難。儘管靜觀之類的練習對某些人有用，但是對其他人來說，這些訓練和技巧令人望而生厭。我想這就是為何大自然彌足珍貴的原因。即使你是駕車駛過，靜靜坐在山頂上環顧山谷四周，什麼事也不做或不特別做什麼，但不知怎的這與癱在沙發上放鬆全然相反。同理，比起賴在床上，躺在河岸邊看著潺潺流水反而感到人生有目標。郊遊可能令你發懶，但這是可以原諒的懶散。即使我們僅僅置身大自然，也是有行動目標，自有意義。

花點時間回想一下你最愛的地方，不限室內或室外，任君選擇。在你確定好答案之前別往下讀。

你是選擇家裡的房間，還是選擇鍾愛的咖啡館或酒吧？抑或大自然某處？你的答案可能依心情而定。不過，我在本書探討自然這一章提出這道問題，肯定已經讓你最先聯想到大自然，答案就不盡然準確了。

芬蘭有一項研究，要求兩座城市的居民在地圖上標出自己最喜愛與最厭惡的地方，同時也要求他們填寫一份關於當下情緒的問卷。交通運輸條件欠佳，在絕大多數人眼中都不受歡迎，但是當他們被問到真正喜愛的地方時，往往會參照當下的心情作答。心情愉快的受試者較可能回答自己的住處（例如客廳），情緒低落的人則較可能選擇大自然的一隅。[2]

我們從孩提開始就學習調解情緒，有時會刻意選擇做一些讓自己心情好過的事，例如生氣時走出房間到外頭散步，傷心時放點開心的音樂。有時我們甚至沒有意識到自己正這麼做。你辛苦工作一天後可能會發現，自己在返家的路上不經意地穿過小公園。[3]我們許多人好像是憑直覺就知道大自然對我們有益，尤其當我們感覺哪裡不對勁時，它讓我們通體舒暢。令人意外的是，到目前為止，就連科學也很難確切指出那是什麼。主觀上來說，我們知道大自然帶來平靜。日本人認為流連林間有益身心健康，甚至還為它冠上專屬名稱：森林浴。當我們在治療期間要求委託人冥想放鬆的情境時，往往會鼓勵他們想像藍天下的湖光山色。誠然，我們理想中的自然景色，在外觀或時刻方面都相當具體。如果有人談起移居鄉間的話題，我們會想像他們是在一個美好的夏日盡享野趣，而非一個火車再次誤點的寒夜，鑽入幽暗的鄉間小路，最終才返抵家門。

有些人甚至把徜徉大自然的光陰體驗稱為「療癒」。英國自然書寫作家理查・梅比（Richard Mabey）罹患憂鬱症期間，友人知道他長期熱愛大自然，鼓勵他多去鄉間散步；他的精神科醫生甚至提議開車送他去附近看看紅色的風箏飄揚。但是這些都幫不上忙。當我去位於東部的諾福克郡家中探望他時，他對我說，這種「輕率的自然療法」實際上起了反作用。「眼睜睜看著過去自己感動得無以名狀的一草一木再也激不起絲毫熱情，只會讓我感覺更不堪。這種再也無法與過去生命中最重要的事連結，反而感到被排擠的體驗，簡直糟糕透頂。」

然而，在搬到東部的東安格利亞（East Anglia）地區並墜入愛河後，他的身心逐漸康復，大自然對他而言再次舉足輕重。「我明白到，它奇特的變化無常打動了我的心。你花十分鐘凝視一片鹽沼，時間一到會發現它與初看時全然不同。這種變動感以及從變動中回歸的感動，埋在我心靈深處。最打動我的一點是，成為這套生命系統的一部分。它並非我們想像中那種可怕、停滯、深陷泥淖、沉重、老掉牙的鄉野，而是活躍、流動、適應力強勁，而且一切隨水流動的系統。」[4]

說來怪哉，科學術語很難解釋為何自然一向有鎮定人心的效果，或者大自然具備什麼要素竟能撫慰我們的心靈。對於梅比來說，重點是瞬息萬變，而非一成不變。一些研究人員認為綠色植被至關重要，但有些人認為這一切關乎是否能與忙碌的都會環境形成鮮明對比，更有些人主張景觀能使我們放鬆的關鍵因素在於毫無人為干預的痕跡。

景觀美房的虛實

美國建築學教授羅傑・烏里奇（Roger Ulrich）堪稱相關研究領域的領頭羊，曾在賓州某家醫院進行一項知名研究。他發現，你甚至不用為了領略大自然美好躋身山林，光是定睛欣賞就行了。一九八四年他發表一篇題為《窗外景觀可能影響術後康復》（View through a Window May Influence Recovery from Surgery）的研究報告，證明接受膽囊手術的患者若住在可以眺望樹林的病房，會比那些舉目只見光禿禿牆壁的病患服用較少的止痛藥，並能提早將近一天出院。[5]這項研究歷經三十餘年仍頻繁為各界引用。

但是，這道論點經不起仔細推敲。從醫院的窗戶望出去時，多數人本來就比較喜歡看到樹木而不是磚牆，所以無法從中完全確定烏里奇的著名研究真的能證實自然景觀有助康復。儘管烏里奇花了九年追蹤這兩種病房各二十三位病患的病歷才得出結論，但是樣本母數終究太少，我們無從確定入住這兩種房間的患者之間有無其他區別，甚至無法確定他們所接受的醫護品質是否一樣。住在磚牆病房的患者距離護理站的位置較近，因此有可能這些病患的病情原本就比較嚴重，足以解釋為什麼他們後來住院的時間比較長。又或者，因為護士們距離近，更有可能應病患要求提供較多止痛藥，導致他們服用更多藥物。

大約十年後，這支團隊展開追蹤研究。這次的研究設計得好多了，病患甚至沒有窗外的自然實景可供欣賞，只有大自然的照片可以參照。他們選定瑞典烏普薩拉大學醫院（Uppsala University Hospital）接受心臟外科手術的病患，在他們術後休養的病床正前方的牆上掛上巨幅照片。一部分病患眼前是綠樹成蔭的小溪或森林照，另一部分則看著抽象畫、白板或是空牆。而且所有患者都是隨機分配到不同病房，這麼做不但讓研究的可信度更高，獲得的結論也更有趣：不論病患看哪種自然景象，他們都不再感到那麼焦慮，也服用較少止痛藥。[6]

我要清楚表明，光是盯著大自然看並不會讓病痛痊癒，但是這項研究主張，看著大自然可以讓我們好好休息。這個論點對本書讀者及醫學從業人員來說特別有意思，因為眾所周知休息有助身體更快復原。

多年來，無數研究有如潮水般湧現，但是這門領域的研究規模多半很小，而且常會選到本來就愛好大自然的受試者，如此一來便無法證實自然的益處放諸四海皆準。從鄉野的健身車到精神健康不佳的志願者經營的農場，研究人員期盼能針對不同狀況解釋我們的直覺感受，亦即大自然提供一處身心放鬆的庇護所讓我們安歇。一些研究成功證實，戶外步行可以讓我們更具體感受寧靜和安詳，改在室內毫無作用；但其他研究則顯示，在大自然中步行會發揮功效，關鍵在於步行而非大自然，只要你肯邁出腳步，在哪裡走都沒有關係。更有一項研究發現，熱愛戶外運動的人其實在運動過後都會感覺不易靜下來。[7]

但最近有更多研究指出，即使只是稍微休息、瞄幾眼自然界的照片，也可能會改變你的心情。我說的稍微真的就只是一咪咪，也就是現在要談論的區區四十秒休息時間。研究人員先指定受試者接辦一項棘手的電腦任務，隨後讓他們稍微休息，看看空曠灰暗的辦公樓頂照片，或是經過修圖看似綠草如茵的同一張樓頂照片。毫無意外，人們偏愛綠色樓頂。但是休息時間這麼短，真的會影響受試者回頭解決棘手任務時的專注力嗎？起初看來是沒有，每個人回到工作崗位後顯然都因為休息而恢復幹勁，做得更賣力。但幾分鐘過後，那些拿到灰暗樓頂照的人開始疲倦，綠色樓頂照這組的專注力卻只下降一點點。[8]

這代表大自然具備不可小覷的力量，可以幫助我們重振活力。這肯定也說明，如果你在工作中感到疲倦，並且有機會開小差、溜去享受一下附近的綠色空間，你就應該這麼做。就算老闆大喊：「上班時間你是要去哪？」也請你大聲喊回去：「為了提高工作效率，我非得出去轉一趟不可。」

天生親近大自然？

即使能證明「徜徉自然有益健康」各種情境皆準的好研究尚且不足，姑且讓我們相信這番片面之辭。下一道問題是：為何這種經歷會讓人感到如此心曠神怡？一些研究人員認為，我們經歷演化變得熱愛自然。把時間倒回古代我們的遠祖都還生活在鄉野時，最能適應自然的人比較可能倖存。他們主張，即使現在我們大多數都居住在都市和城鎮，其實體內還流著喜愛大自然的熱血。

烏里奇因醫院之窗的實驗享譽，他相信植被茂盛的大自然尤具吸引力，因為植被顯示這個環境不受威脅、食物無虞。他說，我們更喜愛看起來像大草原的地方。[9]我不確定是否如此。我的確喜歡植被茂盛的大自然，但對我而言，指的是綿延起伏的綠色山巒與河谷，這是我從小看到大的典型英格蘭風光；我看不出這種喜愛與幾千年前住在大草原的祖先之間有何關聯。無論如何，對我而言，大草原並未因此華麗變身成為植被茂盛的景象，而是乾涸枯黃之地。

有論述進一步宣稱人類比較喜歡大草原上常見的樹種形狀，也就是那些樹冠呈傘狀而不是偏圓形或圓錐狀的樹木。[10]可是四萬年來的進化過程中，許多人類生活在沒有這類樹木的地方，而是住在林線上方、沙漠或熱帶島嶼上，即便非洲全境也並非大草原廣布。又一次，我的腦海出現一株古老的英國橡木或垂柳，此外我也非常喜歡一些英式花園的林木造型藝術，這些在我最喜歡的花園都可覓得芳蹤，好比東薩塞克斯郡（East Sussex）的大迪克斯特（Great Dixter）宅邸。

另一道論述是，自然景觀之所以吸引人是因為當你一看到它們就會覺得適合人居，都市景觀則不然。但我反倒認為這會因個人習慣不同而異，在我看來，街道上一排排房屋比一片沙漠或森林更宜居。我也質疑植被是否始終是安全的信號，在大草原茂盛的草叢裡，可能潛伏著獅子。同樣的道理，當我們踏上人工的木棧道，不必全身淋溼就能從絕佳角度欣賞壯麗瀑布，但是如果你原本沿著緩慢的河流泛舟，卻突然發現小船被瀑布的急流快速帶往瀑底，這時很可能要人命。人類在是相互合作和群居狀態下倖存很長時間，而非獨闖大自然尋找休憩地，但是危險的掠食性動物總是埋伏一旁虎視眈眈。因此，如果進化與我們眼中的安身立命之所有任何關係，人造建物才應該被視為安全的居處，遼闊的野外反而不適合。

這些源自進化心理學領域的假說之所以難以成立，是它們幾乎無法檢驗。你大可詢問人們各自偏愛的樹木形狀，並檢驗這種說法是否適用所有文化（但這類研究自有籌劃組織的難度，所以很少見），但即使你找出普世偏好某種樹木形狀，也必須推測這道偏好可以如何幫助生存或繁衍，或是產生附加效應以促成其他生存或繁衍特徵。你也可以輕易提出任何適合你的假設，無論像是女性生來就應該要留在家中看顧嬰兒，或是男性使用暴力是迫不得已，不過前述主張對男、女兩性都有失公允。

荷蘭與比利時的研究人員亞尼克．喬耶（Yannick Joye）和艾尼斯．范．登．貝赫（Agnes van den Berg）臆斷，人類已經進化到一種想到植被景觀就感覺良好的階段。[11]有人簡要明確但笑裡藏刀地批評，他們所提出的證據存在幾道謬誤。舉例來說，有些研究主張大自然幾乎瞬間就能發揮鎮定作用，但其實很難舉證說明我們為何會發展出這種反應。當我們偶然看到一些植被時立刻鎮定，是因為起了什麼心理作用嗎？這些樹木又沒長腳，我們的反應理應不像一碰到獅子就縱身打鬥或飛也似地遁逃，因為一點也沒必要十萬火急啊。

我得承認，過去人們需要一處安全場所休息、放鬆和恢復元氣，有些棲地就是比其他地方更有優勢。但是當我們談論身處自然時，並非總是越空曠的野外就越受喜愛。在瑞士的一項研究中，將一半受試者送去原始森林健行，其餘受試者則帶去管理有序的森林，地面井然有序地堆起一疊疊新伐的松樹枝幹。最後評估受試者在步行結束時的情緒時，發現影響最大的因素不是野生樹木；實際上，進入管理有序森林的受試者心情，明顯比另一組要好得多。因此，至少在這項研究中，馴化的自然景觀勝過原始的自然風光。[12]

當然，自然之美會隨著時間和文化而改變。最吸引人的景觀並非就那一百零一個形象，所謂的「自然」通常比我們想像中要「人為」許多。一般認為蘇格蘭高地（Scottish Highlands）是英國最荒涼的地區之一，但其實高地淨空運動（highland clearance）驅逐了佃農、養殖綿羊和狩獵松雞才是形塑這片大地的推力。在大多數人眼中，這些山巒、高地泥沼和湖泊匯聚而成的景觀向來被視為野蠻和荒涼，直到十八世紀後期的浪漫主義運動興起，世人才普遍視這類景觀為唯美、寧靜之處。從微觀層面來看，人各有好尚，蘭茝蓀蕙之芳，眾人所好，而海畔有逐臭之夫。更遑論紐西蘭部分地區將我個人鍾愛並悉心照料的百子蓮，列為具有侵入性、滋擾地方的雜草。

進化論通常隱含一種想法：由於走向自然是「人類遺產的一部分」，我們置身自然時會感到較輕鬆自在。[13]在此我也想挑戰這道主張。如果你從小在城市長大，那麼鄉下地方看來會是泥濘、難聞、不舒服，甚至有威脅性的象徵。我有些住在城裡的朋友從小在倫敦北部長大（至今尚未搬遷），他們發現比起衝過繁忙的雙向車道，穿過滿布牛群的田地更令人恐慌。他們覺得入夜後走上可能會被亂刀捅死的街上，或是整夜聽著警察和救護車鳴笛警報聲不斷呼嘯而過，已是生活常態。但是，在鄉間小屋住上一晚，貓頭鷹啼叫聲劃破外頭一片靜籟時，反而會把他們嚇得半死，覺得自己一定會慘遭滅口。

我喜歡漫步在英國鄉間、歐洲中南部的阿爾卑斯山（Alps）甚至熱帶叢林中，但是我在夜間出行亞馬遜雨林觀賞野生動物時簡直嚇破膽。當時即使有嚮導帶著亮度超高的手電筒隨行，我還是不斷一頭撞進織掛在狹徑上頭的蜘蛛網，甚至還一口吃下肚。沒錯，我真的吞進蜘蛛網。我猜想，即使是英國最鐵粉的林地控也會同意，在樹林中過夜會讓他們想到恐怖電影《厄夜叢林》（Blair Witch Project）的畫面，或是家庭奇幻片《柳林風聲》（The Wind in the Willows）中鼴鼠歷經的幽黑樹林之夜。當然，幾千年來鄉村是人們覓食、安居和有所歸宿之處，但他們同時也在那裡屢受野獸和其他人類襲擊，暴露在這些環境而鎮日恐懼、罹病和老死。

有一項小型研究正說明這一點。學生分成兩組奉命獨自在郊外公園中散步，半數學生在視線所及之處，而且在不會迷路的情況下穿過一塊開闊的區域，另一半則走進公園裡視線較差而且有較多灌木叢的區域。走過開闊區域的學生感到活力充沛，而另一半則戒慎擔憂公園處處可匿、危險重重。[14]

這一切其實都是常識。我猜，那些選擇悠遊自然為優先休憩活動的人，並不是受到進化心理學中某些深層因素的影響，而是這個影響碰巧與文化比較有關係。在優美而寧靜的鄉間度過一天帶來平靜，尤其是相對於許多人大多時間在繁忙的都市中度過。但如果你的鄉居時光是在一片幽暗森林中度過的寒夜，或是曠野中掀起暴風雨的一天，似乎不太可能和閒適輕鬆沾上邊。

藉自然暫且擺脫煩惱

如果大自然的放鬆作用並非源自於人類進化史，我們就得另覓解釋，一窺究竟為何它的力量有時能如此強大。

大自然看似毫無規則可循，但通常具有碎形特質，不僅圖案會重複出現，而且有一層又一層更細微的結構重複性。試圖描繪特定岩層組成的海岸線，它們一再複製相似景觀，有時比較大、有時比較小。想想邊際卷繞多變的雲朵，或是一棵樹，每片葉子都遵循相同的模式，每株細枒都是樹枝的縮小版。心理學家發現，景觀中若有更多層次重複，我們就越能樂在其中。[15]曾有一套假說提到，這種重複性讓我們的大腦無需費力就可快速處理景觀。對照之下，城市景觀要求大腦確認各種建築物、橋樑和車輛。因此，鄉間情景讓大腦騰出空間重新集中注意力，而不是耗費更多心神，因此我們在欣賞之後感覺就會好很多。這叫做恢復理論，對某些人特別有效。如果你發現自己在嘈雜辦公環境下很難集中精神，那麼午休時在公園靜靜待上十分鐘可能會為你帶來特殊的好處。

又或者，答案並不在於我們眼前看到的事物，而是在於再度讓碎碎念的大腦靜下來，尤其是那些讓我們特別難過的負面心靈雜音？史丹佛大學的研究提供一項線索，讓我們了解與自然共處時腦中所發生的一切。

研究一開始，受試者躺在腦部掃描儀中，研究人員針對他們執著的負面想法，抓出腦部反覆思索的活動和表現。為了彌補掃描的不足之處，他們也請受試者填寫一份調查表，以便了解他們覺得自己對於負面想法的關注程度。接著，他們全部一起集中在步行九十分鐘行程的起走點上，每名志願者都各自配有指定路線，並且指示他們沿途拍攝一些有趣的照片，不過拍照其實只是讓志願者注意力從真實研究目的分心的伎倆，並且搭配身上攜帶的GPS追蹤裝置，確保受試者真的有完成行走任務，沒有中途作弊落跑到咖啡館。

第一條路線是自然步道，研究人員形容為「開闊的加州草原，滿布橡樹和本土灌木，不僅有大量鳥類棲息，偶爾還有地面松鼠和鹿客現蹤」。聽起來不賴，雖然實際上只是在史丹福大學的校地外面步行。我已經在這裡待了好一陣子，史丹福真的是鬱鬱蔥蔥的綠色校園，但是步道會行經社群龍頭臉書（Facebook）、搜尋引擎巨企谷歌（Google）總部落腳的帕羅奧多（Palo Alto）和山景城（Mountain View）等城鎮，以及不怎麼宜人的門洛公園（Menlo Park）市，在在提醒當代世界的城市化趨勢。我實在無法為這條路線冠上鄉間漫步之名，但是整體而言仍屬賞心悅目。

同樣地，都市步行組走的是團隊在鄰近地區找到最具都會感的路線，但我們指的不是充斥乞丐與其他令人聯想到舊城區衰敗景象的舊金山市區。這組志願者走的路線稱作王者大道（El Camino Real）。無可否認，這是一條兩邊單向道至少都有三條車道的高速公路，但是大多數建築物只有一至兩層樓高，有一種海闊天空的錯覺，路邊的樹叢種滿數百棵樹和碩大的亮藍色百子蓮。美國人種的百子蓮真的有夠大朵，讓我家那幾盆相形失色，秒變幼苗般渺小。這絕不是一條風光明媚的路線，但光是人行道拓寬就已經夠讓我開心了。當我留宿附近的汽車旅館時，常常選擇這條路做晨間慢跑。因此，就像研究人員選擇的自然漫步並非完全自然一樣，他們的城市行走也並非那麼有城市感。這聽起來像是研究瑕疵，奇怪的是，它讓研究結果更加驚人。

每個人步行回來後，都得再次填寫反思調查表，然後躺回掃描儀。你可能會期望蹓躂九十分鐘足以清除受試者腦中的雜念，但實際上只有自然漫步組的反覆思索程度下降。腦部掃描得出的結果是，只有那些自然漫步的人，下額前額葉皮層減少活動，[16]這一處是大腦處理與悲傷、反省和退縮相關情感的地方。

有人嘗試鼓勵人們在大自然中思考，以利強化這種正面效果。二〇一〇年，第一條健康步道開放了，它是位於芬蘭鄉村的登山步道。步道沿途間隔設置指標，但不是提供動植物群的訊息，反倒是提示健行者「慢慢呼吸，放鬆肩膀」或「感覺好多了」之類的話。這些指標很受歡迎，可能會幫助健行者感到更放鬆，但事實證明我們難以評估沿途指標到底能提升多少幸福感。[17]

若想達到類似登山步道沿途指標的效果，還有另一種方法是參加戶外靜觀課程，鼓勵你關注五感、聆聽森林之聲、觀看光之變幻、細聞樹葉氣味、體會樹皮和苔蘚的觸感，甚至品嚐莓果及專人為你挑選的蘑菇。對許多人來說，這無疑是一種閒適放鬆的經歷。然而，即使已經結合兩種心曠神怡的活動，還是很難算出它們合體之後究竟能協助人們更放鬆到什麼程度。根據我自身的經驗，只要在鄉間散步就可以誘發「自然而然」的靜觀思維，無需有意識鍛鍊。

在你著手刻意改變鄉間體驗之道前，請先看看一項研究。他們提供英國中布斯塔福郡（Staffordshire）綿延起伏的高原照片給受試者看，能與自然融為一體的受試者並非關注圖片細節的人，反倒是願意就此停下來欣賞自然並反思諸己的人。[18]這個研究結果關乎為何大自然可以助我們一臂之力擺脫日常憂思。我們為了完全利用自然，便需要關心自然界，同時也要顧及自己。我們在自然界當中的種種閱歷，有助於我們放大眼界、異地而思。即使只是在本地的小小公園，成千上萬的生物仍舊生生不息，不關切我們受什麼問題所苦，更遑論真實的野外世界裡還有多少生物超脫人類憂愁。

自然作家凱薩琳．傑咪（Kathleen Jamie）在著作《視域線》（Sightlines）中曾寫，她漫步於蘇格蘭高地泥沼，發現一隻飛蛾受困於三岩交夾的三角塘中浮浮沉沉、垂死掙扎之際，辛苦地第二次力博才脫困。她於心不忍，拿起一根茶匙救起那隻飛蛾。即使當下也她也質疑飛蛾能否存活，還是全力挽救那隻微小的生命。接著她因為太快起身而暈眩了一下，油然而生因身歷浩瀚之境而心潮澎湃的震撼。

「那裡有寬闊的沼澤、湖泊和微風輕拂的青草蔓延數哩，全都展開雙臂迎接我。在飛蛾雙眼、一抹地衣的藐小微物之中，我才領會到無數微小歷程和事件成就了沼澤。數百萬計的微小生物、花朵與細菌，汲汲營營於綻放、成長、分裂與蠕動。自然界就是如此這般運轉。女孩啊，妳要做的只是踏出妳的思緒迴圈。」[19]

美國哲學家馬西莫．皮戈里奇（Massimo Pigliucci）曾引用「個人微不足道」的觀念，亦即我們每個人都只是滄海一粟，為自己製作療癒幻燈片。第一張是自宅圖片，接著每一張的鏡頭都越拉越遠，就像孩子在信封上填寫門牌、街道、城鎮、地區、國家、洲名、世界、宇宙一路到無窮大的空間元素，甚至比無窮大還要再大，誰知道呢？他發現，光是坐下來看看這些幻燈片，便能夠提醒他在這個大千世界裡，他一心沉迷的事物或許只是一粒砂，真的沒那麼重要。

多年來，我採訪過幾名太空人，每個人都訴說相同的故事：為了在閒暇時間看書，他們煞費苦心把書帶到外太空，最終卻扉頁未動。原因何在？答案就在窗外。他們無法抗拒把休息時間全用來回望地球。

美國的麥可．羅培茲—阿里格利亞（Michael López-Alégria）執行過三趟太空梭任務，在國際太空站（International Space Station）生活過七個月，他娓娓道來從太空首次望見地球現身的那一刻。「有一股無比強大的能量讓你的身體迸出超強威力，就像猛力踩下剎車一樣，導致引擎突然停止運轉。在那段時間裡，你的頭會向下盯著儀表板，但現在你終於有機會向上看。這就是你看到地球的那一刻，這種感受令人費解卻又萬分激動。看到整部人類史就在你腳下的經歷發人深省。地球看起來就像地圖和地球儀呈現的一樣，卻是實實在在的地球。我不禁感受到，與我們機上這七名組員相較之下，地球和全人類是多麼浩瀚無垠。」

我們稱這種景觀可能對人們產生的影響為「綜觀效應」（overview effect）。英國心理學家安娜希塔．納扎米（Annahita Nezami）的博士論文便以綜觀效應為題。她與太空人交談之中，察覺他們的地球意識轉變了。他們視地球為虛無太空中稀薄的大氣層所滋養的一顆脆弱圓球之外，更強烈感受到自己與他人相互連結，並對地球肩負更強烈的責任感。這使得太空人們強烈渴求珍惜和保護地球。已故英國物理學家霍金史蒂芬．霍金（Stephen Hawking）曾說，當你從太空看向地球，會清楚地接受到一道訊息：「地球只有一顆，人類只有一族。」（One planet. One human race）

有些人相信太空攝影是環保運動的先鋒，納扎米認為這些景觀對我們陸地上的其他人也可能提供療效。她的夢想是，每段電視天氣預報都以太空中的地球圖片結尾，強調在世界上任何地方都可能正在發生的沙塵暴或颶風，藉此讓我們以全球視角感受到，就算我們只看本地新聞，也無法自外於這個更寬廣的世界。

你可以透過歐洲太空總署在國際太空站設計、建造的哥倫布實驗艙（Columbus module）安裝的直播鏡頭從太空觀看地球。[20]此時此刻，我眼前一片漆黑，因為這個太空站目前所在位置是入夜的大西洋上空。但是，當我好像真的動也不動地坐上一個半小時，地球仍繞著太陽公轉，太空站則完全繞著地球運行。我下次再看時，見到西非土黃色荒漠上布滿雲朵。這番景象引人入勝、心曠神怡。

我懷疑大自然提供的正向體驗是否也有類似作用，提醒我們所處的格局僅有方寸而無足輕重，促使我們客觀面對那些日復一日的煩憂。當我們置身大自然，世界完整、靜止，給我們進一步深刻反思的機會。[21]諸如外食或聚會這類有趣的活動，可以帶給我們享樂的快感，但是還有另一種更持久的幸福感叫「真幸福」（eudaimonic happiness），需要比較深刻的活動，同時透過發掘生活中的意義、實現我們真正的潛力才能獲得。我們置身大自然便得以體驗自己在世界中的定位，進而幫助我們達到真幸福的狀態。

大自然賦予我們宛若重生的希望，同時提醒我們時光飛逝。當我們走過腐幹敗叢，面對死亡和衰敗的同時也會注意到煥發生機的種種跡象，尤其在漫長的冬天結束春芽始發的那一刻。也難怪這個時節最多人流連鄉間。

我記得曾參觀美國華盛頓州聖海倫火山（Mount St Helens），它曾於一九八四年噴發過，徹底摧毀周圍的一切。十年後當我造訪時，景觀看起來仍像世界末日過後的災難現場，山腰上成千上萬條直挺的枯幹像是火柴般散落在光禿禿的焦土上。然而，這個毀滅性的場景卻也驚現全新的生命跡象，竟有植物正在奮力拔高。看來新生正在煥發力量。大自然生生不息。這種經歷新鮮奇特。同時讓人感到朝氣蓬勃。

無論我們目前的處境多麼窘迫困頓、多麼無路可走，有件事毫無懸念：時間一路往前行。未來擋不住，過去終將漸行漸遠。大自然喚醒我們這道真理。

大自然的軟性誘惑力

二〇一七年，倫敦衛爾康博物館押賭一場高風險實驗。他們一反常態，不再由專業館長花費數年精心策展，而是將畫廊空間交給大眾安排。館方要求人們攜帶一件物品入館參展，這項物品要能概括他們與大自然之間的關係。

後來館員們默默等待——假如他們所言為真，是憂心忡忡地等待。衛爾康博物館素以盡善盡美享譽盛名，如今讓訪客策劃自己的展覽，如果展覽不好看怎麼辦？會不會根本沒人來參展？

到頭來，館員們只是虛驚一場。在指定日期當天，大批民眾在倫敦最不討喜的尤斯頓路（Euston Road）人行道上排隊。這條路上隨時都有車輛不斷轟隆隆駛過六線車道，空污指數更居首都之冠，幾乎是與自然八竿子打不著關係的地方。儘管如此，人們仍然抱著他們的物品耐著性子排隊，就好像正要參加鑑價節目《鑑寶路秀》（Antiques Roadshow）一樣。不過，他們並不是一心等著自己從未真正賞識的瓷壺秒變價值連城，帶來的玩意兒多半是沒有貨幣價值但對自身意義重大的物品。館方拿到的物品範圍之廣令人意想不到。這裡只描寫其中的一些。

- 一個圓形的木製氣壓計，形狀像鐵餅，或者是我祖父手上那種老舊的大捲尺。
- 一捆拐杖共計八十一根，全部由花園裡栽種的澤西羽衣甘藍的乾燥花梗製成，經切割、磨平和塗上亮光漆，成品的手柄都長得歪七扭八。
- 一塊方形的人工草皮，鮮綠色，乍看起來很完美，近看才會發現已有雜草在上面生長，就像廚房手巾上的水芹一樣。這是人造植物上的真植物。

●一塊光滑的橢圓形木頭，大小約一塊大砧板。這個手板一端是尖的，可助人體衝浪者衝浪一臂之力。手板背面刻了「菲利斯」，那是蘿莎的弟弟的名字，二〇一二年自殺。在蘿莎等待驗屍調查時，她想減輕等待的焦慮，因此為自己設定任務，要在三十二天內戶外游泳三十二次，每次都去不同的開放水域。她說，海洋和自然的力量有助於她自我療癒。

●一百六十八樣小玩具，超迷你金龜車按照彩虹七彩顏色的順序排列成巨大的棋盤狀，就像一處布置精巧的迷你停車場。車主史帝芬．霍爾（Stephen Hall）在澳洲長大、現年四十七歲。他以往一直蒐集真實尺寸金龜車。現在正為他蹣跚學步的兒子蒐集小玩具。

●兩只長十五公分的白色紙板棺材，其中之一用紅色簽字筆手繪螃蟹的圖片，上面寫著「為梅德韋河岸國家公園（Medway Riverside Country Park）的螃蟹深表哀悼」，另一只則是邊框帶有黑色的波浪紋，用黑色筆跡寫了「緬懷勇敢的螃蟹，牠們拚搏一輩子，真希望牠們沒死。請安息」。這些螃蟹棺材是由一對姐妹製作，在她們分別十歲和十二歲時出門溜狗，竟在沙灘上發現數百隻脫水的螃蟹。她們用狗便袋將其中一些帶回家，並認真地想要表彰螃蟹，所以為牠們做了棺材。五年後，姐妹倆還保留著棺材和螃蟹大體。她們在描述自己的展覽時說：「我想，當時我們真的覺得茲事體大。」

面對大家對於自然的多元體驗，策展人以某種方式將物品依主題分門別類，即使它們是相當模糊的主題，例如「變化」、「想像」、「持續」和「儀式」。我花了一些時間在館裡流連、思考這些手工藝品，然後得出一項結論：研究人員很難確切說明大自然為何能對我們影響至此，這其實並不讓人意外。一方面，帶這些展覽品前來的人們，似乎不管到哪都在尋找自然，甚至在工具和汽車中也能看見自然。另一方面，他們拿自然來隱喻自己的想法和感受，思考生與死，並自我療癒。

自然之所以有能力讓我們修復自我，當然是取決於我們賦予它意義。我們不應該以為每個人都喜歡它，也不應該以為遠離工作投入自然就能休養生息。如果你是印度鄉村的農民，鄉間會是你尋求慰藉的地方，還是忙碌的工作場所？芬蘭有一項研究證實，人們評為最具有修復效果的地點大致可區分為以下特定幾類：勾起童年回憶的地方、過去的住所、與身分相關的地點，或是人們認為可以思考現在並計畫未來的地方。樹木的形狀無關緊要，重點在於背後的意涵。[22]

甚至是鳥鳴這種實際上純淨無染的聲音，我們的興味也會隨著啼叫聲所勾起的回憶而有所不同。在一項研究中，研究人員要求人們想像，他們熬過漫長的工作天之後，在回家路上卻與朋友吵架，最後終於有機會坐下來喘口氣，當下若聽到鳥兒在唱歌，會激起什麼回憶或聯想？研究人員隨即播放一段從五十種不同鳥類剪輯而來的十秒鐘啁啾鳥鳴。所有受試者都住在英格蘭，但是研究人員故意納入他們可能不熟悉的澳洲鳥類，從黃臉吸蜜鳥、深紅玫瑰鸚鵡，到更熟悉的長尾山雀和普通的雞等各種鳥類。

受試者的聯想簡直天馬行空。對某些人來說，這讓他們想起家或在小時候與祖母相處的時光，其他人則幻想家族旅遊去叢林探險。但這些聯想並非都是正面；有些人想起科幻影集《超時空奇俠》（Doctor Who）或恐怖電影《雙峰》（Twin Peaks），當然英國電影導演艾佛列．希區考克（Alfred Hitchcock）的電影《鳥》（The Birds）也出場了，「鴿子棲息在屋簷的雨槽，把屎拉在房子裡」。若問及這個聲音有多令人神清氣爽時，這些關聯就變成答案的關鍵。難怪如果鳥啼與負面記憶扯上關係，就完全無助於受試者聽了之後提振精神。

因此，心曠神怡的理想景致需要不帶有負面聯想，而是具備心理學家所說的「軟性誘惑力」。為了將我們的注意力帶離悲觀思維，同時讓我們舒心放鬆，這種景致必須帶一點恰到好處的謎團感，讓我們一眼就看上，但又能故布疑陣勾引我們一探究竟。庭園設計師喜歡加入拱門或入口這類暗藏玄機的布置技巧。大自然也是如此。想想大海，它牽動你的心，但又難以捉摸；它吸引著你的目光，但不管是海面上還是波濤下，總是暗藏許多未知的驚奇。

我先前說過，這個領域常有許多研究規模太小的缺憾，不過我無法用這一點來批評最近一項探討哪種景觀類型最能提振精神的研究。環境心理學講師凱莉・懷爾斯（Kayleigh Wyles）在薩里大學（Surrey University）分析四千多人的樣本，所有人都生活在英國，並個別提供前一週的踏青紀實，內容是關於造訪海邊以及自然保護區等正式指定的地點後，對於精神煥發、與自然結合最直接的感受。至於停留多久才會有這些感受？結果顯示，人們在自然界中待三十分鐘以上，便能強烈感受到精力充沛。[23]

我回到低窪濕地計畫區，獨自坐在岸邊細思所有不同的心理學理論，並想知道哪一套可能最足以解釋為何這麼多人確實發現徜徉大自然是最閒適放鬆的體驗。我思忖，單單自然本身不足以當作好理由，也不是我們進化了幾千年後視自然為何物，而是我們在有生之年如何學習看待自然。

荷蘭有一項研究正說明這一點。這項研究比較農民和遊客對各類景觀的看法。如果我告訴你，農民最喜歡井然有序和防洪的耕地，而遊客偏好草地和不太工整的景致，你也許不覺得出人意表。[24]但如果我們要透過大自然休養生息，經歷和意義便牽一髮動全身。我們自己的生活亦是如此。然而，就像那些太空人從外太空俯視我們一樣，想像成千上萬小如螻蟻的人們一生勞碌，經歷生老病死、喜怒哀樂，每一段投身大自然的時光，都是我們退一步審視人生的吉光片羽。

對我而言，劍橋郡的沼澤溼地是讓我可以把鏡頭拉遠的好地方。這裡的景觀因逐漸復育重新灌溉更加貼近自然。出於種種原因，對我來說這個地方比起他處更有意義。儘管置身自然的心理學有時令我困惑，每當我回到那裡沉思，總有別的事旋即如靈感般湧現。我只是坐在那，不為這本書或其他雜事發愁，腦袋頃刻就能安靜下來，心如止水。

第10章

第一名　閱讀

我敢說你在小時候也玩過這種惡搞遊戲。你等到某個人（最好是大人）坐下來後翹起二郎腿，伺機手刀砍進他膝蓋前側的柔軟帶，看到大人的腳不由自主往前踢時氣乎乎，你則呵呵笑的那種童趣。

光想就挺過癮的，但我為何在關於閱讀的休息之道這一章開頭提到它？因為呢，即使坐下來看書擺明了會讓人放鬆，其實鮮少實驗真正研究閱讀這件事。這真是出人意料。其中一項知名研究要往前追溯到一九二八年，出自我們前面提過的一位醫生之手：芝加哥大學的艾德蒙．傑考森，他發明漸進式放鬆舉世聞名（我們在「什麼事也不做」這一章討論過）。如果你還記得的話，這套方法提到從腳趾到額頭有系統地收緊和放鬆身體的每一處肌肉，可以讓你身心平靜。

你也許還記得，傑考森將著作命名為《你得放輕鬆！》，表面上似乎暗示他不太了解放鬆的原理，實際上他再清楚不過。當醫生指示病患放鬆時，對方往往反而會繃緊神經。他在一九二八年研究的重點就是測量膝蓋反射，在此情境下，如果一個人開始緊張，膝蓋抽動的幅度就會增加。傑考森想探究哪一種活動最能減弱這種不由自主的反射反應，讓病患放鬆下來。

答案揭曉，自然就是閱讀。

傑考森以一套繁複的研究方法歸納出結論，論文花了超過一頁篇幅敘述實驗所使用的機械設備。每一名受試者坐在莫里斯單人椅（Morris chair）上，皮帶繫緊大腿綁在板子上，以線繩滑輪系統與夾式自動電磁錘控制擊向膝蓋的輕微力道，精準測量小腿猛地抽動懸空的反射反應程度，傑考森稱之為「抽動的幅度」。旁邊並置放一組槓桿，用來測量膝蓋本身是否移動了。

傑考森在論文中以冷面笑匠的風格描述，實驗一開始四十名受試者就有五名「皮皮剉」，想來他們肯定是自行腦補要進入酷刑室了。如果所有的皮帶、錘子和滑輪還不夠嚇人，固定在牆上的特殊隔音板可能有助於加深自願者的焦慮感，雖說這些板子實際上是用來隔絕外界噪音干擾，而非掩蓋「受刑人」的尖叫聲。

整套設置看似荒謬，傑考森的實驗卻歸納出一些有意思的結果。他發現，如果錘擊太規律，約莫三十秒一次，受試者的閱讀效果還不足以緩和膝蓋抽動。但是如果錘擊間隔較長，閱讀就發揮神奇作用了，膝蓋反射動作會漸漸趨緩，人們真的會越來越冷靜。

這項研究絕對稱不上完美。首先，它要求受試者大聲朗讀，但是多數人通常不會這樣唸給自己聽。更重要的是，另一半受試者沒閱讀，看起來也沒有施予任何受控條件，因此不能排除無論自願者有沒有閱讀，都有可能只是因為習慣了膝蓋被撞擊，所以變得比較放鬆。然而，實驗結果卻清楚指出，除了三名確診「神經過敏症」的患者，以及一名叫J．C的倒楣鬼因為「綁得異常緊而無法放鬆」，大部分受試者都覺得閱讀具有放鬆效果。

儘管有這些缺失，傑考森的研究顯然有點道理。將近九十年後的今天，閱讀在「休息測試」中躍居比其他所有事物都更放鬆舒緩的活動，有高達五八%的受訪者選擇它。這些人似乎破解美好生活之道的秘密，因為他們特別可能在「圓滿幸福量表」拿高分，這張表結合自尊、目標、意涵和樂觀等指標。[1]

當然，那些憤世嫉俗的人可能懷疑這麼多人在我們的調查中勾選閱讀，搞不好只是想要突顯自己的文青味與才智，有點像是高三學生在大學申請表的興趣欄填上閱讀。事實恰與這項指控相反，整起調查全程匿名，如果應答者費勁心思假裝好學，那麼「什麼事也不做」便不太可能出現在前五名。所以當他們回答閱讀可以放鬆身心，我埋單。

放鬆又警醒

實際上有些人發現，如果手邊沒有書，他們根本無法放鬆。

維克多・內爾（Victor Nell）是非洲國家辛巴威的臨床心理學家，一九八〇年代曾在南非報紙上登廣告，廣徵讀者參加有關閱讀習慣的研究。參加資格是每星期至少讀完一本小說，實際上這些自願者每星期平均讀完四本書，其中一戶四口之家聲稱他們每月讀完一百零一本。[2]內爾吸引到這些閱讀量驚人的讀者，才得以針對閱讀進行史上最詳盡的研究，我也將大量援引這份研究發現。其中我最喜歡的問題是：如果他們剛好在一天裡最喜愛的閱讀時間抵達陌生旅館，卻發現手邊沒書可讀，他們會怎麼辦？內爾把這些答案納入所謂「挫折指標」（Frustration Index）評分，得分最高的人甚至會覺得沒書可讀是「絕望」、「孤

徵求書蟲

如果你閱讀大量輕小說並樂在其中，我們邀請你自告奮勇，協助用科學來解釋。

寂」或「飽受剝奪」。這種超誇張反應連內爾都暗指，這些人根本是嗜讀小說成癮了。

對大多數人來說，手上沒有拿著美國、英國暢銷小說家丹．布朗（Dan Brown）、J．K．羅琳（J.K. Rowling）剛上架的最新作品，當然不會冒狂冷汗或恐慌症發作，但實際上書本可是生活中的大事。光是在英國，二〇一八年圖書銷售總額就超過十六億英鎊，這數字便彰顯出書本在我們這個世界舉足輕重。

在「休息測試」中，人們並非就他們認定最有趣的活動投票，而是選擇最能休息放鬆的活動。我當時有些意外閱讀竟勇奪第一，畢竟閱讀不是一種被動的消遣，其實需要費神。閱讀確實不像跑步，大可躺在沙發或吊床上做這件事，但它的確需要在許多不同層面上執行認知工作。

我們讀字母，以字母建構字句、會心取意，聯想讀過的內容、進入自己的記憶、創造形象，並在腦中模擬動作、畫面和聲音。同時，我們運用心理學家所說的「心智理論」（theory of mind）來揣摩角色的心理，藉此了解他們的動機、忖度他們的想法，並感受他們的情緒。

奇怪的是，閱讀不僅在認知上費力，出乎意料在體能上亦然。一九八八年，內爾曾召回書蟲進行研究計畫，其中有一項調查就是關於人們閱讀時生理上有何變化，這道主題涉及另一項複雜實驗。

首先，內爾為了引發受試者產生厭倦無聊的反應，讓他們戴上半透明的護目鏡，並且在耳內播放十分鐘的白噪聲。接著安排自願者參加一系列活動，包括閱讀三十分鐘、闔眼放鬆五分鐘、看照片、做心算，或解答如下謎題：「當一個紅蘋果切成兩半再一半時，有多少面是紅色、多少面是白色？」[3]

內爾還運用許多測量方法。他在受試者的臉上、頭部和頸部放置電極，以便評估肌肉活動、確認心跳間隔時間，以及測量呼吸頻率。這些測量旨在協助他評估受試者的身體對不同的活動有何反應。

你認為哪種類型的活動會讓身體透露出更加平靜放鬆的訊息，是無聊、放鬆、心算、解謎或閱讀？請謹記，這些書蟲已認定他們深好此道，所以閱讀根本不費吹灰之力。你或許會猜想，他們的生理會反映出這一點，即閱讀肯定絲毫不費體力。但是調查結果顯示，受試者在閱讀時的生理反應明顯比無聊或闔眼放鬆來得高。除此之外，閱讀激起的生理反應也比難猜的謎語更強烈；在部分測量中，閱讀甚至比做數學費力得多。

我們可以從內爾的研究結果歸納出以下結論：即使閱讀讓人休息放鬆，但特別對愛書人來說，閱讀卻不是可以讓大腦或身體關機的休息活動。這道論述點出了一項問題：睡前我們應該閱讀嗎？

枕邊書真的能助眠？

許多人在睡前閱讀，是因為他們發現這麼做有助安定思緒。但是從心理學或生理角度看，睡前讀書顯然並不是好主意。

睡眠專家經常建議要培養良好的「睡眠衛生」習慣，這個意思不是叫你每兩天換一次床單，而是嚴格遵守臥室是專門睡覺的地方、別無他用；如果你不以為然，他們倒是有說性生活例外。這道想法的意圖是要讓臥室僅與舒眠產生關聯，只要你的腦中對此有強烈聯想便容易入睡。

如你所料，這些睡眠專家擔心在床上看電視會過度刺激大腦，因此也強力反對，遑論是滑手機。但是就整體而言，書本不在他們的反感範圍內。這種差別待遇僅僅是文化的大小眼作祟，還是說他們採取不同視角看待閱讀有其根據？似乎有證據支持以下觀點：如果你想一夜安眠，在床上讀書比看電視更可取。這份調查的對象是五千名住在英國的受試者，結果發現，在床上看電視的人當中，三八％反應大多數夜晚都睡得不好，但睡前看書的人當中，三九％卻說自己一覺到天亮。[4]

許多研究睡眠的心理學家也建議，如果你覺得自己經常清醒到半夜，但不是因為擔憂恐怖的隔日即將到來，也不是煩惱落落長的待辦清單，那麼就算天寒地凍，你也應該爬出被窩、坐上躺椅看書，直到周公再度上門為止。如果睡神有幸眷顧，當你分散注意力爬回床上的同時，身體會渴望鑽進溫暖舒適的被窩，你倒頭便可呼呼大睡。

但我們已經知道閱讀不僅觸動大腦，還會活躍身體反應，在這種情況下，為何閱讀會讓我們放鬆並逐漸入睡？內爾主張，閱讀一開始會活躍我們的生理、心理反應，不過當我們放下書本時，所有反應隨之下降。正是這道落差有助誘發睡眠，類似洗完熱水澡後體溫下降會帶來睡意。這是一套有趣的假說，但我並不完全埋單。首先，它無法解釋為何有很多人在閱讀時就已昏昏欲睡？還有，為何熄燈前讀完一串煩人的電子郵件而不是書本時，同樣情況卻不會發生？當你猛然闔上筆電時，所有活動也應該會下降，但在讀電郵的情境時，倒頭也很難立即入睡。

因此對我們許多人來說，為何閱讀會是一夜好眠的完美暖身動作，這個問題依然待解。正如我稍後會在本章進一步解釋，這也許與童年的回憶有關：小時候在熄燈前聽的床頭故事，不是都能帶我們走進夢鄉嗎？

閱讀是懶惰的消遣？

針對閱讀這種休息之道的研究還有一種引人發噱的面向，那就是最有力的證據多半是憑空降臨。令人驚訝的是，鮮少有研究把閱讀當作休養放鬆的方法加以測試，反而有些研究在調查其他活動時，原本將閱讀歸類於與休養放鬆無關的中性任務，卻發現與其他活動相比之下，閱讀確實發揮同等或更強大的休息效果。

舉例來說，二〇〇九年美國有一項關於瑜伽的研究。我猜想作者原希望可以證明，瑜伽是最極致的放鬆形式，哪知他們竟選到一項出乎意料有休息效果的活動來對比。受試者做完瑜伽三十分鐘後，血壓和壓力確實下降；但是他們讀完雜誌《新聞週刊》（Newsweek）的文章半小時後，血壓和壓力也同等下降了。[5]

另一項實驗則發生在澳洲。研究人員讓一組定期練習太極拳的受試者置身壓力情境——在嘈雜的房間裡完成一小時棘手的心算題——並不斷被提醒時間進入倒數階段。另一組受試者的六十分鐘任務更不好過，得觀看一段關於人們歷經恐怖遭遇的影片。如你所料，每個人看完影片後都焦慮不安。在接下來一小時裡，他們被指定冥想、快步健行、閱讀或練習太極拳。研究人員安排這項實驗原本想證明打太極拳是抒壓和放鬆的理想方式，然而生理測量結果顯示，閱讀和其他活動實際上與太極拳一樣有效，可以降低壓力荷爾蒙皮質醇，讓心情更加平靜放鬆。[6]

當然，有一件事是多數讀者都知道但研究人員偶爾會沒意識到：閱讀是生活中最為平靜放鬆的活動之一。當芝加哥的研究人員要求成人受試者在日記中寫下他們每天做的事和行事動機時，三四%的成人列出讀書的目的是為了要放鬆。人們在閱讀時，八九%的情形是早已明白讀起來不會太費力。[7]

幾百年前閱讀就被認為是一種休閒活動，這並不令人意外。確實，閱讀一向被視為懶惰和自我放縱的舉動。在十八世紀的英格蘭，「坐看小說」等同喝酒，是一種邪惡習氣。看小說不僅會讓人發懶，放鬆也有損儀態，同時還有引起火災之虞，這當然是因為那時需要蠟燭才不需要摸黑讀書。到處巡迴的行動圖書館，與妓院、琴酒商店是一丘之貉。至於我們聽起來再低調正經不過的「閱讀沙發」，當年備受道德家和社會改革家口誅筆伐。

二〇〇八年，中歐國家斯洛維尼亞的大學教授安娜・沃格琳琪・賽佩克（Ana Vogrinčič Čepi）拿十八世紀世人看待小說的態度，與現今世界面對電視的道德恐慌做比對。她這麼寫：「對照古今，如果過去的小說讀者像是在書上塗蠟引起大火，那麼現代的電視觀眾就像是專吃垃圾食品，在地毯上滴灑番茄醬。」[8]

時至今日，這段話你可以拿智慧型手機或平板電腦取代小說和電視。看起來我們會恐懼所有讓我們迷昏頭、耗時又好玩的東西，新事物尤其首當其衝。

即使內爾在一九八八年研究時也發現，在否定讀小說的遺毒思想中，暢銷書或通俗小說堪稱眾矢之的。他的狂熱讀者群坦承，自己閱讀的書目中泰半是高中英文老師口中的垃圾作品。他們也發現自己非常贊同就寢時間讀書，因為若改在其他時間讀書則會有莫名的罪惡感，老是覺得自己應該做些更積極、更有用的事。

一窺讀者的內心世界

我們若想透徹理解閱讀為何能平靜身心，就有必要理解閱讀時大腦如何運作。從某方面來說，書籍比起其他媒體形式更能讓我們一手掌握。你看電視轉播時，當然可以按下暫停鍵、倒帶或關機，但我們往往不這麼做。加拿大多倫多的社會心理學家雷蒙・瑪爾（Raymond Mar）發現，人們只要一打開電影或電視節目，就很可能一路看下去，或許是因為看電視時多半全程有他人陪同。[9]

書籍則不然，除了最扣人心弦又愛不釋手的驚悚小說，其他書類我們不太可能囫圇吞棗一次讀完。就算我們讀起書來看似全神貫注，實際上過程也不斷分心。我們連想都不想就會停下來、重讀段落、翻回上一頁，甚至還在讀到某個章節時不知不覺夢起周公。這一切都說明，我們得花一段時間才能看完一本書，這一點強化閱讀時閒適放鬆的感覺。

我們以自己的步調和方式讀書，代表我們可以掌控當下的情緒。假設恐怖故事太可怕，可以隨時擱下這本書；如果諜報驚悚小說太懸疑，也可以直接偷看故事結局。由於我們的腦袋隨著作者振筆疾書也同時在創造人物，因此可以自行決定腦中的反派有多駭人、英雄有多勇敢；如果我們入戲夠深，還可以腦補一條我們常走的街道，想像某一段故事情節就發生在住家附近。我們更可以把生活周遭的人們假想成書中角色，或是盡己所能想得千奇百怪。作者設定一些界線，但是在這個範圍內，我們擁有寬闊的創作自由。

讀一本書通常要花上幾天甚至幾個星期。我看小說的速度超級龜速，結果我花了幾年沉迷在美國作家傑佛瑞・尤金尼德斯（Jeffrey Eugenides）的《中性》（Middlesex）世界裡。然而，每當我再次遁入這個世界，都有一種回歸的親切感。現在，我對他的這個世界了解甚深，在此我的憂愁會隨著情節展開拋到九霄雲外。

事實上，我們可以選擇自己的閱讀速度正是關鍵因素。內爾邀請他號召的南非愛書人到實驗室讀他們愛不釋手的書。借助窗戶與巧妙擺設的鏡子，內爾可以觀察到讀者的目光在書頁間移動。令他意外的是，他們讀得渾然忘我時不是想要速戰速決，反倒明顯放慢速度，細細品味他們最喜愛的那幾頁內容。至於那些乏味的段落，他們的反應則在意料之中，眼神只有大致掃過，絲毫沒浪費時間在枯燥的文字上。這種潛意識能加快與減慢閱讀速度，或駐足於佳句妙語，或跳過沉悶老哏，讓我們讀得津津有味，進而放鬆身心。

有證據指出，當我們獨自細聲輕讀時，腦袋裡會清楚發出這些聲音，這是一種內在語言。研究顯示，即使我們沒發出聲音，若母音較長（例如英文中的蛋糕「cake」），我們讀的速度也會變慢；若母音較短（例如英文中的貓「cat」），我們的讀速則會較快，和大聲朗讀沒什麼不同。[10]同時，書中章節所喚起的情感對我們的身心皆有影響，這可以由測量心跳、膚電傳導，好比指尖出汗程度以及神經造像看出。例如，當自願者閱讀青少年小說《哈利波特》（Harry Potter）的可怕段落時，研究人員偵測到大腦中涉及同理心的神經迴路反應增強。[11]就某種意義而言，我們閱讀時經歷的一切，身心也如歷實境，就好像在現實生活發生過一樣。我們沉浸在虛構事件的程度其實非常深入。

我們在閱讀時會自我反省、左思右想。正如英國奇幻小說大師菲利浦．普曼（Philip Pullman）所寫：「書開講了，讀者就好奇了；書回應了，讀者就思考了。」與書本的這場相遇，我們懷揣著自己的個性、過往的閱歷、成見、期待、希望以及恐懼。[12]

一本書喚起的情感和情緒不必然會瞬間消逝，往往會盤旋幾天。我們最愛的小說通常是那些即使在讀過幾年後，書中氛圍總能令我們回味再三的作品。維吉尼亞・吳爾芙在散文作品《如何讀一本書》中這麼寫：「等待閱讀的塵埃落定；衝突和質疑平息；踱步、傾訴、摘下枯黃的玫瑰花瓣或沉沉睡去。然後突然間，心不甘情不願地，因為自然經歷四季變換，書也終將歸來，卻帶著不同的面貌，在整個腦海中浮現。」[13]

到目前為止，我們都在討論小說，不過當然也有很多人讀的是非小說作品。研究顯示，非小說作品一樣可以讓人們感到愉悅和放鬆。[14]在「休息測試」中，我們並沒有追問受試者正在讀什麼類型書籍，有可能是實體書或電子書、小說或非小說、雜誌、報紙，甚至是某種年報呢。想當然耳，閱讀通常不是二擇一、真或假的問題。舉例來說，在南非的研究中，小說占閱讀大宗的受試者也沒少讀報紙。

我個人是躺在床上看報紙的鐵粉，我不能不知天下事。那些報紙在我床頭櫃旁的地板上堆積如山，堆到我別無選擇，只能從最舊的開始清。即使如此，扔掉一個月前的副刊甚至是幾個星期前的新聞，對我仍是痛苦大事。外子不樂見那堆報紙，稱它為「老鼠窩」，但我告訴他至少我沒像某個朋友那樣，存下數個月份的報紙放在大行李袋內，還帶著它們旅行。那位朋友在扔掉它們之前，會在游泳池旁閱讀每一張泛黃的報紙，回程再把清空的行李袋壓平，放回手提行李箱帶回家，迎向下一堆報紙。

當然，詳讀報紙有一大缺點：讓我們面對現實吧，新聞多半是刊載壞消息，還會描繪出醜陋不堪的浮世繪。英國南安普敦大學（Southampton University）副教授丹妮絲．巴登（Denise Baden）發現，負面消息會讓我們悲傷和焦慮，[15]其中讓人失望但相對有趣的地方在於，它會抑制而非激發我們解決令人沮喪的問題。人們常叨唸他們希望能閱讀更多正向新聞，報紙和播音員一再嘗試這種做法，但人們選擇閱讀、觀看和收聽的新聞實際上仍以負面居多。儘管我們嘴上這麼說，我們確實希望目睹地震、政治醜聞爆發，頂多加上熟悉的狗溜滑板娛樂報導。不過，閱讀負面新聞還是有一些積極面向：就像從外太空看地球一樣，其他人的不幸確實能讓我們從客觀角度審視自己的困境。

逃離自己的手段

無論是小說或非小說作品，都可以引領我們進入其他人的世界，情境歷歷在目，使得閱讀體驗與書中內容交纏難分。你在假日閱讀的書本，既能讓你感覺情節發生於現世你所處的此地，又能讓你彷彿親踏小說虛構的場所。

很大程度來說，儘管閱讀費神，因為可以讓我們脫離自己的世界，閱讀還是會帶來平靜放鬆感。我們既可以把自己的問題擱置一旁，又可以遁入自己的思維裡。英國作家蘿絲・崔蔓（Rose Tremain）希望透過寫小說略盡貢獻人們心理健康的棉薄之力。她說：「你可以拾起一本我的書，然後想著：『哦，好吧，接下來半小時我都會好好的。』」[16]

美國心理學家米哈里・契克森米哈伊將閱讀所引起的類催眠狀態稱為「心流」，其他人則稱為「出於樂趣意識的閱讀」（ludic reading），也就是為樂趣而讀。南非研究中，一名出於樂趣意識的讀者抒發己見：「我無從選擇生而為人，而且我不能說（老實說）百分之百享受生活。因此，我在每天讀『垃圾書』的幾個小時中逃離旁人的憂心忡忡和自己的憂愁苦惱。」內爾招募的「月讀百本書之家」裡有一名家庭成員則說，閱讀是一種病，他一方面覺得自己從來沒有好日子可過，同時又覺得這種病允許他遁逃到一個更廣闊的世界裡。

當然，如果你冀望靠閱讀分散注意力，並不是每本書都能滿足你。在一項研究中，患有慢性疼痛的人們集體閱讀短篇小說或詩歌，結果發現具挑戰性和發人深省的文學作品，最能轉移他們感受痛苦的注意力。越是神秘難懂的故事，諸如俄國小說家安東・契訶夫（Anton Chekhov）、英國現代詩人D・H・勞倫斯（D.H. Lawrence）和美國短篇小說家瑞蒙・卡佛（Raymond Carver）等，越讓他們入神，就會越少關注痛苦。[17]

內爾將研究中出於樂趣意識的讀者分為兩種類型：一種是為了逃離現世而讀書的人，他們抹去對生活的一切想法；另一種人截然相反，他們想提高自我意識，透過閱讀他人的生活來反思諸己。

放空閱讀

有一項特別的神經科學研究針對閱讀進行。美國南加州大學（University of Southern California）的研究人員套用軟體，將全球各地共兩千萬則部落文精粹成四十則故事，可謂是四十則人類的基本故事類型。研究人員想了解，人們在閱讀這些故事時大腦有何反應。每個人的大腦對同一則故事的反應有何不同？答案是大同小異。無論人們用英文、波斯文還是中文閱讀，無論字母和排版如何，如果故事雷同，大腦的反應都非常類似，這代表我們大腦處理特定故事的方式有一致性。[18]更不可思議的是，研究人員發現，光看大腦掃描儀結果，他們就能夠猜出躺在其中的受試者正在閱讀四十則故事中的哪一則。當大腦讀書的時候，掃描儀也幾乎同步在閱讀大腦。

但是這項研究的重點在於，它透露出我們閱讀時儘管大腦沒有休息，但也沒有完全集中注意力。閱讀涉及大腦的許多區域，包括預設模式網絡的部分區域——也就是那些當我們的大腦正在放空，其實心智四處漫遊、運作如常的區域。過去，神經科學家認為，除非人們從事特定任務時當真無法集中精神，否則這套網絡不會啟動。不過，南加大的研究和其他研究主張，當我們閱讀時，這套網絡會忙著找出故事中的意義，並根據我們過去的記憶、對未來的想法以及人際關係理解這層意義。因此，儘管照理說我們已經深入別人的世界裡，但仍會不由自主與自己存在的世界相互連結。

美國普林斯頓大學（Princeton University）心理學家黛安娜・塔蜜爾（Diana Tamir）的研究證實這一點。她要求受試者躺在腦部掃描儀中閱讀書籍片段，摘錄內容很廣泛，小說類諸如美國科幻小說家艾格・萊斯・布洛（Edgar Rice Burroughs）的《泰山》（Tarzan of the Apes）、英國作家湯瑪士・哈代（Thomas Hardy）的《黛絲姑娘》（Tess of the d' Urbervilles）等小說，非小說類則包括芮貝卡・史克魯特（Rebecca Skloot）的《改變人類醫療史的海拉》（The Immortal Life of Henrietta Lacks）、資深瑪瑙收藏家派蒂・珀克（Patti Polk）鮮為人所知的《收藏岩石、寶石與礦石：辨認、鑑價與切割的輕鬆指南》（Collecting Rocks, Gems and Minerals: Identification, Values and Lapidary Uses）。對我來說，這些書當中有些聽起來比其他更具啟發性，但塔蜜爾和她的同事發現，閱讀其中任何一本都會引起預設模式網絡活動，儘管依受試者所讀內容不同，活動區域範圍會有差異。[19] 顯然，即使正在閱讀瑪瑙、綠寶石和沉積層這類老實說多數人興趣缺缺的內容，我們仍會把自己用經驗和思想構築的世界引入閱讀歷程中。

也許，我們其實不會總是盯著眼前的書看，這才是閱讀的樂趣之一。心理學家稱之為放空閱讀（mindless reading），而且我敢肯定，如果不是礙於心理學術語，你一定對此概念再熟悉不過。你有多常盯著書頁卻沒真正讀進去，反而是在思考其他問題？你又有多常翻了幾頁書，之後完全不記得任何一個字，因為你正忙著盤算這個夏天花園要撒什麼種籽，或是上哪兒度假？

閱讀可以促進心智漫遊，為我們做白日夢提供一個完美的出發點，也就是刺激我們飛離當前的環境。你不必然得前往故事的發源地，只要打開我們記憶中的盒子，找到某一處特別的地方，甚或是陌生的異域也可以。當然，探究別人的想法從來都不是容易之舉，但是有關於放空閱讀的研究指出，我們所有人的想法其實相去不遠。

有趣的是，有些研究人員發現，當我們閱讀一些輕鬆小品時，最常發生的情況是，視線雖然游移在書頁的字裡行間，心思卻早已飄遠了。另一些研究人員則發現，當我們閱讀較比困難的內容時，同樣情況也會發生。[20] 科學家們同樣發現大腦正在放空閱讀的證據。一開始，人們眨眼的頻率會變高，但還有第二條線索，這正是從關於夏洛克・福爾摩斯（Sherlock Holmes）的實驗中獲得的。認知神經科學家強納森・史莫伍德要求受試者閱讀英國偵探小說家柯南・道爾（Conan Doyle）的短篇小說《紅髮聯盟》（Red-headed League）。他發現，如果人們真的專注內文，讀到一串長長的生字時會稍微慢下來；但如果思緒已經飄走，他們就會興高采烈地掃過這些晦澀難懂的單字。[21]

我們在「做白日夢」這一章中曾提到英國小說家兼心理學家查爾斯・費尼霍夫，他喜愛閱讀和寫作，但承認自己是動不動就分心的讀者。不過他也說，這是他樂於閱讀的原因之一。他很納悶，在閱讀中注意力斷線的那一刻，是否存在什麼特別的東西在前方開路，引領我們直接進入心智漫遊的休息狀態。難道閱讀是幫助心智漫遊的捷徑嗎？

你可能會以為，作家都會希望我們專注理解他們嘔心瀝血精雕細琢的字字句句，但是以吳爾芙為首的作家，其實很高興我們能越飄越遠。她寫，當我們閱讀時放任思緒漫遊，便是給自己機會發揮創造力。「書櫃的右手邊窗扉緊閉嗎？放下書本，看看外頭多有趣啊！這無意間可有可無、亙久長存的景象，滿是靈動的生機！小馬在田野裡奔馳，水井邊的女人正拿著桶子裝水，驢子把頭向後甩，發出冗長而刺耳的呻吟。」

因此，閱讀為我們開闢兩條通往休息的路徑：有時它轉移我們對憂慮的注意力，有時則是反其道而行之，不帶領我們遠離自己的世界，而是在心智漫遊時容許自己反思生活。再一次，我們看到休息的核心矛盾之處。休息分散我們的注意力，但也促使我們與自己面對面，在精神上回到自己的過去、走向自己的未來，並用它來阻絕或強化自我意識。

我們透過本書所介紹的休息放鬆活動，希望能讓自己釐清思緒、清醒頭腦與活在當下。但也許往腦子塞點東西也無所謂，不管是注入這個世界的新思維，還是其他人的故事與觀點，結果可能一樣舒心放鬆。

至於閱讀為何有助於我們煥發精神，還有第三道面向可以充分說明。

好書常伴左右

前五名休息放鬆的活動大部分可以單獨進行。對許多人來說，遠離他人就是休息的基本要素。然而，這就是閱讀的特殊之處：它不僅給我們機會逃離他人，同時也陪伴我們。而且比起跟活生生的人們打交道，書本這種友伴不只有趣得多，我們還可以說不理就不理，無需提出任何解釋。

這種陪伴關係非常強大，甚至可以對抗因隔離而產生的孤獨感。還記得「我想獨處」那一章所提出的問題嗎？「一個人時，誰的身影會出現在腦海中？」答案有時會是書中的某個角色。偉大的美國小說家約翰．史坦貝克（John Steinbeck）曾說：「我們終其一生都試著要比較不寂寞。有一個老方法是講故事。設想聽故事的人說出心中所感：『對，就是這樣，或至少是這就是我的感覺。你沒有像自己以為的那麼孤單。』」[22]

美國有兩名護理講師多年來的工作都是與老人共處，他們發現那些樂在閱讀的人似乎很少會感覺寂寞，因為有書中人物長伴左右。其中一名八十六歲的老太太患有心臟病，無法離開自己的公寓。當講師問她，一個人關在家裡的感覺如何，她指著書說：「我不孤單。整個世界都在我身邊。」[23]講師們隨後發現，其他老人也意見一致。無論是看報紙還是書本，一般而言，閱讀量最大的人比較不寂寞。

坊間有大量研究探討讀小說如何改善我們的同理心，甚至能引導我們探索他人的心理而自我提昇。當今在人們眼中，閱讀的意義往往是好事，與十八世紀大相逕庭。但我認為，人們忽視了「閱讀有助於休息」這項優點。因此，如果你借道閱讀來求取休息，讀什麼內容會有差異嗎？

讀什麼書有助放鬆？

有時候人們會出於一心想改善健康，所以選擇閱讀特定書籍，這就是臨床所謂的「圖書醫療法」（Bibliotherapy）。這個術語使用範圍相當廣泛，但是方法可能不盡相同，從閱讀十九世紀英國文學名著《簡愛》（Jane Eyre）減輕失戀心痛，到開立實用技巧指南當作處方箋對抗焦慮或憂鬱症都有可能。儘管讀小說的處方比較容易受到媒體青睞報導，也可能真的奏效，不過讀實用技巧指南才是經過系統性測試並證實有效的圖書醫療法。

如果你心中渴望好好休息，那麼究竟有什麼具體證據足以顯示，讀哪一種書可以讓我們停下來休息？你也許還記得，那些出於樂趣意識的讀者承認，他們閱讀的書有一半英文老師都棄如敝屣。這麼說，你應該讓英文老師刮目相看？或者置若罔聞？

你所選的書確實應當依照個人喜好，但箇中關鍵在於，要選擇任何使你有機會進入契克森米哈伊稱為心流狀態的書。這種狀態會撲天蓋地到讓你渾然忘我，甚至無從察覺時間正在流逝。這種時光飛逝之感不是來自於開心玩樂，而是好似你已經從時間抽離，經歷某件正在發生的事。根據他的「最優體驗理論」（Theory of Optimal Experience），當你正參與適合自己的活動時，其他事都顯得無足輕重了。促進心流狀態的活動必須具備多種條件：你必須花點精力，不過它不僅在你的能力範圍之內，同時也會以某種方式直接反饋。

對某些人來說，閱讀符合上述條件，事實上，契克森米哈伊發現，在所有使人們進入心流狀態的事物中，閱讀是最多人提出的活動。[24]但回到剛才的問題：我們應該為這項任務付出多少精力？

越少越好也許看似不言自明，但是接下來讓我們思考一下其他導向心流的活動，例如園藝或繪畫，或是更費力的攀岩活動。人們做這些事情時肯定十分費勁，但是他們卻說自己處於最優體驗中。[25]

這就是為什麼我認為，「如果你想借道閱讀休獲得息，這本書必須不用花費什麼腦筋」這道假設有誤。人們說機場書店擺售的小說（那些愛情小說和男性刊物）適合帶去度假，但也許正是這些類型的書無法征服你的心。在日常生活中，要是你一向只在睡前閱讀，你可能會發現每當自己讀到比較不易理解的書，只消專心讀個幾頁就筋疲力盡，倒頭呼呼大睡。反之在放假時，你在大白天十分清醒的情況下得空幾個小時，這可能是你一年裡難得幾次可以身心靈都投入深奧難解事物的機會；你越是全神貫注，就越有可能進入心流狀態；你越是能進入心流狀態，就越有可能充飽電力。

終歸一句，在游泳池邊日光浴時探索霍金的《時間簡史》（A Brief History of Time）、愛爾蘭作家詹姆斯．喬伊斯（James Joyce）的長篇小說《尤利西斯》（Ulysses），或是法國小說家馬塞爾．普魯斯特（Marcel Proust）的長篇巨著《追憶似水年華》（À La Recherche du Temps Perdu），可能是最極致的放鬆方法。你不妨給這些大作一次機會！

人們自己選書時，有些人會一次讀一本小說，有空時只讀單單那本書；其他人則是把書堆成床邊的集塵塔，也許一次堆上一打，其中有些書無疑永遠也不會看完。如果你像我一樣屬於堆報紙也堆書的後者，只要你能記住書中情節，就肯定還有機會重拾《時間簡史》，以某種方式抒發或對照你的心情。

研究發現，當人們覺得難受時，傾向於選擇激勵人心的事物，但求心情好轉；心情愉悅的人則往往怕有鳥事干擾。[26]倘若如此，每個人都會選擇能感受快樂的書，不論是為了轉換壞心情或是保持好心情。然而，我們顯然都知道現實生活並非如此。充滿痛苦和暴力的驚悚小說一直廣受歡迎；人們喜歡賺人熱淚的電影，也喜歡書裡的悲歌。英國作家麥克斯．波特（Max Porter）饒富詩意的小說《悲傷長了翅膀》（Grief Is the Thing with Feathers），讀起來既迂迴曲折又讓人心碎滿地。

劇透是好是壞

有些人發覺，先知道結局讀起來比較輕鬆。你也許認為自己討厭劇透，但奇怪的是，劇透不僅讓我們讀起來更流暢，人們還普遍認為如果他們知道手上的書會有什麼情節即將發生，反倒更能享受閱讀的樂趣，而不是覺得掃興。

大多數關於劇透的研究都援用短篇小說，但比起閱讀整本小說，人們投入短篇小說的時間相對較少，因此我並不全然相信人們不介意劇透。儘管如此，有些人會故意先翻到小說的最末頁，然後從頭欣賞故事怎麼推展到高潮。當然，也有許多人喜歡重讀愛書、反覆咀嚼，就算已經非常熟悉小說中的情節、氛圍和人物也無妨。

不過還是有人完全無法忍受一丁點劇透。有一道極端案例是，一名俄羅斯工程師遭控刺傷一名同事，對方居然還是整個冬季陪他在南極研究站熬過漫漫黑日的同伴。一些報導宣稱，刺傷事件的發生原因是那名白目同事一再透露研究站僅存的幾本小說結局。雖然事實可能並非如此，因為有些報導駁斥這道動機，但是這則故事聽起來幾可亂真，不就代表我們對於「讀到尾聲才知分曉這件事」有多感同深受嗎？

很大程度來說，這一點取決於我們正在閱讀的文學類型。知道（注意！後有劇透！）

羅密歐與茱麗葉都將會死去，並不會阻止你奢望事情每次為時已晚之前都有人能及時出手相救，不過在結局前就知道殺手身分卻是另一回事了。同理，我們拜讀英國文豪莎士比亞大作並非只為了故事情節，其中很大的樂趣在於領略優美的語言和人物迂迴複雜的心理歷程。當然，有些小說經過精心構思，會先奉上結局、再用剩餘篇幅描述故事原委，但即使在這種情況下，除非你先前已讀過這本書，否則箇中樂趣多半來自於剝繭抽絲般逐步揭開謎團。

研究指出，人們純粹為了樂趣閱讀越多小說，就越想要享受不受劇透干擾的體驗。[27]相比之下，人們若是沒有那麼投入書裡的思想和情感，就不會介意先知道情節。南非書蟲控當中，有人覺得縱使知道結局，重讀一本書比初次閱讀來得更有趣。有人說，世界上真正讀來其樂無窮的書並不多，以至於他都用最快的速度翻閱愛書，忘掉情節後再重新享受它們，反覆咀嚼達十次之多。

大聲朗讀的獨特性

在結束閱讀這道主題之前，我想先倒帶回去討論聽書這項特別的子題。很多年前，我曾參觀一場在牛津貧寒地區執行的計畫，鼓勵母親大聲朗讀給襁褓中的嬰孩聽。一開始母親們都半信半疑，對著還沒牙牙學語的嬰童朗讀毫無意義，因為他們根本就聽不懂。但不久後，他們看見孩子有多麼喜歡這種關注，而且聆聽母親說話似乎能讓他們安靜下來。如今有充分的證據顯示，即使是讀書給三個月大的嬰兒聽，也有助強化他們未來的讀寫能力，或許其中緣由只是讓他們習慣花時間盯著書看。[28]

如今，不僅僅是孩童會聆聽別人朗讀的聲音。共享讀書會是一道新興趨勢，和讀書會大同小異，唯一不同之處是會前不用先讀完整本書。在共享讀書會上，一個人朗讀給其他人聽，成員在體驗過程中隨時交互分享心得。某些方面來說，共享讀書會比較像是上劇院或電影院。

大多數共享讀書會是由經驗豐富的導讀者或演員大聲朗讀，有些則是由成員輪流擔綱。無論是哪一種方式，我都相信，它不像我們上英文課時必須吃力地熬過英國女作家維多莉亞．荷特（Victoria Holt）的《城堡之王》（King of the Castle）、英國小說家格雷安．葛林（Graham Greene）的《布萊登棒棒糖》（Brighton Rock）、查爾斯．狄更斯的《孤雛淚》（Oliver Twist）和莎士比亞的《馬克白》（Macbeth），那時候教室裡每個人輪流發出呆板的單音閱讀一小段，沒人敢冒險投入一絲絲感情，以免顯得愚蠢可笑。

我個人覺得，聽書有點舒服過頭了。雖然我盡量不在本書大力著墨睡眠，但是對我來說，聽別人說書的時候，休息就變成睡覺的同義詞。多年以來，外子總是在床上說書給我聽。起初，我們在背包旅行期間若有閒暇我也會大聲朗讀，但近來總是他在讀。如果他不讀，我可能得花很長時間才能闔眼；如果他讀了，就好像切斷我大腦的開關。他告訴我，通常他念不到一頁我就睡著了，而且睡得很沉。

他真是驚呆了，虧他費盡心力，「聲音、表情全派上用場」，我居然睡得著。我確實就是這麼毫不客氣地睡了。隔天晚上他會接續前一晚的情節。我已經採用這種方式「讀」了好多英國作家的書，從喬治．艾略特（George Elliot）的《米德鎮的春天》（Middlemarch）到格雷安．葛林（Graham Greene）的《沉靜的美國人》（The Quiet American），以及最近崔西．索恩（Tracey Thorn）在赫福郡（Hertfordshire）成長的回憶錄《另一顆星球》（Another Planet）。別人說書有一股神奇力量，可以讓我不停運轉的腦袋立刻停頓下來，並送我進入夢鄉。外子在我睡著後必須再讀一會兒，不然我又會醒過來。它就好像是加了魔法的安眠藥水灌進我耳裡。

當然，有些人會靠科技獲得這種服務。有聲書越來越受歡迎，甚至睡眠應用程式也提供催眠故事，這些故事經過特別構思，任何有趣的橋段都只會出現在開頭。說書人用平靜的語調，並保持一定音量，還要克制自己的聲音，輕柔緩慢地說書。這些應用程式累計數十萬次下載量，有些作者甚至發現與其寫出扣人心弦的作品，他們若是特意寫一些讓人昏昏入睡的安眠小說，或許更能財源廣進。

因此，說書給自己聽，或是找人讀給你聽吧。要用心讀還是放空讀完全操之在你。閱讀能改變我們心智漫遊的本質，進而讓我們停下來休息。它似乎能把我們從想太多的情境中救出來，帶我們跳脫反覆思索過錯的模式。即使在閱讀時做白日夢，至少可以幫助我們想想不一樣的事情。當你想休息卻又不想一個人獨處的時候，靠一本小說就能做到。

如果這還不能說服你多看書，再告訴你一項閱讀的好處，而且你可能沒聽過。有一項調查詢問三千多人前一週花了多少時間看書報雜誌，四一%的人連一本書也沒碰，其他人則是愛書者。這項調查花了十年追蹤樣本，期間超過四分之一受試者往生，但是對書蟲來說有個好消息是，他們比起只看報紙雜誌的人平均多活兩年。這項研究打從一開始就有考量健康、財富和教育三大因素，但這種差異仍持續存在。[29]沒想到讀書這種久坐不動的活動，竟然能對健康產生如此正面的影響，但這也告訴我們，閱讀這種休息之道可能遠比我們自以為理解的程度還要特殊。

結語——休息的完美處方箋

此時此刻，希望我已經說服你，休息事關重大，我們必須開始更把它當成一回事。休息就像睡覺一樣不是奢侈品。要是我們都想活得好、活得壯，休息不可或缺。

確切來說，你如何最充分休息取決於個人的偏好與選擇，但是我將本書闡述的數十項科學研究結果納入考量後，整理出一套按部就班的指南，以利你極大化充分休息的機會。

一、確保自己獲得充分休息

就像你可能會每天記錄當晚的睡眠時數，確保自己沒有睡眠不足，你也應該開始計算休息時數。試著回想昨天就好。你是否撥出足夠的時間為自己的身、心狀態充電？你是否能在忙碌中喊停，稍微反思自身？你是否提供自己一個光想不做的機會？但你是否也有完全關機的可能性？

在參加「休息測試」的受試者中，身心皆處於最佳狀態的族群一天都休息五至六小時。這個數字聽起來乎有點太多了，而且你可能會嘀咕哪來那麼多美國時間。不過事實上，很有可能你休息的時間遠超過自己所想。

針對人們時間花用的調查顯示，英國男性平均每天有寬裕的六小時又九分鐘可用來從事休閒活動，綽綽有餘了；女性則是五小時二十九分鐘。[1]當然，前述數字是平均水準，部分人士擁有的時間幾乎肯定遠少於此，尤其是撫養幼兒的父母或病患家屬。你也必須謹記，這些數字是一整週的平均統計結果，所以有些人在調查期間可能週間僅有一、兩個小時空檔，週末卻有大把的閒暇時間。

休息時間越長，並不代表品質就會越好。在「休息測試」中，雖然那些自承每天都沒有時間休息的受試者，得到的幸福感分數遠低於休息時間較長的族群，但一天休息超過六小時的族群，幸福感分數同樣往下掉。或許這些人正好是受限於生病或失業，過著強迫休息的生活。這項結果與另一項研究不謀而合，亦即長期請病假的人士最不可能享受休閒時間，只擁有一點點閒暇空檔反而有其優點，一旦你可以短暫喘口氣，就會好好享受這段時間。[2]強納森．葛舒尼研究人們如何應用時間，他有一項發現正好與我們的「休息測試」結果相互呼應：一個人享受休閒時光的程度，與他所擁有的時間成正比，但要是變成「太閒沒事幹」的話，享受的感覺就會再次消褪。[3]

如果每天五小時的最適休息時數聽起來遙不可及，請不要煩憂，你可以從忙碌的行事曆中挖出的休息時間遠多於你想像。況且，五小時休息時間當然不是要你想辦法撥出這麼多時間卻無所作為。對某些人來說，週末煮一頓好料或出門長跑一趟，就是很放鬆、愉快的活動，而且他們會把這項活動視為休息時間的一部分。正如我們在整本書不斷讀到，休息其實是「我說了算」的活動。

此外，我們實在不應該繞著「你到底需要多少休息時數」鬼打牆。要是你覺得自己休息夠了，那就是夠了，即使你所需的時數低於平均每天五小時也無妨。

二、挑選休息的正確成分

你若想得到優等的休息品質，就得實現生活中最重要的幾項元素，它們最能協助你滿足休息感。我在本書提供的幾項休息活動，便足以提供我們適當休息的重要成分。

● 暫時不與他人打交道。

- 同步放鬆身、心狀態。
- 鍛煉身體以放鬆心靈。
- 想辦法從煩憂中抽離。
- 放任你的心智四處漫遊。
- 准許自己不實現任何特定成就。

當然，其中有些休息的成分看起來比其他成分更吸引你。你若想打造完美的休息配方，請捫心自問哪些有價值、哪些沒價值。盡可能大量選擇你想要的成分。舉例來說，僅有一五%的人同意運動可收休息之效，但對這一小群人來說，運動就是不可或缺的成分。

下一步就是去思考，結合哪幾項活動可以提供你打造個人專屬休息配方的成分。當然，有可能你精心烹調的休息大餐不包含其他人所挑選的十大要素，其實完全無妨。

在美國，研究人員總結，學生之所以感覺自己的週末很放鬆，重點在於週六和週日是每一個星期中他們自覺最能掌控時間的日子。[4]只要學生不用埋首書堆，週末時候要做什麼都無關緊要。這兩天有可能行程滿檔，重點是他們正在做自己想做的事情，而且這些事讓他們感到輕鬆自得。這項理解很有建設性。正如我們在前述章節所見，許多不同事務都可以歸類為休息，讓學生產生休息感的關鍵是讓他們放縱享受一種結合幾項活動的休息方式，其中有些是直接休息，有些則是分散注意力，讓他們可以打從心底與工作切割開來。

重點在於，請花點時間想想，為何某項活動可能或不可能讓你感到放鬆。當你覺得筋疲力盡，什麼事最能讓你補給能量水準？什麼事最能分散你的注意力，好讓你同時不再糾結於惱人的念頭與他人的要求？什麼事最能讓你慢下腳步或中途喊停，卻不會因此感到內疚或懷疑別人正在評判你？

把時間點納入考量也很重要。不同的休息活動在不同的情境下發揮得更到位。如果你累得像條狗，噗地一聲癱在電視機前完全沒問題；但你若是被工作和擔憂搞得疲憊不堪，到戶外散散步更可能有助改善心情。

三、恩准自己休息

一旦你挑選好自己理想中的休息成分，而且也花了一些時間將它們付諸實踐，請再堅持多走一步：你必須恩准自己休息。當你感覺疲累，喊話要自己再加把勁而非同意自己暫時打停的頻率有多高？也請謹記，早起並非代表品行端正蓋高尚，早起有可能適合你，也有可能在你身上就是不管用。如果你可以安排一日之計始於休息，也就是一般大家熟知的睡懶覺，放膽去做無妨。

四、壓力罩頂時請為自己開處方箋，內含十五分鐘個人最愛的休息活動

當你被時間追著跑，有沒有哪一項活動可以快速讓你轉換心情？有沒有哪一項活動可以立即把你從擔憂中抽離出來，還能平靜你的心靈？可能是靜觀，可能是音樂，可能是閱讀，但也有可能與「休息測試」的十大活動八竿子打不著。

以前我只要在週間工作日的午餐時段花個十五分鐘整理花園，就會心生內疚，因為心知肚明應該要趕快重拾工作。不過我依據研究休息的結果重新調適心態，認定花這段時間在我的小小溫室或花床，其實是一種改善身心狀態的手段。現在我會說，我正在為自己的心理健康「開立」一張十五分鐘園藝處方箋，為此我肯定感覺更良好。等我回到辦公桌，它有助我集中精神、更認真工作。

五、你常忘了休息，請務必留意找時間休息

有鑑於我們許多人確實是多數時候都忙得不可開交，留意自己事實上亟需暫時喘口氣這一點很重要。前述針對時間花用的研究指出，我們休息的實際時間多於我們自己認定的長度。因此，邁向更廣義休息感的第一步就是有意識地努力體會閒暇時光。唯有意識到自己正在休息，你才可能細細品味它。

請試著成為有目的、有意識的休息者。沒錯，你如果想要做點瑣事，請便；沒特別想做什麼事，無妨；但是請品味做點瑣事、消磨時光過程中滿足、休憩的本質。留意它，珍視它，切勿放任珍貴的休息時光一晃眼就溜走。

六、重新將浪費掉的時光規劃成休息時段

就算我們都被時間追著跑，也還是可以善用意想不到的機會休息一下。請試著回想〈什麼事也不做〉這一章，關在密室中的受試者因為無事可做，所以選擇電擊自己，好擺脫無聊的感覺。若換成其他時空情境，同一批人可能會欣喜於有機會放鬆一會兒，但因為被迫關在

密室休息是強制要求，因此他們無法將之視為休息。在這種情況下，被迫無事可做的感覺有如凌遲。確實如此，這也就是參加研究的受試者寧可在自己身上施加真實的疼痛。

試想一下，我們常常以負面視角看待休息的機會，就算這種機會其實鮮少帶來極端後果。打斷我們的忙碌行程，讓我們暫時無事可做的事物，常被視為令人沮喪的拖延，好比陷入無法有效發揮作用的停頓時間，讓人強烈懊惱與光火。我們氣沖沖地被迫等待，但其實我們可以停下腳步放輕鬆。

所以，當火車誤點十分鐘，與其任由一把火冒上來、給自己壓力，何不重塑這段時間，當作是暫時喘口氣的機會？在趕完報告與趕赴下一場會議的十五分鐘空檔內，與其花時間回覆電郵，何不乾脆就靜靜坐一會兒，或是起身走走晃晃？去郵局排隊人擠人時，何不換個心境，想成自己正在享受一段愉悅的停工時間，一道可以暫時喊停、做做白日夢、重新充電的機會？

七、停止忙碌癖

截至目前為止，你們有些人可能會喊冤：「這一切聽起來都很棒，也可能適合其他人。

但是就我的情況來說，我的工時超長，我有家人要照顧，還有一大堆事情得做，我實在沒有時間休息。」

我聽到你的心聲了，不過我還是會敦促你仔細檢視每日行程，並想想自己如何看待有如排山倒海而來、永無止境的待辦清單。我們應該意識到一個普遍現象：人們會高估自己工作的總時數。每當我在直播節目中向觀眾提出這道問題時，房間裡大多數人都說自己每週工作四十五到五十個小時，遠多於全職工作上班族實際的平均工作時數（每週三十九個小時）。不過，要是你請同一群人回想上一個星期的工作時數，他們多半會發現自己的工作時數少於預期。有可能你心裡感覺自己整週忙個不停，事實上可能僅有一、兩天超時工作，並不是每天都得加班，或許還有哪天提早下班呢。

話說回來，安排時間休息可能有點困難。有兩道方法可以解決這項問題。其一是每隔幾天就刻意排出幾個小時，專門用來解決待辦清單上所有的芝麻小事。當你一氣呵成搞定它們之後，你會驚訝地發現超多糾纏你好幾天的小任務，事實上只要花幾分鐘就能擺平。你把它們逐一從白紙黑字、手機螢幕或是掛在心頭上的清單上劃掉，當下真是滿足得無以復加。再者，一旦你完成幾樁比較簡單的任務，就會覺得更有動力解決比較大的麻煩。

儘管如此，你也無法一次搞定所有事情，差得遠了。這時候另一招就派上用場：真心接受你的待辦清單就是永遠做不完。所謂目標只是不切實際的幻想，硬是要學夸父追日無異傻子行為。試想一下，即使突然天降奇蹟，有天晚上待辦清單上的每一項任務都順利交差，隔天還是會有更多工作落到頭上。無論你是多麼吃苦耐勞、井井有條，意外永遠都可能出現，每天也都有新鮮事發生，好比管線破裂、意外的訪客蒞臨、事件多到淹沒你、一封封電郵不停冒出來、有人發簡訊要求你做某件事等。不過，這一切都不打緊了。既然待辦清單注定沒完沒了，不妨就坦然接受現況。只要你心有餘力，就會動手處理這些新任務，不會任由它們壓垮你。但此時此刻，你會安心好好休息。

坊間廣傳的時間管理技巧不勝枚舉，宣稱可以協助你更有效率地使用工作與休閒時間，但其實很少技巧經得起實踐檢驗，而且將更多任務塞進更少的時間裡，這種做法本質上就是要讓人不得安歇。是啦，或許你真的在工作時浪費一些時間跟人聊天，如果你整天專心工作就能稍微早一點下班，不過或許正是因為你三不五時就和同事找點樂子、看看Instagram最新動態，才讓你樂在工作或至少比較能撐下去。

英國作家奧利佛・柏克曼（Oliver Burkeman）建議，倘若已經有好一段時間你老是覺得壓力罩頂，就該主動決定做到哪個地步就得停下來。舉例來說，他建議退出讀書會；或者接受自己就是當不成好廚子，放棄徒勞嘗試複雜的食譜；或是不再努力追著某個總是很難約碰面的朋友跑。這確實是忠告，不過我也要提醒你，務必謹慎選擇放棄的項目。

別錯放你自己覺得有助休息，還能讓你有餘裕處理大小事務的活動，而是要放棄可能你以前還滿樂在其中，但現在卻變成燙手山芋的活動。在我第五十次發現自己總是選在跳上捷運、十分鐘就要上課的時候，才拿出回家作業趕工的時候，我決定要中斷西班牙語課程。儘管我很想要學會說一口流利的西班牙語，儘管我很喜歡授課老師，這門課卻是我應付不來的負擔。因為我的時間壓力很大，縱使這門課再好玩，都讓我覺得壓力罩頂勝過樂趣無窮。在這種情況下，放下它就是正確的決定。不過，再舉合唱團為例好了，如果它是你每週精神煥發的來源，你卻單單只是因為總得花時間、花力氣參加練習就放棄演出，那可能會適得其反。

八、說「不」就好

為了騰出一些時段，你可能得採取某些更激進的手段整治行事曆。對我們這些給自己壓力要填滿日程表的人來說，這一步可能會有點痛苦。我僅從上一本拙作中擷取一道妙招，希望對你有點幫助。

我們傾向於相信，未來一定會有比較多的閒暇時間，不過所有關於時間感知的研究都證明實情不然。未來的我們不會變得比現在的我們更善於組織或更有紀律，每件事都會持續花費遠多於自己預期的時間，因為我們會一再被出奇不意的任務或出錯的事情轉移注意力。除非我們刻意做出明確決定，削減自己承諾實現的活動或安排事項總量，否則明年我們給自己的時間將不可能比今年還多。

那麼，要是有人邀請你在六個月內參加一場為期兩天的會議，你該怎麼辦？我建議你自問這道問題：未來兩週內，在你的行事曆塞進一場兩天的會議，但因為你已經行程滿檔，所以光是這個念頭會不會就讓你頭皮發麻？如果答案是肯定的，那就應該婉拒今年下半年與會的邀請，因為未來幾個月你實在不可能過得比現在輕鬆。

要是有人問你明年能不能加入委員會，這種狀況又如何？讓我問問你，你已經讀完明天開會的參考報告嗎？如果還沒，就請不要再參加另一場委員會了。因為要是你勉強加入，除非你計畫按部就班地改變自己的工作行程，否則只會發現自己一再淪落相同境地。但經驗應該會告訴你，別傻了，你改不了。

九、日程表最好時有空檔，約會行程也是

這是一道配合我們這種「待辦」清單文化的基礎、渴望變得井然有序，而且謹守行程的建議。我建議，你應該要刻意安排歇息的時段。沒錯，雖然在行事曆上插入「休息」、「暫停」的空檔有點奇怪，但請你照辦。

在每一天開始的時候就先決定好要休息三、四段空檔，時間不必太長，幾分鐘就綽綽有餘。決定好這些空檔時段裡你要用來幹嘛，並確保確實符合休息所用，理想上你應該走到戶外呼吸新鮮空氣，或至少換個空間到大樓的另一間辦公室。它可以是你用來走到另一個部門找朋友閒聊幾句，或者你可以利用這段時間去茶水間，幫自己也幫同事泡茶或咖啡。要是你的老闆一臉不以為然，請記得告訴他／她，所有證據都顯示休息一小小段時間不只有益個人身心狀態，也有助提升職場生產力，你是在創造雙贏。

這些休息空檔當然應該要包含暫離工作崗位。登入臉書幾分鐘或瞧瞧YouTube影音，或許能讓你暫時抽離寫報告的工作，但其實不比你抬起屁股、離開辦公桌更能休息放鬆。

也請你認真力行不在辦公桌上吃午餐。有一些企業禁止這種行為，堪稱美事，但還不如確保員工在週間上班日真正有時間好好享受一段愜意的午餐時光，這才是真正的長足進步，

否則不如乾脆取經過往。試想一下，一小時的午餐時間加上定時的午茶時段，你上一回有這等享受是什麼時候的事情？當今最開明的企業理解，讓員工暫離辦公桌的價值甚至足以影響財報，但更可能出現的情況是，你的雇主關閉食堂、解雇泡茶員工，那就請你自行號召一群人外出享用午餐或是暫停個十五分鐘，喝杯茶、吃塊餅乾。

請安排你的休息時間，但也無須害怕破壞這項行程。畢竟這麼做是為了稍事休息。

十、在生活中增添短暫的休息時刻

請檢視生活中諸多無可逃避的工作，是否可以採取任何比較放鬆的手段完成？我們已經盡可能適應四處奔波，試圖以最大效率完成所有事情，但其實真的沒有必要這樣。

偶爾把沖澡換成泡澡，如何？為了彌補熱水增加的電費，偶爾捨棄開車，步行去商店，如何？我們不需要永遠都得做出省時決定，但這種思維已經變成一種習慣。行經公園時刻意繞遠路，可能會害你浪費十分鐘，卻能改善接下來一整天的健康狀況。

你搭乘火車時通常不必要檢查電子郵件，所以不妨望向窗外，看看別人家的後花園，想像他們的生活。當你有機會做任何求學期間校方不允許的事情，千萬不要放過，像是做白日夢、凝視天空、隨意塗鴉等。也可以考慮是否玩個拼圖遊戲，或拿出成人著色本塗塗畫畫（我知道這種紓壓之道愛者有之，恨者亦有之）。

十一、打造個人專屬的「休息盒」

如果你是自我照護新觀念的鐵粉，可能會喜歡這道提議，但你若不清楚這是什麼玩意，請花點時間滑滑Instagram。你會發現滿坑滿谷的自我照護建議。

它們常常看起來像是花錢買享受，這點倒是沒錯。我儘管珍愛自己，卻不懂為何非買貴森森的精油、薰香蠟燭、臉部按摩滾輪、泡澡浴枕、喀什米爾羊毛毯或手工巧克力不可？我雖然也喜歡新奇款待，但下雨的星期一上午搭Uber上班，或每兩週就要花錢做一次豪奢的全身按摩，真的是好主意嗎？

顯然如此，因為我值得——想要向我兜售這些玩意兒的業務員總是這樣說。儘管我滿心狐疑，他們的算盤顯然打得精明。自我照護產業正蓬勃發展，據稱光是美國一年產值就高達四兆二千億美元。如果甚囂塵上的商業主義是自我照護不好的一面，它仍有比較積極的面向，我喜歡將這一面視為一道象徵，亦即年輕世代正開始比銀髮世代更能理解休息的箇中真義，進而試圖取回休息的權利，為自己規劃從日常壓力中恢復元氣的時間。

正在遭遇心理健康問題的部落客，現在都會公告周知自我照護的習慣，往往是針對掌控生活中的小事提供有用建議，其中包含各種項目，好比填滿我在「聽音樂」這一章提到的快樂盒。這道點子的意義在於，盒子裡裝載著個人情感。當然，快樂盒無法防杜嚴重的心理健康問題或取代專業協助，但有些人真的發現，當他們覺得自己的心情正在走下坡，枯等更嚴謹的建議或治療時，這種類型的自我照護方式確實讓他們覺得好過一點。

說到這裡，我不禁納悶我們是否可以從個人專屬的「休息盒」獲得些許好處。盒子裡將會裝滿最能為你帶來休息感的物品。我的盒子會有一支鉤針和一些羊毛，一小把可以育種的種籽，一本可以閱覽的短篇小說選集，一紙放鬆心情的音樂歌單，一張上頭條列伸展操的卡片，或許再加上一雙跑鞋。別忘記，休息絕不代表僅是久坐不動。

你的休息箱裡面會裝什麼？我已就填滿空箱提出有用建議了。

十二、別讓尋求休息之道變成苦差事

我們可以有策略地善用休息之道，但必要之舉就是找出更好的做法，以便妥善管理生活中休息與活動、忙碌與閒散的節奏，而非任由休息變成待辦清單上的另一項工作。

你聽從我呼籲大家擁抱休息、更享受休息，並且更認真看待休息時，千萬不要做過頭，或是認真過頭；千萬不要因此變成休息控或休息狂；千萬不要拿休息塞滿你的行事曆，或是覺得自己一定要嚴格遵行休息空檔的遊戲規則。有時候，你反而需要從休息中暫時抽身而出。好好過生活涵蓋了平衡感、多樣性與適切度，休息亦然。

假設你剛剛讀完本書，而不是為了找出關鍵提示直接跳到最後一頁，那麼，在前十大最能放鬆休息的活動中，你等於是自力完成其中一項。閱讀行為本身就已經協助你踏上一條將更多休息融入生活中的道路。恭喜你！

致謝

幾年前，我接到作家兼心理學家查爾斯·費尼霍夫的電話，問我是否願意加入杜倫大學費莉西蒂·卡拉德（Felicity Callard）領導的小組。他們想要申請一大筆資金，與藝術家、詩人、歷史學家和其他人士花兩年在倫敦衛爾康博物館探索探討一道主題。他們選擇的主題是休息。我加入這支核心團隊，稍後花了好幾個月共事，讓我驚訝的是，最後我們贏得衛爾康信託基金會同意撥款。我們將這支團隊命名為「亂成一團」，隨後邀請超過四十位人士與我們協作。其中有些人曾在本書出現，而且每個人都或多或少影響我對休息的想法，有時候是透過一場演講或是一樣藝術品，有時候則是單單一段見識遠大的評論。在此我特別感謝費莉西蒂·卡拉德、詹姆士·威爾克斯（James Wilkes）、查爾斯·費尼霍夫與金柏莉·史坦斯（Kimberley Staines），還有來自衛爾康博物館的哈莉葉特·馬汀（Harriet Martin）、蘿西·史丹柏莉（Rosie Stanbury）、克里斯·哈珊（Chris Hassan）、西蒙·卓別林（Simon Chaplin）與娜塔莉·寇伊（Natalie Coe），他們傾全力支持，讓我們得以密封在這個休息的世界中。這可是一樁比聽起來更苦的差事。

我是亂成一團的成員，順勢提出「休息測試」的點子，多虧有英國廣播公司第四台（BBC Radio 4）組稿編輯莫希特・巴卡亞（Mohit Bakaya）、英國廣播公司科學台（BBC Radio Science Unit）編輯黛博拉・柯恩（Deborah Cohen）和國際頻道編輯史帝夫・帝瑟林頓（Steve Titherington），結果得以發表在第四台與國際頻道，因而獲得廣泛回響。班・艾德森－戴（Ben Alderson-Day）、裘莉亞・波里奧（Giulia Poerio）與潔瑪・路易斯（Gemma Lewis）和前述的亂成一團成員工作超勤奮，傾全力研發並分析文本。特別要感謝第四台系列電視節目《休息解剖學》（The Anatomy of Rest）製作人潔拉汀・費茲傑羅（Geraldine Fitzgerald），她接手我的工作，再自己加工製作成精彩節目，結果反倒是我贏得最廣泛讚譽。她既是好朋友，也是一位極有創造力的製作人。我也由衷感謝所有願意花時間接受採訪的人士，其中有些人曾在本書出現。

從那時起，我辦持續思考休息的本質，因此決定做一件我們在亂成一團時期未曾嘗試過的創舉，亦即深入探究十大最受歡迎休息之道的細節。羅娜・史都華（Lorna Stewart）一位天資聰穎的研究員，在「看電視」、「泡個舒服的熱水澡」與「閱讀」這三章提供我彌足珍貴的幫助。當然，倘若少了幾百位學者花時間進行實驗，我就無緣得以在此評估證據。我已在書中闡述那些對我產生最大影響力的實驗。每當談及我們如何善用休閒時間，米哈里・契克森米哈伊與強納森・葛舒尼的研究成果格外有影響力。

談論「我想獨處」的那章，借鑒英國廣播公司的孤獨實驗（The Loneliness Experiment），我很幸運可以協同三位非常聰明的女性合作：潘蜜拉・括特（Pamela Qualter）、瑪涅拉・芭瑞托（Manuela Barreto）、克莉絲汀娜・維克多（Christina Victor）。許多學者都撥冗寄送論文給我或是回覆我的問題，包括大衛・文森（David Vincent）、博姬塔・蓋特史洛班（Birgitta Gatersleben）、洛伊・雷曼（Roy Raymann）與邁爾斯・理察森（Miles Richardson）。馬西斯・路卡森（Mathijs Lucassen）、查爾斯・費尼霍夫、凱薩琳・洛芙黛（Catherine Loveday）與亞當・拉塞福（Adam Rutherford）都慷慨大度願意為我閱讀特定章節，並提供受用的評論。

感謝傑出的獨立出版商坎農格特（Canongate）每一名熱情、高效的員工，格外要致謝周露西（Lucy Zhou）與安德莉雅・喬伊絲（Andrea Joyce），以及我的編輯西蒙・梭羅古德（Simon Thorogood），他聰明、機敏；我的優秀經紀人威爾・法蘭西斯（Will Francis）來自詹克勞與奈絲碧（Janklow & Nesbitt）公司，他倆合力將這本書做得更精采；一絲不苟又耐心無極限的審稿編輯歐塔薇亞・李維（Octavia Reeve）也不惶多讓。

最後，我要感謝外子提姆，他直接親眼見證，為何撰寫一本休息之道的書籍不全然讓人感到放鬆，不過他願意撥冗閱讀草稿並提供精闢建議。

序

1 Peterson, A.H., 'How Millennials Became the Burnout Generation'. BuzzFeed, 05 01 2019. https://www.buzzfeednews.com/article/ annehelenpetersen/millennials-burnout-generation-debt-work

2 Health & Safety Executive, 'Work-related Stress, Depression or Anxiety Statistics in Great Britain, 2018'. HSE, 31 01 2018. http://www.hse.gov.uk/statistics/causdis/stress.pdf

3 National Safety Council (2017) Fatigue in the Workplace: Causes & Consequences of Employee Fatigue. Illinois: National Safety Council

4 Mental Health Foundation (May 2018) Stress: Are We Coping? London: Mental Health Foundation

5 Baines, E. & Blatchford, P. (2019) School Break and Lunch Times and Young People's Social Lives: A Follow-up National Study, Final Report. London: UCL Institute of Education

6 Rhea, D.J. & Rivchun, A.P. (2018) 'The LiiNK Project: Effects of Multiple Recesses and Character Curriculum on Classroom Behaviors and Listening Skills in Grades K–2 Children'. Frontiers in Education, 3, 9

7 Medic, G. et al (2017) 'Short- and Long-term Health Consequences of Sleep Disruption'. Nature and Science of Sleep, 9, 151–61

第一章　靜觀

1 如果你想嘗試，下列這本好書有比較長的描述：Mark Williams and Danny Penman (2011) Mindfulness. London: Piatkus

2 From an account of Jon Kabat-Zinn's visit to Bodhitree in 1994. Bodhitree 25 03 2017. https://bodhitree.com/journal/from-the-archives/

3 Goleman, D. & Davidson, R.J. (2017) The Science of Meditation: How to Change Your Brain, Mind and Body. London: Penguin

4 See this excellent review for the state of the evidence on mindfulness. Creswell, J.D. (2017) 'Mindfulness Interventions' . Annual Review of Psychology, 68, 491–516

5 Again see Creswell for summaries of all these topics.

6 Creswell, J.D. (2017). 'Mindfulness Interventions' . Annual Review of Psychology, 68, 491–516

7 Goleman, D. & Davidson, R.J. (2017) The Science of Meditation: How to Change Your Brain, Mind and Body. London: Penguin

8 Baer, R.A. et al (2004). 'Assessment of Mindfulness by Self-report: The Kentucky Inventory of Mindfulness Skills' . Assessment, 11 (3), 191–206

9 Giluk, T.L. (2015) 'Mindfulness, Big Five Personality, and Affect: A Meta-analysis' . Personality and Individual

Differences, 47, 805–81

10 Gawrysiak, M.J. et al (2018) 'The Many Facets of Mindfulness & the Prediction of Change Following MBSR'. Journal of Clinical Psychology, 74 (4), 523–35

11 Shapiro, S.L. et al (2011) 'The Moderation of Mindfulness-based Stress Reduction Effects by Trait Mindfulness: Results from a Randomised Controlled Trial'. Journal of Clinical Psychology, 67 (3), 267–77

12 Galante J. et al (2017) 'A Mindfulness-based Intervention to Increase Resilience to Stress in University Students (The Mindful Student Study): A Pragmatic Randomised Controlled Trial'. The Lancet Public Health, 3 (2) 72–81

13 Langer, E.J. (2014) Mindfulness. Boston: Da Capo Lifelong Books

第二章　看電視

1 Lee, B. & Lee, R.S. (1995) 'How and Why People Watch TV: Implications for the Future of Interactive Television'. Journal of Advertising Research, Nov/Dec

2 See Lee & Lee again.

3 Greenwood, D.N. (2008) 'Television as an Escape from Self'. Personality and Individual Differences, 44, 414–24

4 Pearlin, L.I. (1959) 'Social and Personal Stress and Escape in Television Viewing'. Public Opinion Quarterly, 23 (2),

255–9

5 Conway, J.C. & Rubin, A.M. (1991) 'Psychological Predictors of Television Viewing Motivation'. Communication Research, 18 (4), 443–63

6 Tichi, C. (1991) The Electronic Hearth. Oxford: Oxford University Press

7 Kubey, R. et al (1990) 'Television and the Quality of Family Life'. Communication Quarterly, 38 (4), 312–24

8 Krants-Kent, R. & Stewart, J. (2007) 'How Do Older Americans Spend Their Time?'. Monthly Labor Review Online, 130 (5), 8–26

9 Valkenburg, P.M. & van der Voort, T.H.A. (1994). 'Influence of TV on Daydreaming and Creative Imagination: A Review of Research'. Psychological Bulletin, 116 (2), 316–39

10 Tukachinsky, R. & Eyal, K. (2018) 'The Psychology of Marathon Television Viewing: Antecedents and Viewer Involvement'. Mass Communication and Society, 21 (3), 275–95

11 Sung, Y.H. et al (2015) A Bad Habit for Your Health? An Exploration of Psychological Factors for Binge-watching Behaviour. Puerto Rico: 65th Annual International Communication Association Conference

12 Frey, B.S. et al (2007) 'Does Watching TV Make Us Happy?'. Journal of Economic Psychology, 28 (3), 283–313

13 Szabo, A. & Hopkinson, K.L. (2007) 'Negative Psychological Effects of Watching the News on the Television: Relaxation or Another Intervention May Be Needed to Buffer Them!'. International Journal of Behavioral

Medicine, 14 (2), 57–62

14 Werneck, A.O. et al (2018) 'Associations Between TV Viewing and Depressive Symptoms Among 60,202 Brazilian Adults: The Brazilian National Health Survey' . Journal of Affective Disorders, 236, 23–30

15 Scanlan, J.N. et al (2011) 'Promoting Wellbeing in Young Unempl-oyed Adults: The Importance of Identifying Meaningful Patterns of Time Use' . Australian Occupational Therapy Journal, 58 (2), 111–19

16 Nguyen, G.T. et al (2008) 'More Than Just a Communication Medium: What Older Adults Say About Television and Depression' . The Gerontologist, 48 (3), 300–10

17 Lucas, M. et al (2011) 'Relation Between Clinical Depression Risk and Physical Activity and Time Spent Watching Television in Older Women: A 10-year Prospective Follow-up Study' . American Journal of Epidemiology, 174 (9), 1017–27

18 Shiue, I. (2016) 'Modeling Indoor TV/Screen Viewing and Adult Physical and Mental Health: Health Survey for England, 2012' . Environmental Science and Pollution Research, 23 (12), 11708–15

19 Fancourt, D. & Steptoe, A. (2019) 'Television Viewing and Cognitive Decline in Older Age: Findings from the English Longitudinal Study of Ageing' . Scientific Reports, 9 (2851)

20 Mesquita, G. & Rubens, R. (2010) 'Quality of Sleep Among University Students: Effects of Night-time Computer Television Use' . Arquivos de Neuro-Psiquiatria, 68 (5), 720–5

21 Custers, K. & Van den Bulck, J. (2012) 'Television Viewing, Internet Use, and Self-Reported Bedtime and Rise Time in Adults: Implications for Sleep Hygiene Recommendations from an Exploratory Cross- Sectional Study'. Behavioral Sleep Medicine, 10, 96–105

22 Mitesh, K. & Tobias, R. (2011) 'A Note on the Relationship Between Television Viewing and Individual Happiness'. The Journal of Socio-Economics, 40 (1), 53–8

23 Kubey, R.W. & Csikszentmihalyi, M. (1990) 'Television as Escape: Subjective Experience Before an Evening of Heavy Viewing'. Communication Reports, 3 (2), 92–100

24 Hammermeister, J. et al (2005) 'Life Without TV? Cultivation Theory and Psychosocial Health Characteristics of Television-free Individuals and their Television-viewing Counterparts'. Health Communication, 17 (3), 253–64

25 Reinecke, L. et al (2014) 'The Guilty Couch Potato: The Role of Ego Depletion in Reducing Recovery through Media Use'. Journal of Communication, 64 (4), 569–89

第三章　做白日夢

1 鮑伊在那個月稍早過世，享年六十九歲。你大概猜到我聽到消息時人在哪裡了：在床上。

2 Fernyhough, C. & Alderson-Day, B. (2016) 'Descriptive Experience Sampling as a Psychological Method'. In Callard, F. et al (Eds) The Restless Compendium. London: Palgrave Pivot

3 當然，正如一些認知心理學家指出，只因為受試者躺在腦部掃描儀裡面，不代表他們就是與思緒獨處並反思，他們可能在想還得待多久，或是四處瞄瞄怪異的景象。詳見：Gilbert, S.J. et al (2007) ‘Comment on “Wandering minds”’. Science, 317, 43b

4 Biswal, B. et al (1995) ‘Functional Connectivity in the Motor Cortex of the Resting Human Brain Using Echo-planar MRI’. Magnetic Resonance in Medicine, 34 (4), 537–41

5 Shulman, G.L. (1997) ‘Searching for Activations that Generalize Over Tasks’. Human Brain Mapping, 5 (4), 317–22

6 Raichle, M.E. (2010) ‘The Brain's Dark Energy’. Scientific American, 302, 44–9

7 更多關於心智漫遊與休息的資訊，請聽：The Anatomy of Rest, Episode 2: ‘Does the Mind Rest?’. BBC Radio 4, 20 10 2016. https://www.bbc.co.uk/programmes/ b07vq2by

8 Raichle, M.E. et al (2001) ‘A Default Mode of Brain Function’. Proceedings of the National Academy of Science, 98 (2), 676–82

9 Gilbert, S.J. et al (2007) ‘Comment on “Wandering Minds”’. Science, 317, 43b

10 Fox, M.D. & Raichle, M.E. (2007) ‘Spontaneous Fluctuations in Brain Activity Observed with Functional Magnetic Resonance Imaging’. Nature Reviews Neuroscience, 8, 700–11

11 Raichle, M.E. (2015) ‘The Restless Brain: How Intrinsic Activity Organizes Brain Function’. Philosophical

Transactions of the Royal Society B, 370 (1668). https://doi.org/10.1098/ rstb.2014.0172

12 Smith, K. (2012) 'Neuroscience: Idle Minds'. Nature, 489 (7416), 356–8

13 Karlsson M.P. & Frank, L.M. (2009) 'Awake Replay of Remote Experiences in the Hippocampus'. Nature Neuroscience, 12 (7), 913–18

14 Bar, M. (2009) 'The Proactive Brain: Memory for Predictions'. Philosophical Transactions of the Royal Society B, 364, 1235–43

15 Powell, H. (2016) 'The Quest for Quies Mentis'. In Callard, F. et al (Eds) The Restless Compendium. London: Palgrave Pivot

16 Killingsworth, M.A. & Gilbert, D.T. (2010) 'A Wandering Mind is an Unhappy Mind'. Science, 330, 932

17 Smallwood, J. & Andrews-Hanna, J. (2013) 'Not All Minds that Wander Are Lost: The Importance of a Balanced Perspective on the Mind-wandering State'. Frontiers in Psychology, 4, 441

18 Leger, K.A. et al (2018) 'Let It Go: Lingering Negative Affect in Response to Daily Stressors Is Associated with Physical Health Years Later'. Psychological Science, 1283–90

19 Clancy, F. et al (2016) 'Perseverative Cognition and Health Behaviors: A Systematic Review and Meta-Analysis'. Frontiers of Human Neuroscience, 10, 534

20 Smallwood, J. & Andrews-Hanna, J. (2013) 'Not All Minds that Wander Are Lost: The Importance of a Balanced

Perspective on the Mind-wandering State'. Frontiers in Psychology, 4, 441

21 Interview with Michael Scullin, All in the Mind. BBC Radio 4, 16 05 2018. https://www.bbc.co.uk/programmes/b0b2jh7g

22 Kerkhof, A. (2010) Stop Worrying. Milton Keynes: Open University Press

23 Scullin, M.K. et al (2018). 'The Effects of Bedtime Writing on Difficulty Falling Asleep: A Polysomnographic Study Comparing To-do Lists and Completed Activity Lists'. Journal of Experimental Psychology: General, 147 (1), 139–46

第四章　泡個舒服的熱水澡

1 總結自古希臘至二十世紀的泡澡實踐優質論文，請見：Tubergen, A.C. & Linden, S.V.D. (2002) 'A Brief History of Spa Therapy'. Annals of the Rheumatic Diseases, 61 (3), 273–5

2 Frosch, W.A. (2007) 'Taking the Waters – Springs, Wells and Spas'. The FASEB Journal, 21 (9), 1948–50

3 Antonelli, M. & Donelli, D. (2018) 'Effects of Balneotherapy and Spa Therapy on Levels of Cortisol as a Stress Biomarker: A Systematic Review'. International Journal of Biometeorology, 62 (6), 913–24

4 Matzer F. et al (2014) 'Stress-Relieving Effects of Short-Term Balneotherapy – A Randomized Controlled Pilot Study in Healthy Adults'. Forsch Komplementmed, 21, 105–10

5 Rapoliene, L. (2014) 'The Balneotherapy Links with Seafarers' Health in Randomized Clinical Trials'. Sveikatos Mokslai Health Sciences, 24 (6), 119–27

6 Naumann, J. (2018) 'Effects and Feasibility of Hyperthermic Baths for Patients with Depressive Disorder: A Randomized Controlled Clinical Pilot Trial'. bioRxiv 409276. https://doi. org/10.1101/409276

7 Walker, M. (2017) Why We Sleep. London: Allen Lane

8 Horne, J.A. & Reid, A.J. (1985) 'Night-time Sleep EEG Changes Following Body Heating in a Warm Bath'. Electroencephalography & Clinical Neurophysiology, 60 (2), 154–7

9 Van den Heuvel, C. (2006) 'Attenuated Thermoregulatory Response to Mild Thermal Challenge in Subjects with Sleep-onset Insomnia'. Journal of Sleep and Sleep Disorders Research, 29 (9), 1174–80

10 Raymann, R.J.E.M. et al (2007) 'Skin Temperature and Sleep-onset Latency: Changes with Age and Insomnia'. Physiology & Behavior, 90 (2–3), 257–66

11 Whitworth-Turner, C. et al (2017) 'A Shower Before Bedtime May Improve the Sleep Onset Latency of Youth Soccer Players: This Is Interesting'. European Journal of Sport Science, 17 (9), 1119–28

12 Faulkner, S.H. et al (2017) 'The Effect of Passive Heating on Heat Shock Protein 70 and Interleukin-6: A Possible Treatment Tool for Metabolic Diseases?'. Temperature, 4 (3), 292–304

13 Monk, R. (1991) Ludwig Wittgenstein: The Duty of Genius. London: Vintage

14 Suzuki, H. (2015) 'Characteristics of Sudden Bath-related Death Investigated by Medical Examiners in Tokyo, Japan'. Journal of Epidemiology, 25 (2), 126–32

15 Kim, S.Y. (2006) 'A Case of Multiple Organ Failure Due to Heat Stroke Following a Warm Bath'. Korean Journal of Internal Medicine, 21 (3), 210–12

16 Lee, C.W. (2010) 'Multiple Organ Failure Caused by Non-exertional Heat Stroke After Bathing in a Hot Spring'. Journal of the Chinese Medical Association, 73 (4), 212–15

17 Kosatcky, T. & Kleeman, J. (1985) 'Superficial and Systemic Illness Related to a Hot Tub'. American Journal of Medicine, 79 (1), 10–12

18 Peake, J.M. (2017) 'The Effects of Cold Water Immersion and Active Recovery on Inflammation and Cell Stress Responses in Human Skeletal Muscle After Resistance Exercise'. Journal of Physiology, 595 (3), 695–711

19 Robiner, W.N. (1990) 'Psychological and Physical Reactions to Whirlpool Baths'. Journal of Behavioral Medicine, 13 (2), 157–73

第五章 好好步行

1 Thoreau, H.D. (1851) Walking. Project Gutenberg. https://www. gutenberg.org/ebooks/1022

2 Solnit, R. (2000) Wanderlust: A History of Walking. London: Penguin

3 Oppezzo, M. & Schwartz, D.L. (2014) 'Give Your Ideas Some Legs: The Positive Effect of Walking on Creative Thinking'. Journal of Experimental Psychology: Learning, Memory, and Cognition, 40 (4), 1142–52

4 Webb, C.E. et al (2017) 'Stepping Forward Together: Could Walking Facilitate Interpersonal Conflict Resolution?'. American Psychologist, 72 (4), 374–85

5 Gros, F. (2014) A Philosophy of Walking. London: Verso

6 Samson, A. (2017) 'Think Aloud: An Examination of Distance Runners' Thought Processes'. International Journal of Sport and Exercise Psychology, 15 (2), 176–89

7 Sianoja, M. et al (2018) 'Enhancing Daily Well-being at Work through Lunch Time Park Walks and Relaxation Exercises: Recovery Experiences as Mediators'. Journal of Occupational Health Psychology, 23 (3), 428–42

8 Chekroud, S.R. (2018) 'Association Between Physical Exercise and Mental Health in 12 Million Individuals in the USA Between 2011 and 2015: A Cross-sectional Study'. Lancet Psychiatry, 5 (9) 739–46

9 Public Health England data published in 2018 on brisk walking and physical inactivity in forty- to sixty-year-olds. Public Health England, 04 06 2018. https://www.gov.uk/ government/publications/brisk-walking-and-physical-inactivity-in- 40-to-60-year-olds

10 Jakicic, J.M. et al (2016) 'Effect of Wearable Technology Combined With a Lifestyle Intervention on Long-term Weight Loss: The IDEA Randomized Clinical Trial'. Journal of the American Medical Association, 316 (11), 1161–71

11 Kerner, C. & Goodyear, V.A. (2017) 'The Motivational Impact of Wearable Healthy Lifestyle Technologies: A Self-determination Perspective on Fitbits with Adolescents'. American Journal of Health Education, 48 (5), 287–97

12 Lee, I. et al (2019) 'Association of Step Volume and Intensity with All-Cause Mortality in Older Women'. JAMA Internal Medicine, 29 05 2019. doi:10.1001/jamainternmed.2019.0899

13 Etkin, J. (2016) 'The Hidden Cost of Personal Quantification'. Journal of Consumer Research, 42 (6), 967–84

第六章　什麼事也不做

1 Greaney, M. (2016) 'Laziness: A Literary-historical Perspective'. In Callard, F. et al (Eds) The Restless Compendium. London: Palgrave Pivot

2 Traon, A.P.L. et al (2007) 'From Space to Earth: Advances in Human Physiology from 20 Years of Bed Rest Studies'. European Journal of Applied Physiology, 101, 143–94

3 Baines, E. & Blatchford, P. (2019) School Break and Lunch Times and Young People's Social Lives: A Follow-up National Study, Final Report. London: UCL Institute of Education

4 Bellezza, S. et al (2017) 'Conspicuous Consumption of Time: When Busyness and Lack of Leisure Time Become a Status Symbol'. Journal of Consumer Research, 44 (1), 118–38

5 Greaney, M. (2016) 'Laziness: A Literary-historical Perspective'. In Callard, F. et al. (Eds) The Restless

Compendium. London: Palgrave Pivot

6 US Bureau of Labor Statistics, Selected Paid Leave Benefits, Table 6. United States Department of Labor, 07 03 2017. https://www. bls.gov/news.release/ebs2.t06.htm

7 Kasperkevic, J. (2017) 'Why is America so Afraid to Take a Vacation?' . The Guardian, 07 09 2015. https://www. theguardian. com/money/2015/sep/07/america-vacation-workaholic-culture-labor-day

8 Strandberg, T.E. et al (2018) 'Increased Mortality Despite Successful Multifactorial Cardiovascular Risk Reduction in Healthy Men: 40-year Follow-up of the Helsinki Businessmen Study Intervention Trial' . The Journal of Nutrition, Health and Aging, 22 (8), 885–91

9 Brooks, B. et al (2000) 'Are Vacations Good for Your Health? The 9-year Mortality Experience After the Multiple Risk Factor Intervention Trial' . Psychosomatic Medicine, 62, 608–12

10 Kim, S. et al (2017) 'Micro-break Activities at Work to Recover from Daily Work Demands' . Journal of Organizational Behavior, 38 (1), 28–44

11 Danziger, S. et al (2011) 'Extraneous Factors in Judicial Decisions' . Proceedings of the National Academy of Sciences, 108 (17), 6889–92

12 Glockner, A. (2016) 'The Irrational Hungry Judge Effect Revisited: Simulations Reveal that the Magnitude of the Effect is Overestimated' . Judgment and Decision Making, 11 (6), 601–10

13 Sievertsen, H.H. (2016) 'Cognitive Fatigue in School'. Proceedings of the National Academy of Sciences, March 2016, 113 (10) 2621–4

14 Bosch, C. & Sonnentag, S. (2018) 'Should I Take a Break? A Daily Reconstruction Study on Predicting Micro-Breaks at Work'. International Journal of Stress Management. http://dx.doi.org/10.1037/ str0000117

15 Bönstrup, M. (2019) 'A Rapid Form of Offline Consolidation in Skill Learning'. Current Biology, 29 (8), 1346–51

16 Sonnentag, S. & Zijlstra, F.R.H. (2006) 'Job Characteristics and Off-job Activities as Predictors of Need for Recovery, Well-being, and Fatigue'. Journal of Applied Psychology, 91, 330–50

17 Jacobson, E. (1979) 'Some Highlights of My Life'. Journal of Behavior Therapy & Experimental Psychiatry, 10, 5–9

18 Jacobson, E. (1977) 'The Origins and Development of Progressive Relaxation'. Journal of Behavior Therapy & Experimental Psychiatry, 119–23

19 Nathoo, A. (2016) 'From Therapeutic Relaxation to Mindfulness in the Twentieth Century'. In Callard, F. et al (Eds) The Restless Compendium. London: Palgrave Pivot

20 Wilson, T. et al (2014) 'Just Think: The Challenges of the Disengaged Mind'. Science, 345, 75–7

21 Stiles, A. (2012) 'The Rest Cure, 1873–1925'. Branch, 10. http:// www.branchcollective.org/?ps_articles=anne-

stiles-the-rest-cure-1873-1925

22 Chin, A. et al (2017) 'Bored in the USA – Experience Sampling and Boredom in Everyday Life' . Emotion, 17 (2), 359–68

23 Mann, S. (2016) The Upside of Downtime: Why Boredom Is Good. London: Robinson

24 Cowan, N. et al (2004) 'Verbal Recall in Amnesiacs Under Conditions of Diminished Retroactive Interference' . Brain, 127, 825–34

25 如果你認為都華教授的受試者是利用休息時間默背單字，其實她想了個妙招來防杜。她要受試者記憶的單字是外國字，而且很難發音，藉此阻止他們靠唸誦來輔助記憶。這個實驗確實呈現什麼事也不做有助於回想單字。

26 答案是：吉人自有天相、一石在手勝過百鳥在林。

27 Crivelli, F. et al (2016) 'Somnomat: A Novel Actuated Bed to Investigate the Effect of Vestibular Stimulation' . Medical & Biological Engineering & Computing, 54 (6), 877–89

28 Smith, R.P. (1958) How to Do Nothing with Nobody All Alone by Yourself. New York: Tin House Books. There's also a lovely summary on Brainpickings, 24 10 2014. https://www.brainpickings.org/ 2014/10/24/how-to-do-nothing-with-nobody-all-alone-by-yourself/

第七章　聽音樂

1 Rhodes, J. (2015) Instrumental, Edinburgh: Canongate, 2014

2 Sack, K. (1998) 'Georgia's Governor Seeks Musical Start for Babies'. New York Times, 15 01 1998

3 Rauscher, F.H. et al (1993) 'Music and Spatial Task Performance'. Nature, 365, 611

4 Chabris, C.F. (1999) 'Prelude or Requiem for the "Mozart Effect"?'. Nature, 400, 826–7

5 Schellenberg, E. et al (2006) 'Music Listening and Cognitive Abilities in 10 and 11 Year-olds: The Blur Effect'. Annals of the New York Academy of Sciences, 1060, 202–9

6 Pietschnig, J. et al (2010) 'Mozart Effect–Schmozart Effect: A Meta-analysis'. Intelligence, 38, 314–23

7 Nantais, K.M. & Schellenberg, E.G. (1999) 'The Mozart Effect: An Artefact of Preference'. Psychological Science, 10 (4), 370–3

8 Trahan, T. et al (2018) 'The Music that Helps People Sleep and the Reasons They Believe it Works'. PLOS One, 13 (11) e0206531. doi:10.1371/journal.pone.0206531

9 Saarikallio, S. & Erkkila, J. (2007) 'The Role of Music in Adolescents' Mood Regulation'. Psychology of Music, 35 (1), 88–109

10 Konecˇni, V. et al (1976) 'Anger and Expression of Aggression: Effects on Aesthetic Preferences'. Scientific

Aesthetics, 1, 47–55

11 North, A.C. & Hargreaves, D.J. (2000) 'Musical Preferences During and After Relaxation and Exercise'. American Journal of Psychology, 113, 43–67

12 Bruner, G.C. (1990) 'Music, Mood and Marketing'. Journal of Marketing, 54 (4) 94–104

13 Juslin, P. et al (2008) 'An Experience Sampling Study of Emotional Reactions to Music: Listener, Music and Situation'. Emotion, 8 (5), 668–83

14 Linneman, A. et al (2015) 'Music Listening as a Means of Stress Reduction in Daily Life'. Psychoneuroendocrinology, 60, 82–90

15 Summers, P. (2018) The Spirit of This Place: How Music Illuminates the Human Spirit. Chicago: University of Chicago Press, 70

16 Garrido, S. et al (2017) 'Group Rumination: Social Interactions Around Music in People with Depression'. Frontiers in Psychology, 8, 490

17 Summers, P. (2018) The Spirit of This Place: How Music Illuminates the Human Spirit. Chicago: University of Chicago Press, 150

18 Byrne, D. (2012) How Music Works. Edinburgh: Canongate, 137 & 332

第八章　我想獨處

1 Wilkinson, R. & Pickett, K. (2018) The Inner Level. London: Allen Lane, 117

2 Hawkley, L.C. & Cacioppo, J.T. (2010) 'Loneliness Matters: A Theoretical and Empirical Review of Consequences and Mechanisms'. Annals of Behavioral Medicine, 40 (2), 218–27

3 Colette (1974) Earthly Paradise. London: Penguin.

4 Larson R.W. et al (1982) 'Time Alone in Daily Experience: Loneliness or Renewal?'. In Peplau, L.A. & Perlman, D. (Eds) Loneliness: A Sourcebook of Current Theory, Research and Therapy. New York: Wiley

5 Matias, G.P. et al (2011) 'Solitude and Cortisol: Associations with State and Trait Affect in Daily Life'. Biological Psychology, 86, 314–19

6 Long, C.R. & Averill, J.R. (2003) 'Solitude: An Exploration of the Benefits of Being Alone'. Journal for the Theory of Social Behavior, 33 (1), 21–44

7 Russell, D.W. et al (2012) 'Is Loneliness the Same as Being Alone?'. The Journal of Psychology, 146 (1–2), 7–22

8 取自我所作的訪談：The Truth about Mental Health: Four Walls, BBC World Service, 16 06 2013

9 Markson, D. (1988) Wittgenstein's Mistress. Illinois: Dalkey Archive Press

10 Bowker, J. (2017) 'How BIS/BA and Psycho-behavioral Variables Distinguish Between Social Withdrawal

Subtypes during Emerging Adulthood'. Personality and Individual Differences, 119, 283–8

11 Akrivou, K. et al (2011) 'The Sound of Silence – A Space for Morality? The Role of Solitude for Ethical Decision Making'. Journal of Business Ethics, 102, 119–33

12 英國廣播公司孤獨實驗由下列三位完成：Pamela Qualter, Manuela Barreto and Christina Victor。結果請見此處：Hammond, C. (2018) 'Who Feels Lonely? The Results of the World's Largest Loneliness Study'. The Anatomy of Loneliness, BBC Radio 4, 01 10 2018. https://www.bbc.co.uk/programmes/ articles/2yzhfv4DvqVp5nZyxBD8G23/who-feels-lonely-the-results-of-the-world-s-largest-loneliness-study

13 The Campaign to End Loneliness. 'Is Loneliness a Growing Problem?'. https://www.campaigntoendloneliness.org/ frequently-asked-questions/is-loneliness-increasing/

14 Valtorta, N.K. et al (2016) 'Loneliness and Social Isolation as Risk Factors for Coronary Heart Disease and Stroke: Systematic Review and Meta-analysis of Longitudinal Observational Studies'. Heart, 102 (13), 1009–16

15 Hawkley, L.C. et al (2010) 'Loneliness Predicts Increased Blood Pressure: 5 Year Cross-lagged Analyses in Middle-aged and Older Adults'. Psychology and Aging, 25 (1), 132–41

16 Holt-Lunstad, J. et al (2015) 'Loneliness and Social Isolation as Risk Factors for Mortality: A Meta-analytic Review'. Perspectives on Psychological Science, 10 (2), 227–37

17 Heinrich, L.M. & Gullone, E. (2006) 'The Clinical Significance of Loneliness: A Literature Review'. Clinical Psychology Review, 26 (6), 695–718

18 Cacioppo, J.T. et al (2010) 'Perceived Social Isolation Makes Me Sad'. Psychology and Aging, 25 (2), 453–63

19 取自我與Barbara Taylor所作的訪談：The Anatomy of Loneliness. BBC Radio 4, 02 10 2019. https://www.bbc.co.uk/ programmes/m0000mj8

20 Mann, T. (1912) Death in Venice and Other Tales. London: Vintage Classic Europeans

21 Detrixhe, J. et al (2014) 'A Lonely Idea: Solitude's Separation from Psychological Research and Theory'. Contemporary Psychoanalysis, 50 (3), 310–31

22 Trevor, W. (2010) Felicia's Journey. London: Penguin

23 Maes, M. et al (2016) 'Loneliness and Attitudes toward Aloneness in Adolescence: A Person-centred Approach'. Journal of Youth Adolescence, 45, 547–67

24 Galanki, E.P. (2004) 'Are Children Able to Distinguish Among the Concepts of Aloneness, Loneliness and Solitude?' International Journal of Behavioral Development, 28, 435–43

25 Larson, R.W. (1997) 'The Emergence of Solitude as a Constructive Domain of Experience in Early Adolescence'. Child Development, 68 (1), 80–93

26 Danneel, S. et al (2018) 'Developmental Change in Loneliness and Attitudes toward Aloneness in Adolescence'. Journal of Youth Adolescence, 47, 148–61

27 Larson, R.W. (1997) 'The Emergence of Solitude as a Constructive Domain of Experience in Early Adolescence'.

Child Development, 68 (1), 80–93

28 Detrixhe, J. et al (2014) ‘A Lonely Idea: Solitude's Separation from Psychological Research and Theory’. Contemporary Psychoanalysis, 50 (3), 310–31

29 Larson, R.W. (2014) ‘A Comparison of Positive and Negative Episodes of Solitude’. Master's Thesis, Amherst: University of Massachusetts

第九章　徜徉大自然

1 Morris, C. (Ed.) (1949) The Journeys of Celia Fiennes. London: The Cresset Press, 67

2 Korpela, K.M. (2003) ‘Negative Mood and Adult Place Preference’. Environment and Behavior, 35 (3), 331–46

3 Jonson, S.A.K. (2011) ‘The Use of Nature for Emotional Regulation: Towards a Conceptual Framework’. Ecopsychology, 3 (3), 175–85

4 取自我與Richard Mabey所作的訪談‥All in the Mind. BBC Radio 4, 26 06 2012. https://www.bbc.co.uk/sounds/play/b01k1nl3

5 Ulrich, R.S. (1984) ‘View Through a Window May Influence Recovery from Surgery’. Science, 224, 420–1

6 Ulrich, R. et al (1993) ‘Exposure to Nature and Abstract Pictures on Patients Recovering from Open Heart

Surgery’. Psychophysiology: Journal of the Society for Psychophysiological Research, 30, S7

7 關於此領域少數研究的優質評析，請見：Thompson, C.J. (2011) ‘Does Participating in Physical Activity in Outdoor Natural Environments Have a Greater Effect on Physical and Mental Well-being than Physical Activity Indoors? A Systematic Review’. Environmental Science & Technology, 45 (5), 1761–72

8 Lee, K.E. (2015) ‘40-second Green Roof Views Sustain Attention: The Role of Micro-breaks in Attention Restoration’. Journal of Environmental Psychology, 42 (2015) 182–9

9 Ulrich, R.S. (2008) ‘Biophilic Theory and Research for Healthcare Design’. In Kellert, S.R. et al (Eds) Biophilic Design: The Theory, Science and Practice of Bringing Buildings to Life. New Jersey: John Wiley

10 Lohr, V.L. & Pearson-Mims, C.H. (2006) ‘Responses to Scenes with Spreading, Rounded and Conical Tree Forms’. Environment and Behavior, 38, 667–88

11 Joye, Y. & Van den Berg, A. (2011) ‘Is Love for Green in our Genes? A Critical Analysis of Evolutionary Assumptions in Restorative Environments Research’. Urban Forestry & Urban Greening, 10 (4), 261–8

12 Martens, D. et al (2011) ‘Walking in “Wild” and “Tended” Urban Forests: The Impact on Psychological Well-being’. Journal of Environmental Psychology, 31, 36–44

13 Parsons, R. (1991) ‘The Potential Influences of Environmental Perception on Human Health’. Journal of Environmental Psychology, 11, 1–23

14 Gatersleben, B. & Andrews, M. (2013) 'When Walking in Nature Is Not Restorative – The Role of Prospect and Refuge'. Health & Place, 20, 91–101

15 Hagerhall, S.M. (2004) 'Fractal Dimensions of Landscape Silhouette Outlines as a Predictor of Landscape Preference'. Journal of Environmental Psychology, 24, 247–55

16 Bratman, G.N. et al (2015) 'Nature Experience Reduces Rumination and Subgenual Prefrontal Cortex Activation'. PNAS, 112 (28), 8567–72

17 Korpela, K. et al (2017) 'Enhancing Wellbeing with Psychological Tasks Along Forest Trails'. Urban Forestry & Urban Greening, 26, 25–30

18 Richardson, M. & Sheffield, D. (2015) 'Reflective Self-attention: A More Stable Predictor of Connection to Nature than Mindful Attention'. Ecopsychology, 7 (3), 166–75

19 Jamie, K. (2012) Sightlines. London: Sort of Books

20 Earth Science & Remote Sensing Unit High Definition Earth Viewing System. NASA, 30 04 2014. https://eol.jsc.nasa.gov/ ESRS/HDEV/

21 Kaplan, R. & Kaplan, S. (1989) The Experience of Nature: A Psychological Perspective. Cambridge: Cambridge University Press

22 Ratcliffe, E. & Korpela, K. (2017). 'Time- and Self-related Memories Predict Restorative Perceptions of Favorite

Places Via Place Identity' . Environment and Behavior, 50 (6), 690–720

23 Wyles, K.J. et al (2017) 'Are Some Natural Environments More Psychologically Beneficial than Others? The Importance of Type and Quality on Connectedness to Nature and Psychological Restoration' . Environment and Behavior, 51 (2), 111–43

24 Van den Berg, A. et al (1998) 'Group Differences in the Aesthetic Evaluation of Nature Development Plans: A Multilevel Approach' . Journal of Environmental Psychology, 18, 141–57

第十章 閱讀

1 Diener, E. et al (2009) 'New Well-being Measures: Short Scales to Assess Flourishing and Positive and Negative Feelings' . Social Indicators Research, 97, (2), 143–56

2 Nell, V. (1988) 'The Psychology of Reading for Pleasure: Needs and Gratifications' . Reading Research Quarterly, 23 (1), 6–50

3 答案是四面紅色，八面白色。

4 The Sleep Council (2013) The Great British Bedtime Report. Published by the consumer education arm of the trading body for bed manufacturers.

5 Rizzolo, D. et al (2009) 'Stress Management Strategies for Students: The Immediate Effects of Yoga, Humor, and

Reading on Stress'. Journal of College Teaching and Learning, 6 (8), 79–88

6 Jin, P. (1992) 'Efficacy of Tai Chi, Brisk Walking, Meditation, and Reading in Reducing Mental and Emotional Stress'. Journal of Psychosomatic Research, 36 (4) 361–70

7 Smith, C.E. (2000) 'The Real-world Reading Practices of Adults'. Journal of Literacy Research, 32 (1), 25–52

8 Vogrinčič, A. (2008) The Novel-Reading Panic in 18th-Century England: An Outline of an Early Moral Media Panic. Ljubljana: University of Ljubljana

9 Mar, R.A. et al (2011) 'Emotion and Narrative Fiction: Interactive Influences Before, During, and After Reading'. Cognition and Emotion, 25 (5), 813–33

10 Huestegge, L. (2010) 'Effects of Vowel Length on Gaze Durations in Silent and Oral Reading'. Journal of Eye Movement Research, 3 (5) 1–18

11 Hsu, C.T. et al (2014) 'Fiction Feelings in Harry Potter: Haemodynamic Response in the Mid-cingulate Cortex Correlates with Immersive Reading Experience'. Neuroreport, 25 (17), 1356–61

12 Pullman, P. (2006) 'The War on Words'. The Guardian, 06 11 2006

13 Woolf, V. (1932) 'How One Should Read a Book'. In The Common Reader. Second Series. London: Vintage

14 Alexander, J. & Jarman, R. (2018) 'The Pleasures of Reading Non-fiction'. Literacy, 52 (2), 78–85

15 Baden, D. (2015) 'Shock! Horror! Behind the Ethics and Evolution of the Bad News Business. The Conversation, 27 03 2015. http://theconversation.com/shock-horror-behind-the-ethics-and-evolution-of-the-bad-news-business-39211

16 Guardian Review, 07 04 2018

17 Billington, J. et al (2016) 'A Literature-based Intervention for People with Chronic Pain' . Arts & Health, 8 (1), 13–31

18 Dehghani, M. et al (2017) 'Decoding the Neural Representation of Story Meanings Across Languages' . Human Brain Mapping, 38, 6096–106

19 Tamir, D.I. et al (2016) 'Reading Fiction and Reading Minds: The Role of Simulation in the Default Network' . Social, Cognitive and Affective Neuroscience, 11 (2), 215–24

20 Feng, S. et al (2013) 'Mind Wandering While Reading Easy and Difficult Texts' . Psychonomic Bulletin & Review, 20 (3), 586–92

21 Franklin, M.S. et al (2011) 'Catching the Mind in Flight: Using Behavioral Indices to Detect Mindless Reading in Real Time' . Psychonomic Bulletin Review, 18 (5), 992–7

22 Steinbeck, J. (1930) 'In Awe of Words' , The Exonian, 75th Anniversary Edition, Exeter: Exeter University

23 Rane-Szostak, D. & Herth, K.A. (1995) 'Pleasure Reading, Other Activities, and Loneliness in Later Life' .

Journal of Adolescent & Adult Literacy, 39 (2), 100–08

24 Massimini, F. et al (1988). ‘Flow and Biocultural Evolution’. In M. Csikszentmihalyi & I.S. Csikszentmihalyi (Eds) Optimal Experience: Studies of Flow in Consciousness. Cambridge: Cambridge University Press

25 Šimleša, M. et al (2018) ‘The Flow Engine Framework: A Cognitive Model of Optimal Human Experience’. Europe's Journal of Psychology, 14 (1), 232–53

26 Mar, R.A. et al (2011) ‘Emotion and Narrative Fiction: Interactive Influences Before, During and After Reading’. Cognition and Emotion, 25 (5), 818–33

27 Rosenbaum, J.E. & Johnson, B.K. (2016) ‘Who's Afraid of Spoilers? Need for Cognition, Need for Affect, and Narrative Selection and Enjoyment’. Psychology of Popular Media Culture, 5 (30), 273–89

28 Evangelou, M. et al (2005) Birth to School Study: A Longitudinal Evaluation of the Peers Early Education Partnerhip. Oxford: Oxford University Research Reports SSU/2005/FR/017

29 Bavishi, M.D. et al (2016) ‘A Chapter a Day: Association of Book Reading with Longevity’. Social Science & Medicine, 164, 44–8

結語

1 Office of National Statistics, Leisure Time in the UK. ONS, 24 10 2017. https://www.ons.gov.uk/economy/nationalaccounts/satelliteaccounts/articles/leisuretimeintheuk/2015

2 Office of National Statistics, Leisure Time in the UK. ONS, 24 10 2017. https://www.ons.gov.uk/economy/nationalaccounts/ satelliteaccounts/articles/leisuretimeintheuk/2015#those-employed-full-time-took-the-least-leisure-time-but-enjoyed-it-most

3 Gershuny, J. (2011) Time-Use Surveys and the Measurement of National Well-being. Oxford: Centre for Time-use Research, Department of Sociology, University of Oxford

4 Ragsdale, J.M. et al (2011) 'An Integrated Model of Weekday Stress and Weekend Recovery of Students'. International Journal of Stress Management, 18 (2), 153–80

國家圖書館出版品預行編目（CIP）資料

休息的藝術：睡好睡滿還是累?比睡眠更能帶來活力與幸福的10道休息建言 / 克勞蒂亞.哈蒙德(Claudia Hammond)著；吳慕書譯. -- 初版. -- 臺北市：商周出版：家庭傳媒城邦分公司發行, 2020.07
面； 公分
譯自：The art of rest : how to find respite in the modern age
ISBN 978-986-477-873-7(平裝)

1.生活指導

177.2　　109008940

BO0317

休息的藝術 睡好睡滿還是累？比睡眠更能帶來活力與幸福的 10 道休息建言

原文書名／The Art of Rest: How to Find Respite in the Modern Age
作　　者／克勞蒂亞・哈蒙德（Claudia Hammond）
譯　　者／吳慕書
責任編輯／李皓歆
企劃選書／陳美靜
版　　權／黃淑敏、吳亭儀
行銷業務／周佑潔、莊英傑

總　編　輯／陳美靜
總　經　理／彭之琬
事業群總經理／黃淑貞
發　行　人／何飛鵬
法律顧問／台英國際商務法律事務所　羅明通律師
出　　版／商周出版
臺北市 104 民生東路二段 141 號 9 樓
電話：(02) 2500-7008　傳真：(02) 2500-7759
E-mail: bwp.service @ cite.com.tw
發　　行／英屬蓋曼群島商家庭傳媒股份有限公司　城邦分公司
臺北市 104 民生東路二段 141 號 2 樓
讀者服務專線：0800-020-299　24 小時傳真服務：(02) 2517-0999
讀者服務信箱 E-mail: cs@cite.com.tw
劃撥帳號：19833503　戶名：英屬蓋曼群島商家庭傳媒股份有限公司城邦分公司
訂購服務／書虫股份有限公司客服專線：(02) 2500-7718；2500-7719
服務時間：週一至週五上午 09:30-12:00；下午 13:30-17:00
24 小時傳真專線：(02) 2500-1990；2500-1991
劃撥帳號：19863813　戶名：書虫股份有限公司
香港發行所／城邦（香港）出版集團有限公司
香港灣仔駱克道 193 號東超商業中心 1 樓
E-mail: hkcite@biznetvigator.com
電話：(852) 25086231　傳真：(852) 25789337
E-mail：hkcite@biznetvigator.com
馬新發行所／Cite (M) Sdn. Bhd.
41, Jalan Radin Anum, Bandar Baru Sri Petaling, 57000 Kuala Lumpur, Malaysia.
電話：(603) 9057-8822　傳真：(603) 9057-6622　E-mail: cite@cite.com.my

美術編輯／簡至成
封面設計／陳文德
製版印刷／韋懋實業有限公司
經　銷　商／聯合發行股份有限公司　電話：(02) 2917-8022　傳真：(02) 2911-0053
地址：新北市 231 新店區寶橋路 235 巷 6 弄 6 號 2 樓

■ 2020 年 07 月 09 日初版 1 刷
■ 2020 年 09 月 25 日初版 1.7 刷

ISBN　978-986-477-873-7
定價 380 元

城邦讀書花園
www.cite.com.tw

廣　告　回　函
北區郵政管理登記證
台北廣字第 000791 號
郵資已付，免貼郵票

104 台北市民生東路二段 141 號 9F

英屬蓋曼群島商家庭傳媒股份有限公司

城邦分公司

請沿虛線對摺，謝謝！

書號：BO0317　書名：休息的藝術　編碼：

請於此處用膠水黏貼

商周出版

讀者回函卡

謝謝您購買我們出版的書籍！請費心填寫此回函卡，我們將不定期寄上城邦集團最新的出版訊息。

姓名：＿＿＿＿＿＿＿＿＿＿＿＿＿＿　　性別：□男　□女

生日：西元＿＿＿＿＿＿年＿＿＿＿＿＿月＿＿＿＿＿＿日

地址：＿＿＿＿＿＿＿＿＿＿＿＿＿＿＿＿＿＿＿＿

聯絡電話：＿＿＿＿＿＿＿＿＿＿　傳真：＿＿＿＿＿＿＿＿＿＿

E-mail：＿＿＿＿＿＿＿＿＿＿＿＿＿＿＿＿＿＿＿＿

學歷：□ 1. 小學　□ 2. 國中　□ 3. 高中　□ 4. 大專　□ 5. 研究所以上

職業：□ 1. 學生　□ 2. 軍公教　□ 3. 服務　□ 4. 金融　□ 5. 製造　□ 6. 資訊
□ 7. 傳播　□ 8. 自由業　□ 9. 農漁牧　□ 10. 家管　□ 11. 退休
□ 12. 其他＿＿＿＿＿＿＿＿＿＿＿＿＿＿

您從何種方式得知本書消息？

□ 1. 書店　□ 2. 網路　□ 3. 報紙　□ 4. 雜誌　□ 5. 廣播　□ 6. 電視
□ 7. 親友推薦　□ 8. 其他＿＿＿＿＿＿＿＿＿＿

您通常以何種方式購書？

□ 1. 書店　□ 2. 網路　□ 3. 傳真訂購　□ 4. 郵局劃撥　□ 5. 其他＿＿

對我們的建議：＿＿＿＿＿＿＿＿＿＿＿＿＿＿＿＿＿＿＿＿

＿＿＿＿＿＿＿＿＿＿＿＿＿＿＿＿＿＿＿＿

＿＿＿＿＿＿＿＿＿＿＿＿＿＿＿＿＿＿＿＿

＿＿＿＿＿＿＿＿＿＿＿＿＿＿＿＿＿＿＿＿

＿＿＿＿＿＿＿＿＿＿＿＿＿＿＿＿＿＿＿＿

＿＿＿＿＿＿＿＿＿＿＿＿＿＿＿＿＿＿＿＿

請於此處用膠水黏貼